# LES CAGOTS

OU LE

# RÈGNE DU DESPOTISME

LES

# CAGOTS

OU LE

## RÈGNE DU DESPOTISME

Mémoires sur la fin du Second Empire et sur les Siéges de Paris (1870-1871)

PAR

L. VIEFVILLE

EX-FRANC-TIREUR DE PARIS

HAVRE

IMPRIMERIE DU JOURNAL *LE HAVRE* (F. SANTALLIER, IMPRIMEUR)

162, BOULEVARD DE STRASBOURG, 162

1881

# DÉDICACE

AU PEUPLE !

Je suis complètement inconnu, et pourtant je tiens à ce qu'on lise ce que j'écris, car je crois faire mon devoir de citoyen en essayant de jeter quelque lumière sur la solution d'une question qui est non pas au Vatican, comme l'a dit la *Marseillaise*, mais bien dans l'étude de certaines questions pendantes qui ne peuvent être résolues que par les principes républicains franchement et résolûment appliqués. Il est temps de savoir, à la fin, si l'esprit de la *Révolution Française* n'est plus qu'un mot banal dont il faut publiquement et officiellement se jouer.

Je ne sais quel accueil le public réserve à cette œuvre, mais qu'on la blâme ou qu'on la loue, je la dédie au peuple, en m'inspirant de cette maxime :

*Fais ce que dois, advienne que pourra.*

PARIS, le 8 Mars 1870.

# LES CAGOTS

OU

# LE RÈGNE DU DESPOTISME

## I

### LES HOMMES ET L'ÉGLISE

Les sociétés ont leur âge comme les individus, et chaque âge a ses occupations particulières; aussi aujourd'hui que les siècles tendent de plus en plus à faire justice des ignobles exploitations de l'homme par l'homme, l'un des premiers soucis de tout citoyen doit être :

*Affranchir l'Etat de la domination de l'Église.*

Car il faut bien que chacun sache qu'il n'y a de progrès possible aujourd'hui, qu'autant que l'État sera affranchi de la domination de l'Église, et qu'un pays ne peut être libre, tant que des missionnaires sans mission sèmeront la discorde dans nos villes et dans nos campagnes, s'appuyant pour cela sur une partie de la bourgeoisie actuelle, appliquée à contrefaire un faux reste d'aristocratie et à considérer comme une marque de bon goût et de sécurité l'imitation de la caducité religieuse, littéraire et sociale.

Les couvents de main-morte d'hommes et de femmes pullulent de nouveau plus que jamais, malgré les articles formels de la loi; si bien que l'on est obligé de reconnaître que le despotisme qui a surpris notre pays veut se servir de la religion comme d'une arme pour s'y fortifier et l'occuper à demeure. L'un suit toujours l'autre; l'Espagne vient de nous en fournir encore un exemple; et du moment où un peuple se décide enfin à secouer le joug sous lequel on le tient, il n'a jamais rien de plus pressé que de chercher à se débarrasser des congrégations religieuses, qui ne savent que sucer les richesses d'un pays et en abâtardir la population.

Mais Dieu qui veille sur la France permet enfin que le passé se dégage de son obscurité. La lumière commence à se faire pleine et vive, et le peuple lui-même, se réveillant enfin de sa torpeur, aspire à un état de choses qui, en lui garantissant le pain de chaque jour, lui permette de boire à la coupe de la science et de s'élever peu à peu par le travail et l'instruction jusqu'aux sommets élevés de l'échelle sociale.

Je parle ici d'après une de mes convictions intimes ; car si j'estime qu'il n'y a rien de plus condamnable, lorsqu'on soumet au jugement des hommes la vérité sur de grands faits historiques, que de la déguiser par faiblesse, de l'altérer par passion, de la supposer par paresse et de mentir, sciemment ou non, à son siècle et aux siècles à venir ; il n'y a rien de plus noble, au contraire, au milieu du chaos qui nous entoure, que de chercher à pénétrer la vérité, afin de perfectionner nos institutions.

Aussi, j'ose le dire, si on excepte ces moments violents où l'action vous étourdit, où le torrent des choses vous emporte au point de ne pas vous laisser discerner ses bords, j'ai toujours observé autant que possible ce qui se passe autour de moi, en le rapportant à ce qui se passe ailleurs, pour y chercher ce qu'il y a de différent ou de semblable.

Il ne saurait y avoir aujourd'hui que des chercheurs ; l'autocratie du vrai n'est plus ; d'autant plus impérieux est le besoin de réfléchir sur la portée et sur la nature des sentiments qui nous animent. S'élever à la conscience de soi et de son temps, ce n'est pas seulement soulager sa pensée de l'obsession du doute ou de l'ignorance, c'est découvrir la ligne du devoir et celle de la volonté. Il faut en tout chercher le *Progrès*, cette vertu supérieure, avec laquelle nous pouvons beaucoup, contre laquelle nous ne pouvons rien, et qui, ne se pliant jamais à notre empire, doit nécessairement nous courber sous le sien ; car le *Progrès* est la nature même des choses et le fond de toute vérité. Il ne peut avoir tort. L'homme ne s'affranchit qu'en lui obéissant ; en s'alliant à sa puissance reconnue nécessaire, il se dépouille de la nécessité.

Les sociétés ont leur âge comme les individus, et chaque âge a ses occupations particulières, ai-je dit : Voltaire avant tout réclamerait la chute du pouvoir temporel, ce dernier rempart du moyen âge; il répèterait le mot heureux du ministre piémontais : « L'Église libre dans l'État libre; » car le despotisme clérical ne peut pas plus dominer que le despotisme politique dans une société bien constituée. Aussi plus que jamais voit-on aujourd'hui deux groupes en présence, entre lesquels il n'y a aucun moyen terme, ni aucune conciliation possible : l'un qui possède le passé et prétend en conserver la tradition, l'autre qui veut détruire cette tradition, car à ses yeux ce passé n'est qu'une oppression séculaire qui a étouffé l'homme sous le poids du trône et de l'autel. Et pour arriver à ce résultat, on oppose la nature à la révélation, la raison à la superstition, le progrès au préjugé, l'humanité au fanatisme, la liberté aux prérogatives, sous quelques formes qu'elles se présentent; c'est la haine qui mesure la valeur des mots. Enfin, en face du passé, il y a l'humanité qui s'ouvre à la tolérance, en prenant conscience d'elle-même, de ses iniquités et de ses vertus, de ses limites et de son pouvoir.

L'homme lancé dans la vie se demande : D'où viens-je ? Qui suis-je ?

Ce sont autant de questions mystérieuses qui nous précipitent vers la religion. Nous courons au-devant d'elle, notre penchant naturel nous y porte; mais arrive l'instruction qui nous arrête. Pourquoi, se dit-on, la religion de Paris n'est-elle pas celle de Londres ou de Berlin ? Pourquoi celle de Pétersbourg diffère-t-elle de celle de Constantinople ? Celle-ci de celle de la Perse, de l'Inde et de la Chine ? Pourquoi celle des temps anciens n'est-elle pas celle d'aujourd'hui ? Alors la raison se replie douloureusement....

Il y a tant de religions différentes ou de modifications dans la religion, qu'il est difficile de savoir laquelle choisir. Si une religion avait existé dès le commencement du monde, on la croirait véritable. On croit à Dieu parce que tout le proclame autour de nous et que les plus grands esprits y ont cru ; mais on ne sait que penser de la doctrine qu'on nous enseigne, et nous ressemblons à la montre qui marche sans connaître son horloger. L'homme est la montre qui existe et qui ne se connaît pas; dire d'où il vient, ce qu'il est, où il va est au-dessus de ses idées, et pourtant tout cela est.

Mais si tout proclame l'existence de Dieu, il est évident que toutes les religions sont les enfants des hommes. Pourquoi y en a-t-il tant? Pourquoi la nôtre n'a-t-elle pas toujours existé? Pourquoi est-elle exclusive? Que deviennent les hommes vertueux qui nous ont devancés? Pourquoi ces religions se décrient-elles, se combattent-elles, s'exterminent-elles? Pourquoi cela a-t-il été de tous les temps, de tous les lieux? C'est que les hommes sont toujours les hommes, c'est que les prêtres ont toujours glissé partout la fraude et le mensonge; c'est que la théocratie très-ancienne et primitive est née des frayeurs occasionnées par le tonnerre, les tremblements de terre; elle a fait des Dieux et on en a vu partout.

Et comment pouvoir être convaincu par la bouche absurde, par les actes iniques de la plupart des prédicateurs? On est entouré de prêtres qui nous répètent sans cesse que leur règne n'est pas de ce monde, et ils se saisissent de tout ce qu'ils peuvent. Le pape est le chef de cette religion du ciel, et il ne s'occupe que de la terre. La discipline de l'Église, l'institution des dogmes de l'humanité, celle des évêques ne lui est plus rien, s'il peut à ce prix rester prince temporel.

---

## II

### LE PAPE ET SON INTÉRÊT TEMPOREL

Les querelles religieuses ont toujours été cruelles et sanguinaires, ou sèches, stériles, amères. Il n'y a rien de plus odieux qu'une foule de sectes, se disputant, s'invectivant, se combattant à main armée, si elles sont dans leur première chaleur, ou si elles ont pris l'habitude de vivre à côté les unes des autres, se regardant d'un œil jaloux, formant dans l'État des coteries qui se soutiennent, poussent leurs sujets, écartent ceux des sectes rivales, et donnent aux gouvernements des embarras de toute espèce, comme si elles n'étaient pas toutes bonnes, car toutes au fond disent la même chose.

Singulière dérision de la fortune ! Cette autorité sacrée qui fut pendant des siècles le symbole de la civilisation (car alors être chrétien, c'était être vraiment philosophe, ami du bien, de la justice, de la liberté des hommes), approche aujourd'hui du terme de sa durée. Peu d'esprits, à la vérité, savent apercevoir les causes profondément cachées de sa ruine prochaine, mais les secrètes appréhensions qui ont saisi les masses, et le sentiment de la sécurité qui a disparu de chez elles, en sont des symptômes manifestes.

Et pourtant, bien que la querelle religieuse semble s'envenimer et faire craindre quelque nouveau schisme, il est impossible d'admettre que le pape, pour la défense de ses avantages temporels, puisse mettre l'Église en péril, et laisse s'anéantir le spirituel en voulant assimiler un pouvoir temporel et des lois canoniques ou disciplinaires à l'immuabilité des dogmes mêmes de l'Église.

Il est vrai que le parti clérical soutient que s'emparer du domaine de Saint-Pierre c'est attaquer la foi.

Comme si un pape vraiment attaché à la foi peut en compromettre le sort pour des intérêts purement temporels, ne pas sacrifier sa puissance temporelle désormais perdue de fait à sa puissance spirituelle qui n'est pas menacée, et s'exposer par une obstination folle à voir retrancher une partie du territoire européen de la communion romaine !

La religion catholique est celle de notre patrie, étant la religion de la majorité des citoyens, celle dans laquelle nous sommes nés ; elle a un gouvernement propre, profondément conçu, qui empêche les disputes autant qu'il est possible. Si après l'institution de la papauté spirituelle, il y a quelque chose d'aussi parfait, ce sont les rapports de l'Église gallicane avec le Saint-Siége, église soumise et indépendante tout à la fois, soumise dans les matières de foi, indépendante quant à la police des cultes.

L'institution qui maintient l'unité de la foi, c'est-à-dire la papauté gardienne de l'unité catholique, est une institution admirable. L'unité catholique et les articles de Bossuet, voilà le vrai régime religieux. S'il y a une disposition qui soit conforme au bon sens, à la politique, aux droits respectifs de l'Église et de l'État, c'est incontestablement celle qui confère le choix des évêques au représentant de l'État de chaque pays, et la confirmation de ce choix au chef de l'Église universelle, sous forme d'institution canonique.

Un pouvoir tel que celui des évêques ne saurait en effet provenir que de deux autorités, du représentant de l'État d'abord, car seul il doit conférer des pouvoirs efficaces dans l'étendue du territoire national, et seul d'ailleurs il peut juger du mérite des sujets dans le pays où il gouverne; et secondement du souverain spirituel, qui doit intervenir pour s'assurer si les sujets nommés sont en conformité avec la foi catholique.

Sans l'intervention de la première autorité, l'État n'est plus maître chez lui; sans l'intervention de la seconde, l'unité catholique est en péril.

Dans ses institutions fondées sur l'égalité des cultes existants, la France professe, enseigne l'unité du Christianisme, sous la diversité des Églises particulières. Voilà sa confession, telle qu'elle est écrite dans la loi souveraine; tous les Français appartiennent légalement à une même Église sous des noms différents; il n'y a ici désormais de schismatiques et d'hérétiques que ceux qui, niant toute autre Église que la leur, veulent l'imposer à toutes les autres, rejeter toutes les autres, sans discussion et osent dire : « Hors de mon Église il n'y a point de salut, » lorsque l'État dit précisément le contraire.

Ce n'a pas été un pur caprice, si la loi a brisé la religion de l'État; la France ne pouvait adopter, pour la représenter, l'ultramontanisme, qui, par son principe d'exclusion, est diamétralement l'opposé du dogme social et de la communauté religieuse, inscrits dans la constitution comme le résultat, non-seulement de la Révolution, mais de l'histoire moderne.

D'où il suit que, pour que les choses soient autrement, il faut de deux choses l'une, ou que la France renie sa communion politique et sociale, ou que le catholicisme devienne véritablement universel, en comprenant enfin ce qu'il se contente de maudire.

Dans cette lutte que l'on réveille à tout prix entre l'ultramontanisme et la Révolution française, pourquoi le premier est-il toujours et nécessairement vaincu ?

Parce que la Révolution française, dans son principe, est plus véritablement chrétienne que l'ultramontanisme, parce que le sentiment de la religion universelle est désormais plutôt en France qu'à Rome.

La loi sortie de la Révolution française a été assez large pour faire vivre d'une même vie ceux que les partis religieux tenaient séparés à l'extérieur. Elle a concilié en esprit et en vérité ceux que l'ultramontanisme voulait diviser éternellement ; elle a fait des frères de ceux dont il faisait des sectaires ; elle a relevé ce qu'il condamne ; elle a consacré ce qu'il proscrit ; où il ne veut que l'anathème de l'ancienne loi, elle a mis l'alliance de l'évangile ; elle a effacé les noms de Huguenots et de Papistes pour ne laisser subsister que celui de chrétiens ; elle a parlé pour les peuples et pour les faibles, quand il ne parlait que pour les princes et les puissants.

C'est-à-dire que la loi politique, toute imparfaite qu'elle puisse être, s'est trouvée à la fin plus conforme à l'évangile que les docteurs qui prétendent parler seuls au nom de l'évangile. En rapprochant, confondant, unissant dans l'État les membres opposés de la famille du Christ, elle a montré plus d'intelligence, plus d'amour, plus de sentiment chrétien que ceux qui, depuis trois siècles, ne savent que dire *Racca* à la moitié de la chrétienté.

Tant que la France politique conservera cette position dans le monde, elle sera inexpugnable à tous les efforts de l'ultramontanisme, puisque, religieusement parlant, elle lui est supérieure ; elle est plus chrétienne que lui, puisqu'elle est plus près que lui de l'unité promise ; elle est plus catholique que lui, puisqu'encore une fois son principe plus étendu rassemble le Grec et le Latin, le Luthérien et le Calviniste, le Protestant et le Romain, dans un même droit, un même nom, une même vie, une même cité d'alliance.

La France a placé la première son drapeau hors des sectes, dans l'idée vivante du Christianisme. C'est la grandeur de la Révolution. Elle n'en sera précipitée que si, infidèle à ce dogme universel, elle rentre comme l'y invite la bourgeoisie actuelle dans la politique sectaire de l'ultramontanisme.

Qu'on leur accorde cette arme, soit ; elle ne tardera pas à se retourner contre elle. Qu'on lui ouvre, si elle veut, toutes les barrières, c'est le moyen de mieux trancher la question ; qu'il soit partout, qu'il envahisse tout ; après quoi, dix ans ne se passeront pas sans qu'il soit chassé pour la quarantième fois avec le gouvernement qui aura été ou qui seulement aura semblé être leur complice.

# III

## LA COMPAGNIE DE JÉSUS

Aujourd'hui, qui dit ultramontanisme dit jésuitisme.

Séparé autrefois du reste du clergé, aujourd'hui réuni, le catholicisme en se plaçant sous la bannière du jésuitisme cherche à recommencer une guerre qui déjà lui a été funeste.

Devant le drapeau librement et glorieusement déployé de la Révolution française cette société, disparait comme si elle n'eût jamais existé. Ses débris se cachent sous d'autres noms, et aussi longtemps que la France nouvelle reste victorieuse dans le monde, on n'entend plus parler de la compagnie de Jésus.

Cependant un moment vient où la société de Jésus, écrasée par la papauté elle-même en 1773, à cause de son esprit dangereux, ennemi de tout principe d'innovation, est de nouveau triomphalement rétablie par la papauté. Que s'est il donc passé ?

La bulle de restauration de l'ordre est du 7 Août 1814 ; cette date ne dit-elle pas tout ?

C'est le moment où la France assiégée, foulée, est contrainte de cacher ses couleurs, de renier dans sa loi le principe de la Révolution, d'accepter ce qu'on veut bien lui octroyer d'air, de lumière et de vie. Au millieu de cette croisade de la vieille Europe, chacun emploie les armes qui sont à son usage. Dans ce débordement de milices de toutes les zones la papauté déchaîne aussi la milice ressuscitée de Loyola, afin que l'esprit étant circonvenu comme le corps, la défaite soit complète et que la France agenouillée n'ait plus même dans son for intérieur la pensée de se redresser jamais.

Voilà les faits, l'histoire, la réalité sur laquelle on ne parviendra pas à égarer la génération qui s'élève. Il faut qu'on le sache bien ; cette issue est celle à laquelle il faut arriver dès qu'on entre dans ce chemin ; elle ne paraît pas, on ne la montre pas au début, mais elle est le terme nécessaire. D'un côté, la Révolution française avec le développement de la vie religieuse et sociale; de l'autre, caché on ne sait où, sans contradicteur naturel, l'ordre de Jésus, avec son attache inébranlable au passé. C'est entre ces choses qu'il faut choisir.

Et que personne ne pense qu'elles soient conciliables; elles ne le sont pas. La mission du jésuitisme au XVI^e siècle a été de détruire la Réforme; la mission du jésuitisme au XIX^e siècle est de détruire la Révolution qui suppose, renferme, enveloppe et dépasse la Réforme. C'est une grande mission; mais il faut l'avouer, les idées sont plus hautes. Il s'agit, comme toujours, d'énerver le principe de vie, de tarir peu à peu l'avenir en sa source.

C'est là toute la question.

Et maintenant qu'il n'y a plus de religion d'État, comment veut-on que l'État affiche publiquement l'intolérance? Ce serait mentir à son dogme, ce serait se renier soi-même.

Pourrait-il oublier que les peuples qui sont les plus malades en Europe, ceux qui ont le moins de crédit, d'autorité, ceux qui semblent le plus abandonnés de Dieu, sont ceux où la société de Loyola a son foyer? Elle a endormi et empoisonné l'Espagne et l'Italie pendant deux siècles. Cette société qui a été, à différentes époques, expulsée de tous les États de l'Europe, que le pape lui-même a condamnée, que la France a rejetée de son sein, qui n'existe pas aux yeux de l'État, ou qui plutôt est tenue pour morte légalement dans le droit public de notre pays, c'est ce débris sans nom qui, se cachant, se dérobant, a grandi en se reniant, s'est relevé à demi, et à peine sorti de la poussière, a parlé en maître, a provoqué, a menacé, a défié de nouveau l'intelligence et le bon sens, et a envahi le clergé séculier.

Qui ne sait qu'en France l'Église gallicane n'existe plus que de nom? Et, au moment où je parle, qui ne voit tous les clergés du Midi et du Nord de l'Europe dépouiller avec violence les caractères nationaux qui avaient fait dans le passé leur sauvegarde, et qu'ils ne se concentrent dans Rome que pour combattre avec ensemble l'esprit de chacun de leurs peuples en particulier, et l'unité spirituelle et sociale du XIX^e siècle en général?

Le vieux clergé contient bien encore quelques-unes de ces âmes droites, honnêtes, sincères, pour lesquelles la religion se résume dans le mot *Charité;* mais qu'attendre des nouveaux prêtres qu'on élève dans une doctrine sombre, fanatique? Aussi il n'y a rien de gallican dans le jeune clergé.

Suborné par les maximes de corps et les indicibles théories que l'on a revendiquées comme la pâture de tous les séminaires et de tous les confesseurs de France, il ne cesse d'attaquer le droit de la pensée, la liberté religieuse et philosophique, c'est-à-dire le principe même de la science et de la société moderne, soufflant partout la haine et la discorde.

Les évêques mêmes se retournent l'un après l'autre contre l'autorité qui les choisit; et malgré tant de trahisons, une facilité singulière à s'en attirer de nouvelles; travaillant la société en haut, en bas, dans les ateliers, dans les écoles, par le cœur et par la tête, pour rétablir ingénûment le moyen âge.

Quand on parle du moyen âge et des efforts faits pour le restaurer, on excite tout de suite le sourire des railleurs. La chose leur semble niaise; on est poncif, on tombe dans le mauvais goût et la rengaîne.

Il est certain que nous ne reverrons pas les serfs et les seigneurs; mais il est une chose qui n'est point morte, c'est l'esprit du moyen âge, esprit de conservation à outrance, de fatalisme autoritaire. Il prend toutes sortes de formes pour s'infiltrer dans la société française, et il se trouve des gens pour en célébrer les bienfaits. Lorsque le père Hyacinthe, dans un de ces articles parlés qu'il débite à Notre-Dame, vient faire l'éloge de la guerre, et empruntant à un journaliste célèbre certaines façons de dire qui n'ont rien de commun avec l'éloquence sacrée, s'écrie que : « La guerre « c'est la conservation et la destruction; elle détruit pour conser-« ver; elle conserve pour détruire », je dis que l'esprit du moyen âge parle par sa voix. Quand les évêques, combattant de parti-pris la science moderne, feignent d'être plongés dans la douleur et défendent aux fidèles de prêter l'oreille à ceux qui cherchent une explication rationnelle de la création, ils sont dans la logique pure et dignes d'interdire à André Vesale la dissection des morts comme un outrage à l'image de Dieu.

*Le Monde* écrivait ces jours-ci, apportant son argument à M. Rouher en faveur des armées à la Xercès : « Pourquoi une « armée de douze cent mille hommes, quand la Restauration se « contentait de deux cent quarante mille? Et à vrai dire, un enfant « expliquerait cette progression de nos forces militaires, c'est

« que le péril social croît avec le progrès de la civilisation. »

Quel aveu! Quelle menace! Et quelle parole sinistre : « Un « enfant expliquerait cette progression de nos forces militaires. » Quand on songe que le parti qui veut employer les armées à l'intérieur contre la civilisation a déjà deux fois été en passe de faire l'éducation de la France.

Trouve-t-on que cela ne soit rien et qu'il faille laisser la France s'endormir en lisant les livres piétistes qui forment plus d'un tiers des ouvrages publiés chaque année ?

Lorsque, sous le nom de religion constituée, nous sommes menacés du fléau d'une religion dominante; lorsque cette menace nous vient d'hommes de parti, aristocrates beaucoup plus que chrétiens, et qui le laissent bien voir par leur approbation indiscrète aux retards que l'on cherche à apporter à l'émancipation des peuples; lorsque, usurpant le nom de celui qui a dit : « Mon « royaume n'est pas de ce monde », la faction politique qui a envahi notre pays veut se servir de la religion comme d'une arme d'asservissement; lorsque, ravalant la dignité de la France et substituant des influences fanatiques à nos influences traditionnelles, cette faction affiche l'insolente prétention de rattacher aux marches du trône et au trône lui-même le réseau de servitude qu'elle jette sur la France, je tiens à devoir de repousser par mes paroles l'accomplissement de cette corruption sacrilége.

Ceci est plus sérieux que beaucoup de personnes ne pensent; car ce n'est pas moi qui nierai la force du jésuitisme et des intérêts qui s'y rattachent.

Je sais des hommes qui s'en vont chaque jour disant: « Il n'y a pas de jésuites. Où sont les jésuites ? » En dissimulant la question, ceux-là montrent qu'ils en connaissent mieux que les autres toute la portée.

Oui, les jésuites se rétablissent tous les jours en France, non-seulement d'une manière apparente, mais encore sourdement, et dans tout le clergé séculier; ils envahissent tout, ils répandent partout leurs funestes principes, leurs ambitieuses prétentions.

Quand je passerais sous silence tous ces sectaires ambulants, qui pullulent aujourd'hui en France, et qui ne sont autorisés cependant par aucune loi, pourrais-je ne pas parler de tous ces établissements formés sous une influence ecclésiastique exclusive, et ayant pour objet d'alimenter les communautés religieuses que la loi ne reconnaît pas? pourrais-je taire tous ces établissements qui, jouissant de priviléges et de droits que ne possèdent même pas nos colléges nationaux, faussent l'esprit moral d'une partie vitale de la France, tentent d'anéantir sa virilité morale et divisent de plus en plus la France en deux camps, l'un antinational, l'autre libéral?

---

## IV

### LES MARGUILLIERS OU L'ÉGOISME AUTOMATE

C'est un grand mal assurément que le jésuitisme soit entré dans l'Église; mais tout serait perdu si, continuant à s'insinuer dans les mœurs et dans l'État, il parvenait à tout envahir; car la politique, la philosophie, l'art, la science, les lettres, ont aussi bien que la religion un jésuitisme qui leur est propre. Partout il consiste à donner aux apparences les signes de la réalité. Que deviendrait un peuple en général, si dans la politique il possédait toutes les apparences du mouvemeut et de la liberté : rouages ingénieux, assemblées, discussions, chocs de doctrines, de paroles, changements de noms, et si, par hasard, au milieu de tout ce bruit extérieur, il tournait perpétuellement dans le même cercle ? N'y aurait-il pas à craindre que tant de dehors et de semblants de vie ne l'accoutumât peu à peu à négliger le fond des choses?

Comprenant parfaitement les instincts de notre temps où naissent, au milieu d'un mouvement d'innovation qui saisit toutes les âmes, l'esprit de création, de découverte qui déborde partout, emportant, entraînant le monde, que deviendrait un peuple si, dans cette sorte d'ivresse de la science, de la poésie, de la philosophie, il se sentait précipité vers un abîme inconnu ?

Mais comment arrêter, suspendre, glacer la pensée humaine au milieu de cet élan ? Il n'y avait pour cela qu'un seul moyen, et c'est celui que le jésuitisme a adopté et par lequel il réussira si la France ne s'y oppose bien vite. Se faire les représentants de cette tendance, y obéir pour mieux l'arrêter, bâtir sur toute la terre des maisons à la science pour emprisonner l'essor de cette science, donner à l'esprit un mouvement apparent qui lui rende impossible tout mouvement réel, le consumer dans une gymnastique incessante et sous de faux semblants d'activité, caresser la curiosité, éteindre dans le principe le génie de découverte, étouffer le savoir sous la poussière des livres, en un mot faire briller nominativement la raison, en lui accordant toutes les chances de la vanité, tous les dehors de la puissance, à la seule condition de lui en refuser l'usage.

Telles sont les attributions qui sont dévolues à ce qu'on appelle aujourd'hui un jésuite en robe courte. Pour le dépeindre, je ne crois pouvoir faire mieux que de reproduire le spirituel portrait qu'en a fait Edmond About :

Entrez dans le salon d'un marguillier de province : la lumière, l'odeur, la température, les voix, les visages, tout est à l'unisson. Après son dîner, s'emparant de son fauteuil, il s'étend et lisant son journal, à ce qu'il veut faire croire, il ronfle. Mais réveillons-le pour le faire causer. A toutes les questions qu'il vous plaira de lui adresser, il répondra fermement, assurément, gravement, comme un catéchisme. Son cerveau est un casier où l'on a déposé des idées parfaitement précises sur le ciel, sur la terre, sur les droits imprescriptibles de ceci, sur les principes éternels qui sont la base de cela. Cet homme ainsi lesté a peut-être deux maîtresses quand vous n'en avez qu'une; il fait l'usure, ou l'amour, ou l'aumône, sans quitter cet air digne qui lui donne un air de supériorité quelquefois réel, car il est austère avec sincérité. Que la nature l'ait créé stupide ou intelligent, qu'il soit pétri de sarrazin breton mal concassé ou de la plus fine fleur de farine champenoise, on l'a trempé comme un biscuit dans le sirop des doctrines sublimes; il en est imbibé jusqu'au fond; il en laisse perler une goutte de temps en temps sous forme de sentence. N'essayez pas de dérider son front, il se mettrait en garde. La plaisanterie le choque, c'est une offense. Offense à qui? à quoi? N'importe. Plaisanter, c'est manquer de respect. Mais que doit-on respecter, mon brave homme? Tout. Le respect est une vertu par lui-même, en lui-même, quel que soit le coquin, le mensonge ou le magot qui en sera l'objet. Le marguillier ne craint pas la discussion, mais il la veut sérieuse, car il a des phrases toutes faites pour répondre à tout. excepté à une saillie imprévue. Il méprise cordialement les libres-penseurs de la parole et de la plume qu'il traite de socialistes et de jacobins. Il met son honneur et son plaisir à s'ennuyer dignement dans la lecture des bons livres et des officiels. Il trouve une satisfaction d'orgueil à s'humilier devant certaines fables, à se prosterner devant certains trônes plus ou moins démolis, à prodiguer ses deniers au profit de certaines causes. Il se fait gloire d'être tout ce qu'il est, et de ne pas être tout ce qu'il n'est pas.

Le fait est que cette molécule marguillière est comprise dans un organisme vivant, vigoureux et doué d'une certaine action sur le monde. Enfin, c'est l'*Égoïsme automate*. Et cependant le marguillier est français de naissance et d'origine. Il ne descend ni de Molière, ni de Voltaire, mais il est l'héritier légitime et direct de ceux qui ont lapidé le cercueil de Molière et brûlé les livres de Voltaire par la main du bourreau. Aussi, l'honneur, la fierté, la liberté, nous abandonne-t-il tout cela en souriant ; c'est le naïf apanage qu'il est de bon goût d'appeler de notre temps les erreurs de la jeunesse. Et pourtant l'antiquité des dogmes, l'unité de la direction, la force de la discipline, la solidarité étroite de tous les associés font que le moindre marguillier pourrait écrire le mot *Légion* sur ses cartes de visites.

Voilà la jeunesse de 1816, époque où la France se jeta presque tout entière dans les bras de la congrégation. La France de 1824, prenant enfin les marguilliers en horreur, parce qu'elle s'aperçoit qu'ils usent et abusent du pouvoir qu'ils veulent dominer, les renverse en 1830. En 1848, la bourgeoisie s'effraye de la désorganisation momentanée de tous les pouvoirs et de la mort de l'archevêque de Paris, et la révolution voit se grouper autour des marguilliers non-seulement ceux qui avaient la foi, mais surtout ceux qui avaient peur et pour qui la religion est une mode et un moyen.

L'Église enrôla alors pêle-mêle les philosophes, les hérétiques et jusqu'à des juifs. On trouve de tout cela dans le parti clérical, tel qu'il est et se comporte aujourd'hui; car plus d'un qui s'était enrégimenté parce qu'il avait peur, surtout s'il avait fait fortune par quelqu'un de ces délits qui passent entre les mailles du code pénal, est resté sous l'étendard de Constantin parce qu'il y trouvait son avantage. *Hoc signo vinces*, tu vaincras, par ce signe, tous ceux dont tu convoites l'influence, ou la place, ou l'argent.

L'Église régna légitimement en France à partir du mois de juin 1848; légitimement, car elle avait la majorité de la bourgeoisie pour elle et le peuple ne comptait pas. Fût-elle détrônée par l'élection du 10 décembre? Pas encore.

Le prince Louis-Napoléon, avec son nom à double sens et sa figure mystérieuse, eut un bonheur inouï dans notre histoire, puisqu'il réunit dans un vote à peu près unanime les patriotes et les marguilliers, c'est-à-dire les défenseurs de la libre-pensée et ceux de la contre-révolution. Pour les uns, il était l'héritier du concordat, pour les autres, l'héritier de la victoire et de la gloire. Tout le servit, son silence, ses paroles, les théories sociales qu'il avait hasardées, les fautes mêmes qu'il avait commises. Il ne disposa d'abord que de ressources médiocres et d'une autorité limitée. Le pouvoir fort que la bourgeoisie effarée appelait de tous ses vœux n'était pas encore aux mains du président. L'incertitude de l'avenir demeurait grande; on craignait de nouvelles secousses. L'Église bénéficia de tout ce qu'il y avait d'inquiétant dans la situation politique pour consolider son pouvoir et s'emparer de l'éducation. Ce n'est pas le gouvernement qui lui livra la jeunesse; elle s'en saisit elle-même.

Si on se reporte à l'Assemblée législative, qui est-ce qui régnait? Le parti de l'*Ordre*, c'est-à-dire une association de marguilliers religieux et politiques. La pusillanimité de la classe moyenne procura à la France quelque vingt ans de mauvaise éducation, années funestes entre toutes et dont nous sentirons l'influence longtemps.

Les hommes qui nous gouvernent ont fini par s'apercevoir qu'il y avait péril en la demeure. N'avez-vous pas entendu le président du Conseil d'état annoncer que l'Église avait acquis plus de richesses entre 1852 et 1862 que dans les quarante années précédentes? Que ces richesses atteignaient le chiffre de celles qu'elle possédait avant 93! N'avez-vous pas vu un ministre de l'instruction publique malmené par les évêques, et un ministre de l'intérieur repoussé en bataille rangée par la société de Saint-Vincent-de-Paul? N'a-t-on pas dû fonder la société du Prince Impérial, pour combattre cette association de charité, si peu charitable aux pouvoirs établis? Les congrégations religieuses, d'abord tolérées, puis autorisées, marchent en rase campagne à la conquête de la France. Les écoles ecclésiastiques, malgré la faiblesse morale reconnue de leur enseignement, opposent une concurrence formidable aux colléges de l'État. Enfin, et c'est ce qu'il y a de plus grave, les carrières civiles sont envahies par une multitude de marguilliers de vingt ans, fougueuse armée de l'Église, qui peut aller fort loin, si on ne lui barre le chemin. Les étudiants qui, réclamant soi-disant la liberté, ont suspendu par un religieux tapage le cours de M. Renan, ne seront pas toujours sur les bancs des écoles. Ils deviendront avocats, magistrats, administrateurs, officiers, médecins. Où qu'ils soient, nous les trouverons en lignes serrées, unis étroitement pour tenir tête aux idées modernes; il faudra compter avec eux. Ils n'aspirent qu'à devenir nos maîtres et à ramener la nation, tambour battant, vers l'année 1788. Ils ont leurs officiers dans le pays, leurs généraux à l'étranger.

L'affaire est grave. Il s'agit de savoir si nous allons rendre ou conserver toutes les conquêtes morales qui ont coûté tant de sang à nos pères. Et, comme je l'ai déjà dit, ceci est plus sérieux que beaucoup de personnes, dans leur *far niente*, ne le pensent; car c'est l'affaire d'un trône et d'une dynastie bourgeoise.

Qu'on ne se trompe pas; la France de 93 n'est pas morte, et son réveil sera d'autant plus terrible qu'elle aura semblé sommeiller plus longtemps. Elle ne veut plus de révolution brutale, car elle voit qu'elle recule au lieu d'avancer; mais pourtant qu'on ne la pousse pas à bout.

L'armée des marguilliers est nombreuse, et d'autant plus nombreuse qu'elle n'est pas facile à recenser; car elle ne porte pas d'uniforme. Leur budget est lettre close; on connaît seulement qu'ils sont nombreux, riches et très-riches; car s'ils meurent sans enfants, ce n'est pas à leur famille, ni à la société du Prince Impérial qu'ils lèguent leurs biens.

Fluquières, mai 1867.

---

## V

## LE PASSÉ ET LE PRÉSENT

Dès le premier jour où Louis Bonaparte arriva à la Présidence, il s'était dit :

Je suis arrivé au pouvoir par la Révolution, j'en tomberai par les forces mêmes de la Révolution.

La garde nationale est une armée révolutionnaire, je supprimerai la garde nationale; la liberté de la presse est une arme révolutionnaire et de justice, je la briserai par la fiscalité ; le jury est un tribunal révolutionnaire, je ferai nommer les jurés par les préfets; la justice est révolutionnaire par son principe d'égalité; je mettrai l'épée de mes vengeances dans les mains des juridictions anoblies; la maxime : « Le roi ne gouverne pas » est une maxime révolutionnaire, je réfuterai la maxime en achetant, à bureau ouvert, les élections des députés.

L'empire de décembre se retournait ainsi contre toutes les idées qui l'avaient porté au pouvoir; son règne ne pouvait donc être qu'une protestation cachée contre son avènement, un complot permanent contre la liberté.

En même temps que l'empire retirait une à une toutes les forces vives de la Révolution, il ressuscitait toutes les traditions mortes du passé. La cour était rétablie, l'étiquette était reprise, la noblesse patronée, l'anoblissement prodigué, la diplomatie exclusivement peuplée de gentilshommes ou de gentillâtres, par les grandes familles et les barons de la finance; les rois de l'industrie étaient circonvenus, appelés, caressés, les défections récompensées, les corporations religieuses étaient tolérées, la main-morte autorisée, les prétentions ultramontaines encouragées; les princes de tous les corps d'état, dérisoirement promenés un seul instant à travers les grades inférieurs, par une hypocrisie d'égalité, se trouvaient subitement jetés à la tête de toutes les administrations publiques ou particulières.

Et comme couronnement à cette politique de compression, l'empire élevait autour des flancs de Paris et dans Paris une multitude de casernes-forteresses pour faire parler de plus haut sa volonté par la bouche de ses canons.

Non-seulement l'empire prétendait absorber toute la France et ses gloires dans sa dynastie, et l'élever ensuite à de fantastiques hauteurs, au-dessus et en dehors de la nation, au sommet d'une pyramide sur deux ou trois étages de priviléges, l'isoler dans le vide de je ne sais quel moi impérial, multiplié dans quelques courtisans et quelques hauts dignitaires, mais encore il avait voulu modeler sa politique extérieure sur sa politique intérieure; aux alliances de liberté substituer les alliances du despotisme; maintenir le principe de la papauté, mettre un empereur au Mexique, étouffer, s'il le pouvait, l'indépendance italienne et espagnole, et tenir ainsi au bout du télégraphe le cercle indéfiniment élargi du despotisme.

Il avait besoin surtout de rentrer en grâce auprès des monarchies de l'Europe et, pour cela, d'écraser derrière lui la démocratie. Il voulait paraître roi aux mêmes titres, aux mêmes conditions, aux mêmes prérogatives que les autres rois. Il niait partout notre âme, notre force et notre cœur.

Escamotant la présidence pour se relever empereur par le concours de toutes les aristocraties, il n'avait évidemment reçu sa couronne que dans un esprit de conservation, venant de la classe la plus directement intéressée à l'esprit de conservation. Il voyait dans la pensée des hautes classes l'empire posé partout comme une *borne*, et il n'entrait que dans l'esprit de son rôle en repoussant toutes les innovations. Aussi il en était venu à considérer l'immobilité comme la condition même de son existence. Il voyait que toute réforme amenait forcément une autre réforme, sans qu'il fût possible de s'arrêter ailleurs que dans une République une et indivisible, où la loi ne fût plus un mythe, mais une réalité, et où ces trois mots : *Liberté*, *Egalité*, *Fraternité* fussent enfin respectés.

Pendant dix-huit ans, l'empire n'enseigne à la France qu'à douter de la parole du pouvoir.

Enfin, un jour apparaît un homme qui vient donner une forme à ce qui n'était que le vague instinct des esprits et qui, par cela même, rallie à lui tous les cœurs indignés et honteux de leur lâcheté. La Révolution de 93, endormie dans le cœur du peuple, se réveilla et se reconnut dans ses vraies tendances. L'électricité que l'on croyait éteinte dans la nation se manifesta au contact d'une seule étincelle, et les complices de 1852 sont enfin forcés de courber la tête et de quitter ostensiblement le pouvoir.

Alors apparaît le ministère des honnêtes gens ou époque parlementaire, soit dit; mêmes errements et mêmes déceptions pour cette malheureuse France.

Le ministère tout entier, présidé par un ex-républicain, suit la même voie déplorable que ses prédécesseurs. Il fallait bien, en face d'une assemblée douteuse, chancelante, nerveuse, inquiète du réveil des esprits que conduit et qu'excite un homme de cœur et d'énergie, il fallait, dis-je, pour comprimer le véritable esprit, le véritable intérêt du pays, trouver de nouveaux complices, étendre, fortifier et ressaisir sa majorité. Le ministère, trompant toutes les espérances, fit donc irruption dans toutes les consciences, une prime à la main; les boules blanches furent achetées, non pas à prix d'argent (qui vendrait sa voix pour un écu?) mais par des places et des sinécures largement rétribuées. L'opposition se vit décimée par elle-même et par les parquets. La corruption descendit du parlement dans le corps électoral. Les votes furent marchandés, vendus, payés d'un privilége, d'un service, d'une faveur. Vainement les enquêtes, énergiquement réclamées par l'opposition, non moins énergiquement repoussées par le ministère, dénonçaient toute l'étendue, toute l'intensité de l'épidémie. Le pouvoir en appelait à sa majorité des scandales de sa majorité.

La politique du ministère ne peut plus être que l'organisation systématique et savante d'une corruption qui va du pouvoir au parlement, du parlement au corps électoral, flottant, ondulant et circulant ainsi sous toutes les couches de l'administration. Le poison est partout; les symptômes éclatent, soudains et terribles, dans les profondeurs du pouvoir. La France voit, réfléchit et attend devant les scandales qui s'accumulent sans cesse.

La France, outre les expéditions de Rome, de Crimée, d'Italie, du Mexique, de la Chine, voit une sorte de destinée tragique planer sur elle. Barricades de fantaisie, assommoirs, arrestations, prisons préventives, bastonnades, suspension et violation flagrante des lois, assassinat d'un journaliste par un prince de la famille Impériale, son acquittement ; tout en un mot décapite la société dans ses hauteurs.

Enfin la France, profondément ébranlée, se réveille de son rêve de dix-huit ans ; elle doute, elle essaye de se saisir elle-même dans sa propre vie, dans sa foi et dans son espérance ; dans ce qu'elle a voulu poursuivre et qu'elle n'a pas atteint depuis près de quatre-vingts ans par deux révolutions, à travers l'Empire, les restaurations et une République escamotée.

Depuis vingt ans la pensée de la liberté et de l'indépendance a si bien germé dans tous les cœurs, que l'indépendance et la liberté sont des biens acquis, dans un avenir peu éloigné, à cette généreuse France, qui n'en est plus à compter ses martyrs. Les révolutions sont toujours nuisibles aux générations qui les entreprennent ; mais on a beau les maudire, elles arrivent fatalement quand on s'obstine à maintenir un état de choses que tout le monde reconnaît mauvais. Le gendarme peut être un moyen de gouvernement, mais ce n'est qu'un moyen temporaire, et il arrive un temps où le sabre s'ébrèche contre l'idée.

Les peuples ont mûri au soleil des idées modernes, comme les épis mûrissent au soleil de juillet. Aujourd'hui la moisson est prête, elle commence partout; on peut même juger par le mouvement qui gagne successivement l'Europe quelles sont les nations les plus avancées vers l'avenir.

Plus la bourgeoisie régnante, dans son esprit étroit, tarde à donner satisfaction aux sentiments de justice et d'égalité que réclament les peuples, plus le danger s'accroît. Qu'adviendra-t-il de toutes ces craintes et de ces espérances flottantes, de cette tourmente sans relâche ? Aveugles ! O fous conservateurs ! qui n'êtes capables de rien conserver, hors votre propre folie. L'orage approche de plus en plus ; et vous ne voyez pas que dans les airs on entend déjà retentir les coups d'ailes et les boucliers d'airain des Walkyres, les déesses sorcières qui décident du sort des batailles. Nous dansons ici sur un volcan.

Halte-là ! Rouge ou Noir, dit l'Empire.

La bourgeoisie qui a commencé la Révolution de 1789, et a achevé celle-ci en 1830, a régné sans conteste jusqu'à nos jours en contenant le peuple mécontent qui réclame non-seulement l'égalité des lois, mais aussi l'égalité des jouissances.

La bourgeoisie qui a à défendre son pénible ouvrage, la nouvelle constitution de l'État, qui n'est qu'un leurre, contre l'assaut du peuple qui exige la transformation radicale de la société, se sentant certainement trop faible pour résister au choc organisé d'un autre 10 Août, saisit le premier motif, *casus belli*, certain que la mort, la misère et une ère de dictature militaire, délieront le nœud gordien des embrouillements, et que le grand bouleversement qui s'opère en France et en Europe sera sinon terminé du moins enrayé, pour aussi longtemps que la terrible roue ne sera pas remise en mouvement par quelque moteur nouveau.

L'empire et la bourgeoisie ont cru sauver, l'un son trône, l'autre son règne; tous deux se sont trompés; la question reste entière : car on a compris que si Napoléon a voulu cette guerre, c'est qu'il avait peur et qu'il voulait dans son vil orgueil se rattacher aux derniers liens de l'Empire. Que lui importe le reste ? il joue le tout pour le tout.

Que lui importent les misères et les douleurs du peuple ? que lui importent les cris des mères au désespoir en voyant leurs fils tués ? Rien; pourvu qu'il reste et qu'il meure Empereur; cette guerre est son unique espoir, car chassé par les Français, c'est pour lui la honte et le déshonneur; triomphant, il reste *maître absolu et vainqueur de la France.*

Vaincu, prisonnier, il n'en est pas moins un Empereur des Français, et partout où il ira, il sera reçu en roi malheureux et on s'empressera de lui confier de nouveau un peuple aveugle.

Mort au champ de bataille, son nom devient immortel, et son fils, héritier de son nom, devient un des dieux de l'univers. Voilà ce qu'a voulu Napoléon, voilà pourquoi il a voulu cette guerre.

Mais vainqueur ou vaincu, sa destinée sera la même ; la terre promise est en vue ; elle nous apparaît à une légère distance, et nulle puissance désormais ne pourra empêcher le peuple Français de marcher calme et inébranlable vers elle ; car la liberté seule peut sauver notre belle France de la fureur du despotisme, et relever le drapeau de notre iudépendance en face d'un gouvernement sans justice et sans pudeur.

---

# VI

## L'AVENIR

### I

La France se constitue en République. En adoptant cette forme définitive de gouvernement, elle se propose pour but de marcher plus librement dans la voie du progrès et de la civilisation, d'assurer une répartition de plus en plus équitable des charges et des avantages de la société, d'augmenter l'aisance de chacun par la réduction graduée des dépenses publiques et des impôts, et de faire parvenir tous les citoyens, sans nouvelle commotion, par l'action successive et constante des institutions et des lois, à un degré toujours plus élevé de moralité, de lumière et de bien-être.

### II

La République Française est démocratique, une et indivisible.

III

Elle reconnaît des droits et des devoirs antérieurs et supérieurs aux lois positives.

IV

Elle a pour principe : La Liberté, l'Égalité, la Fraternité.

Elle a pour base : La famille, le travail, la propriété et l'ordre public.

V

Elle respecte les nationalités étrangères, comme elle entend faire respecter la sienne ; elle n'entreprend aucune guerre dans des vues de conquêtes, et n'emploie jamais ses forces contre la liberté d'aucun peuple.

VI

Des devoirs réciproques obligent les citoyens envers la République, et la République envers les citoyens.

VII

Les citoyens doivent aimer la patrie, servir la République, la défendre au prix de leur vie, participer aux charges de l'État, en proportion de leur fortune ; ils doivent s'assurer par le travail des moyens d'existence, et, par la prévoyance, des ressources pour l'avenir ; ils doivent concourir au bien-être commun en s'entr'aidant fraternellement les uns les autres, et à l'ordre général en observant les lois morales et les lois écrites qui régissent la Société, la famille et l'individu.

VIII

La République doit protéger le citoyen dans sa personne, sa famille, sa religion, sa propriété, son travail, et mettre à la portée de chacun l'instruction indispensable à tous les hommes ; elle doit, par une assistance fraternelle, assurer l'existence des citoyens nécessiteux, soit en leur procurant du travail dans les limites de ses ressources, soit en donnant, à défaut de la famille, des secours à ceux qui sont hors d'état de travailler.

En vue de l'accomplissement de tous ces devoirs, et pour la garantie de tous ces droits, la constitution de la République est ainsi établie :

## CHAPITRE I^er^

### *De la Souveraineté.*

Article premier. — La souveraineté réside dans l'universalité des citoyens français.

Elle est inébranlable et imprescriptible.

Aucun individu, aucune fraction du peuple ne peut s'en attribuer l'exercice.

## CHAPITRE II

### *Droits des Citoyens garantis par la Constitution.*

Art. 2. — Nul ne peut être arrêté ou détenu que suivant les prescriptions de la loi.

Art. 3. — La demeure de toute personne habitant le territoire français est inviolable ; il n'est permis d'y pénétrer que selon la forme et dans les cas prévus par la loi.

Att. 4. — Nul ne sera distrait de ses juges naturels. Il ne pourra être créé de commission et de tribunaux extraordinaires à quelque titre et sous quelque dénomination que ce soit.

Art. 5. — La peine de mort est abolie.

Art. 6.— L'esclavage ne peut exister sur aucune terre française.

Art. 7. — Chacun professe librement sa religion, et reçoit de l'État, pour l'exercice de son culte, une égale protection.

Le budget des cultes est supprimé, et les frais de chaque culte sont supportés par les adhérents.

Art. 8. — Les citoyens ont le droit de s'associer, de s'assembler paisiblement et sans armes, de pétitionner, de manifester leurs pensées par la voie de la presse ou autrement.

L'exercice de ces droits n'a pour limites que les droits ou la liberté d'autrui, et la sécurité publique.

La presse ne peut en aucun cas être soumise à la censure.

Art. 9. — L'enseignement est libre. La liberté d'enseignement s'exerce selon les conditions de capacité et de moralité déterminées par les lois, et sous la surveillance de l'État.

Cette surveillance s'étend à tous les établissements d'éducation et d'enseignement sans aucune exception.

ART. 10. — Tous les citoyens sont également admissibles à tous les emplois publics, sans autre motif de préférence que leur mérite et suivant les conditions qui seront fixées par les lois.

Sont abolis à toujours tout titre nobiliaire, toute distinction de naissance, de classe ou de caste.

ART. 11. — Toutes les propriétés sont inviolables. Néanmoins l'État peut exiger le sacrifice d'une propriété pour cause d'utilité publique légalement constatée, et moyennant une juste et préalable indemnité.

ART. 12. — La confiscation des biens est abolie.

ART. 13. — La Constitution garantit aux citoyens la liberté du travail et de l'industrie.

La société favorise et encourage le développement du travail par l'enseignement primaire laïque, gratuit et obligatoire, l'éducation professionnelle, l'égalité de rapports entre le patron et l'ouvrier, les institutions de prévoyance et de crédit, les institutions agricoles, les associations volontaires et l'établissement par l'État, dans les départements et les communes, de travaux publics propres à employer les bras inoccupés ; elle fournit l'assistance aux enfants abandonnés, aux infirmes et aux vieillards sans ressources, et que leurs famille ne peuvent secourir.

ART. 14. — La dette publique est garantie.

Toute espèce d'engagement pris par l'État avec ses créanciers est inviolable.

ART. 15. — Tout impôt est établi pour l'utilité commune.

Chacun y contribue en proportion de ses facultés et de sa fortune.

ART. 16. — Aucun impôt ne peut être établi ni perçu qu'en vertu de la loi.

ART. 17. — L'impôt direct n'est consenti que pour un an. Les impositions indirectes peuvent être consenties pour plusieurs années.

## CHAPITRE III

### *Des Pouvoirs publics.*

ART. 18. — Tous les pouvoirs publics, quels qu'ils soient, émanent du peuple.

Ils ne peuvent être délégués héréditairement.

ART. 19. — La séparation des pouvoirs est la première condition d'un gouvernement libre.

## CHAPITRE IV

### *Du Pouvoir législatif.*

ART. 20. — Le peuple français délègue le pouvoir législatif à une Assemblée unique.

ART. 21. — Le nombre total des représentants du peuple sera de......, y compris les représentants de l'Algérie et des colonies françaises.

ART. 22. — Ce nombre s'élèvera à......, pour les Assemblées qui seront appelées à réviser la Constitution.

ART. 23. — L'élection a pour base la population.

ART. 24. — Le suffrage est direct et universel. Le scrutin est secret.

ART. 25. — Sont électeurs, sans condition de cens, tous les Français âgés de vingt et un ans et jouissant de leurs droits civils et politiques.

ART. 26. — Sont éligibles, sans condition de domicile, tous les électeurs âgés de vingt-cinq ans.

ART. 27. — La loi électorale déterminera les causes qui peuvent priver un citoyen français du droit d'élire et d'être élu.

Elle désignera les citoyens qui, exerçant ou ayant exercé des fonctions dans un département ou un ressort territorial, ne peuvent y être élus.

ART. 28. — Toute fonction publique rétribuée est incompatible avec le mandat de représentant du peuple.

Aucun membre de l'Assemblée nationale ne peut, pendant la durée de la législation, être nommé ou promu à des fonctions publiques salariées, dont les titulaires sont choisis à volonté par le pouvoir exécutif.

Les exceptions aux dispositions des deux paragraphes précédents seront déterminées par la loi électorale organique.

ART. 29. — Les dispositions de l'article précédent ne sont pas applicables aux Assemblées élues pour la révision de la Constitution.

Art. 30. — L'élection des représentants se fera par département et au scrutin de liste.

Les électeurs voteront au chef-lieu de canton. Néanmoins, en raison des circonstances locales, le canton pourra être divisé en plusieurs circonscriptions, dans la forme et aux conditions qui seront déterminées par la loi électorale.

Art. 31. — L'Assemblée nationale est élue pour trois ans et se renouvelle intégralement.

Quarante-cinq jours au plus tard avant la fin de la législature, une loi détermine l'époque des nouvelles élections.

Si aucune loi n'est intervenue dans le délai fixé par le paragraphe précédent, les électeurs se réunissent de plein droit le trentième jour qui précède la fin de la législature.

La nouvelle Assemblée est convoquée de plein droit pour le lendemain du jour où finit le mandat de l'Assemblée précédente.

Art. 32. — Elle est permanente.

Néanmoins elle peut s'ajourner à un jour qu'elle fixe.

Pendant la durée de la prorogation, une commission composée des membres du bureau et de vingt-cinq représentants nommés par l'Assemblée au scrutin secret, et à la majorité absolue, a le droit de la convoquer en cas d'urgence.

Le Président de la République a aussi le droit de convoquer l'Assemblée.

Art. 33. — L'Assemblée nationale détermine le lieu de ses séances. Elle fixe l'importance des forces militaires établies pour la sûreté, et elle en dispose.

Art. 34. — Les représentants sont toujours rééligibles.

Art. 35. — Les membres de l'Assemblée nationale sont les représentants, non du département qui les nomme, mais de la France entière.

Art. 36. — Les représentants du peuple sont inviolables.

Ils ne pourront être recherchés, accusés, ni jugés en aucun temps, pour les opinions qu'ils auront émises dans le sein de l'Assemblée nationale.

Art. 37. — Ils ne peuvent être arrêtés en matière criminelle, sauf le cas de flagrant délit, ni poursuivis qu'après que l'Assemblée a permis la poursuite.

En cas d'arrestation pour flagrant délit il en sera immédiatement référé à l'Assemblée qui autorisera ou refusera la continuation des poursuites.

Cette disposition s'applique au cas où un citoyen détenu est nommé représentant.

ART. 38. — Chaque représentant du peuple reçoit une indemnité à laquelle il ne peut renoncer.

ART. 39. — Les séances de l'Assemblée sont publiques.

Néanmoins, l'Assemblée peut se former en comité secret sur la demande du nombre de représentants fixé par le règlement.

Chaque représentant a le droit d'initiative parlementaire qu'il exercera selon les formes déterminées par le règlement.

ART. 40. — La présence de la moitié plus un des membres de l'Assemblée est nécessaire pour la validité du vote des lois.

ART. 41. — Aucun projet de loi, sauf le cas d'urgence, ne sera voté définitivement qu'après trois délibérations, à des intervalles qui ne peuvent être moindres de cinq jours.

ART. 42. — Toute proposition ayant pour objet de déclarer l'urgence est précédée d'un exposé des motifs.

Si l'Assemblée est d'avis de donner suite à la proposition d'urgence, elle en ordonne le renvoi dans les bureaux et fixe le moment de la discussion.

Si elle décide qu'il n'y a pas urgence, le projet suit le cours des propositions ordinaires.

## CHAPITRE V

### *Du Pouvoir exécutif.*

ART. 43. — Le peuple français délègue le pouvoir exécutif à un citoyen qui reçoit le titre de Président de la République.

ART. 44. — Le Président doit être né Français, âgé de trente ans au moins, et n'avoir jamais perdu la qualité de Français.

ART. 45. — Le Président de la République est élu pour quatre ans, et n'est rééligible qu'après un intervalle de quatre années.

Ne peuvent non plus être élus après lui, dans le même intervalle, ni le Vice-Président, ni aucun des parents ou alliés du Président, jusqu'au sixième degré inclusivement.

ART. 46. — L'élection a lieu de plein droit le deuxième dimanche du mois de Mai.

Dans le cas où, par suite du décès, de démission ou de toute autre cause, le Président serait élu à une autre époque, ses pouvoirs expireront le deuxième dimanche du mois de Mai de la quatrième année qui suivra son élection.

Le Président est nommé au scrutin secret, et à la majorité absolue des votants, par le suffrage direct de tous les électeurs des départements français et de l'Algérie.

ART. 47. — Les procès-verbaux des opérations électorales sont transmis immédiatement à l'Assemblée nationale qui statue sans délai sur la validité de l'élection et proclame le Président de la République.

Si un candidat n'a pas obtenu plus de la moitié des suffrages exprimés, et au moins deux millions de voix, ou si les conditions exigées par l'article 44 ne sont pas remplies, l'Assemblée nationale élit le Président de la République, à la majorité absolue et au scrutin secret, parmi les cinq candidats éligibles qui ont obtenu le plus de voix.

ART. 48. — Avant d'entrer en fonctions, le Président de la République prête au sein de l'Assemblée nationale le serment dont la teneur suit :

« *En présence de Dieu et devant le peuple Français, représenté par l'Assemblée nationale, je jure de rester fidèle à la République démocratique, une et indivisible, et de remplir tous les devoirs que m'impose la Constitution.* »

ART. 49. — Il a le droit de faire présenter des projets de loi à l'Assemblée nationale par les ministres.

Il surveille et assure l'exécution des lois.

ART. 50. — Il dispose de la force armée, sans pouvoir jamais la commander en personne.

ART. 51. — Il ne peut céder aucune portion du territoire, ni dissoudre, ni proroger l'Assemblée nationale, ni suspendre en aucune manière l'empire de la Constitution et des lois.

ART. 52. — Il présente chaque année, par un Message à l'Assemblée nationale, l'exposé de l'état général des affaires de la République.

ART. 53. — Il négocie et ratifie les traités.

Aucun traité n'est définitif qu'après avoir été approuvé par l'Assemblée nationale.

ART. 54. — Il veille à la défense de l'État, mais il ne peut entreprendre aucune guerre sans le consentement de l'Assemblée nationale.

ART. 55. — Il a le droit de faire grâce ; mais il ne peut exercer ce droit qu'après avoir pris l'avis du Conseil d'État.

Les amnisties ne peuvent être accordées que par une loi.

ART. 56. — Le Président de la République promulgue les lois au nom du peuple français.

ART. 57. — Les lois d'urgence sont promulguées dans le délai de trois jours, et les autres lois dans le délai d'un mois, à partir du jour où elles auront été adoptées par l'Assemblée nationale.

ART. 58. — Dans le délai fixé pour la promulgation, le Président de la République peut, par un Message motivé, demander une nouvelle délibération.

L'Assemblée délibère ; sa résolution devient définitive ; elle est transmise au Président de la République.

En ce cas, la promulgation a lieu dans le délai fixé pour les lois d'urgence.

ART. 59. — A défaut de promulgation par le Président de la République, dans les délais déterminés par les articles précédents, il y serait pourvu par le Président de l'Assemblée nationale.

ART. 60. — Les envoyés et les ambassadeurs des puissances étrangères sont accrédités auprès du Président de la République.

ART. 61. — Il préside aux solennités nationales.

ART. 62. — Il est logé aux frais de la République, et reçoit un traitement de six cent mille francs par an.

ART. 63. — Il réside au lieu où siége l'Assemblée nationale, et ne peut sortir du territoire continental de la République sans y être autorisé par une loi.

ART. 64. — Le Président de la République nomme et révoque les ministres.

Il nomme et révoque, en conseil des ministres, les agents diplomatiques, les commandants en chef des armées de terre et de mer, les préfets, le commandant supérieur des gardes nationales de la Seine, le gouverneur de l'Algérie et des colonies, les procureurs généraux et autres fonctionnaires d'un ordre supérieur.

Il nomme et révoque, sur la proposition du ministre compétent, dans les conditions réglementaires déterminées par la loi, les agents secondaires du gouvernement.

ART. 65. — Il a le droit de suspendre, pour un terme qui ne

pourra excéder trois mois, les agents du pouvoir exécutif élus par les citoyens.

Il ne peut les révoquer que de l'avis du Conseil d'État.

La loi détermine les cas où les agents révoqués peuvent être déclarés inéligibles aux mêmes fonctions.

Cette déclaration d'inéligibilité ne pourra être prononcée que par un jugement.

ART. 66. — Le nombre des ministres et leurs attributions sont fixés par le pouvoir législatif.

ART. 67. — Les actes du Président de la République, autres que ceux par lesquels il nomme et révoque les ministres, n'ont d'effet que s'ils sont contresignés par un ministre.

ART. 68. — Le Président de la République, les ministres, les agents et dépositaires de l'autorité publique sont responsables, chacun en ce qui le concerne, de tous les actes du gouvernement et de l'administration.

Toute mesure par laquelle le Président de la République dissout l'Assemblée nationale, la proroge ou met obstacle à l'exercice de son mandat, est un crime de haute trahison.

Par ce seul fait, le Président est déchu de ses fonctions ; les citoyens sont tenus de lui refuser obéissance ; le pouvoir exécutif passe de plein droit à l'Assemblée nationale.

ART. 69. — Les ministres ont entrée dans le sein de l'Assemblée nationale ; ils sont entendus toutes les fois qu'ils le demandent, et peuvent se faire assister par des commissaires.

---

## VII

### GARE ! LES FAUX BONSHOMMES ET LES VENDUS DE L'EMPIRE

Cette constitution, telle que je la comprends, est riche en éléments de liberté et de bonheur publics ; mais il faut que des mains pures et loyales l'exploitent seules, afin que les libertés qu'elle consacre ne soient pas encore de vains mots et que ses dispositions soient observées.

Car une constitution, quelque généreux qu'en soient les principes, quelque facile qu'en soit l'application, et avec quelque solennité qu'elle soit promulguée, célébrée et jurée, reste inefficace pour répandre sur une nation les bienfaits de la liberté. Le texte d'une charte, d'un bill des droits, ne saurait suffire. Il faut que la nation possède le sentiment et connaisse la mesure de ses droits ainsi que de ses devoirs, et que les hautes classes, et surtout les hommes investis du pouvoir, soient convaincus que leur propre bonheur sera moins exposé lorsque la liberté des peuples sera mieux fondée.

Sinon, la meilleure constitution, rédigée par les publicistes les plus célèbres et les plus éclairés, revêtue des plus fortes garanties des serments les plus explicites, n'est qu'une matière privée de l'esprit vivificateur ; elle peut d'abord présenter le fantôme de la liberté, mais la tyrannie, en corps et en âme, s'avance derrière ce fantôme.

Aussi, avant tout, devons-nous nous mettre en garde contre les intrigues de tous ces hommes à double visage qui, après avoir servi tous les régimes, se disent les serviteurs du peuple. Ceux-là nous trompent, et nous devons leur refuser notre appui.

Sachons bien que, pour briguer l'honneur de nous représenter, il faut être pur des traditions du passé ; car nous ne pouvons conserver ceux qui ont servi un pouvoir dont chaque acte était une corruption. Surtout ne nous laissons pas illusionner sur les gens qui appartiennent à ce qu'on appelle les opinions *mixtes*, car ils nous sont tout aussi nuisibles que les autres par leur absence de principes, en ce sens qu'ils servent d'appoints dans les partis, à titre de représentants de la banalité et de la routine ; ces deux ennemis du progrès, les plus redoutables de tous, parce qu'ils sont passifs et se bornent à entretenir l'inertie sous toutes ses formes.

Aussi, n'écartons pas les jeunes gens ; l'ardeur et la générosité sont le privilége de cet âge, et la République a besoin de ces belles qualités.

Que les leçons du passé nous servent, et souvenons-nous bien de ce que nous avons souffert pendant ce bon vieux temps, où la nation asservie n'influait en rien sur le gouvernement ; où la force de la couronne asservissait les individus ; où les dignités, les places, les récompenses, abandonnées à des cabales de cour, étaient devenues le patrimoine de quelques familles, et le prix de l'intrigue et du crime ; où des ministres passagers traitaient la législation et l'État comme la toile de Pénélope, et où, à la faiblesse du pouvoir législatif, se joignait l'indépendance oppressive des agents d'exécution ; où seuls arbitres des besoins publics, deux ou trois ministres, en se conciliant, pouvaient à leur gré imposer la nation, la ruiner par ses emprunts, forcer toujours la recette pour atteindre la dépense, au lieu de subordonner la dépense à la recette, et couvrir par des prestiges le désordre des finances, avant-coureur d'une catastrophe générale.

N'oublions pas le règne des Rouher, des Pinard, des Ollivier ; que la France enfin ne tombe plus sous les griffes de ces vampires qui ne briguent, ne mendient le pouvoir que pour ressaisir aux dépens de la nation des richesses dont ils sont tout prêts à faire le plus scandaleux usage.

N'oublions pas ! Et que la République chasse enfin de son sein tous les ambitieux du pouvoir, les mercenaires des cours ; cette foule habituée à plier sous le joug, incapable de mettre au-dessus des louanges d'une société corrompue le noble suffrage de la conscience, l'estime inappréciable de soi-même. Enfin qu'elle soit implacable pour tous ces chefs qui depuis un demi-siècle ne nous présentent que de fausses lueurs de gloire, que de mensongères apparences de bonheur et de liberté, et qui veulent les peuples humbles, ignorants de leurs droits politiques, dévoués, absolument dévoués, ou plutôt asservis.

Juillet 1870.

---

## NOVEMBRE 1871

Que d'événements accomplis entre ces deux dates ! Sur quelle mer houleuse, pleine d'écueils cachés et peut-être d'ouragans, naviguons-nous ! Dieu seul le sait, au milieu de toutes ces haines menaçantes et implacables !

---

# VIII

## FIN DE L'EMPIRE LIBÉRAL ET DU MINISTÈRE DES HONNÊTES GENS

L'Empire, malgré le *Oui plébiscitaire* des votes bourgeois, c'est-à-dire le oui des poltrons, des filles, des boursiers, des agioteurs, des petits crevés, des gandins, des monopoleurs, des exploiteurs, des spéculateurs, des marchands de terrains, des seigneurs de la haute domesticité, de la haute banque et de la haute pègre ; malgré l'emprisonnement des chefs de l'Internationale et du citoyen Rochefort, se voyant envahi, débordé, vaincu sans même un combat, et submergé par ce flot, qui pareil à la marée montante, s'avance calme et terrible; l'empire près de périr, englouti sous ces vagues humaines, appelle à son aide la rhétorique de maître de Girardin, qui depuis longtemps pousse à la guerre contre l'Allemagne et publie dans le *Siècle* le plan du quadrilatère prussien. N'était-ce pas le meilleur moyen encore d'étouffer les revendications des penseurs et les plaintes des souffrants ?

L'empire en désespoir de cause pousse donc le cri de : A Berlin ! à Berlin ! au grand effroi de tous ceux qui, n'ignorant ni la force de l'Allemagne, ni le dépourvu de la France, et qui connaissant la position militaire de chacun des deux pays, savent que nous n'avons pas même deux cent cinquante mille hommes, dont une partie est abrutie par l'absinthe et les casernes, à opposer à douze cent mille combattants aguerris, sans compter leurs réserves, que la Prusse a organisés en moins d'un mois, et sortant sains de corps et d'esprit de leurs foyers.

Indigné, effrayé d'une pareille folie, essayez-vous d'une protestation ? vilipendé, bousculé, assommé, on vous arrête comme mauvais patriote. Les tribunaux mêmes, dociles instruments, s'en mêlèrent et des citoyens français furent condamnés à la prison pour avoir proféré publiquement ce cri séditieux : *Vive la Paix ! Vive le Travail !*

Ah ! c'est que les habiles, les exploiteurs de tous genres avaient compris que c'était la seule ressource qui leur restait pour sauver leur capital et leurs privilèges.

Qu'importent la défaite ou la victoire pour eux ? Le résultat ne sera-t-il pas toujours le même ? 1814 et 1815, n'est-ce pas leur œuvre et celle de leurs pères ? Le peuple écrasé, broyé, paiera et tout sera dit.

Aussi, que de précautions! pas de vivres, pas de munitions dans les places, pas d'armes aux gardes nationales ; à peine quelques vieux fusils à pierre ou à percussion, un pour dix hommes. Quant à Paris, que peut craindre Paris ? La garde municipale empire et les pensionnaires de Sipière, l'homme aux dix mille francs, le père des sergents de ville casse-tête, ne sont-ils pas là ? Un canon, mais pourquoi faire, grand Dieu ! L'armée vaincue ou prise, est-ce que, tas de marauds, vous prétendriez mieux faire et faire ce que n'auraient pu tous ces fiers chevaliers chamarrés d'or et de broderies que vous entretenez tous les ans sur le pied de quatre à cinq cent mille francs, sous le titre de maréchaux de France et de mestres de nos camps ? Allons donc !

A Berlin, donc ! à Berlin ! On nous recommande d'être bien sages, et en avant tambours et trompettes ; tout défile aux cris surannés de tous les fuyards futurs. Le tout se termine enfin par le départ nocturne et à la dérobée de l'illustre empirique Sire de Fisch-ton-Kan, et de son fils, qui gagnaient le chemin de fer de Strasbourg par le chemin de ceinture, craignant de se trouver face à face avec ce peuple français qu'il venait de livrer dans l'espoir de sauver son trône et sa dynastie. Le train partant, l'Empereur jeta un dernier coup d'œil à l'horizon où était couché Paris, ce géant qu'il avait dompté par surprise, qu'il avait livré aux chacals corses, et qu'il allait enfin vendre au vautour prussien, comme il le lui avait promis.

Oh ! France ! que je t'aime et que je pleure, moi aussi, sur tous tes malheurs! Te voilà donc, ma belle France, livrée et abandonnée! Que vas-tu devenir lorsque l'on va égorger tes enfants dans tes bras ? N'y a-t-il donc rien pour te sauver, pauvre France ? Non, car tu es vendue, honte et malheur!

Ah ! France ! pourquoi, lorsque ce troisième Napoléon a voulu mettre le pied sur la première marche du trône, n'as-tu pas crié à tes fils : Enfants, arrêtez-vous ! Vos yeux sont aveuglés.

Vous vous laissez entraîner par des paroles menteuses, par des promesses vaines, par un faux semblant d'amour. Erreur! On vous promet le bonheur de la France? Mensonge! Ce sera son malheur, car tous ces descendants des Bonaparte, c'est mon opprobre et ma honte.

A bout d'expédients, Bonaparte se rejeta sur le plus odieux de tous, la vente de la France. La correspondance qui suit, et qui nous paraît assez vraisemblable, prouve bien que l'empereur n'avait d'autre préoccupation que l'affermissement de son trône et l'établissement de sa dynastie.

Paris .......... 1870.

Notre auguste cousin,

Il n'y a plus à reculer, l'épreuve que je viens de faire est décisive. Tous les expédients auxquels j'ai eu recours pour donner au plébiscite les apparences de résultats favorables, ne vous tromperont pas....... Il me suffira donc de vous dire qu'au fond, la vérité est telle qu'elle ne me laisse plus le choix des moyens d'arrêter le débordement et l'anarchie.

Toutes les villes, grandes ou petites, le tiers de mon armée, ont voté contre moi. Encore un an de cette propagande républicaine, dont rien ne saurait entraver le cours, et la France m'échappe irrévocablement.

Comprenez-vous ce qu'il adviendra des trônes de l'Europe, le jour où la France, se constituant en République, ferait appel à tous les peuples ?

Si j'avais le tort de m'abandonner aux événements, il m'arriverait d'en être la première victime. Encore six mois d'hésitations, et mon auguste famille se trouverait prise dans Paris comme dans une souricière. Je ne veux en aucune façon marcher sur les traces de l'infortuné Louis XVI ; je ne veux pas davantage fuir comme Louis-Philippe ; je veux régner encore en attendant que mon fils grandisse.

En attendant, il faut qu'à tout prix une main plus robuste que la mienne s'unisse à moi pour débarrasser la France et le monde de quelques millions de républicains qui nous tiennent dans une crainte continuelle.

Je ne puis malheureusement vous prier de m'envoyer vos régiments de hulans tenir garnison à Paris. Le remède serait pire que le mal. Il faut pourtant qu'ils y viennent.

Voici mon plan :

Je vous déclare la guerre (nous conviendrons du prétexte) ; je suis assuré que la déclaration trouvera ici des applaudisseurs ; j'en profiterai pour enrôler toute cette vile multitude de mes faubourgs, toujours prête à prendre un fusil, soit au service de l'émeute, soit contre l'étranger. De votre côté, vous aurez un excellent moyen de mettre votre monde sur pied, vous n'aurez qu'à leur parler de l'Alsace et de la Lorraine, que je consens d'avance à vous céder comme gage de la sincérité de mes intentions.

J'ai déjà fait part de mes projets aux gens de bien qui forment l'élite de la société, ministres, sénateurs, députés, magistrats, dignitaires du clergé, tous comprennent admirablement qu'il leur vaut mieux conserver leurs privilèges sous l'empire, que de courir plus longtemps les chances d'être emportés par le torrent révolutionnaire.

Votre Majesté peut donc dès aujourd'hui considérer comme ses fidèles alliés, tous les serviteurs de l'Empire.

Que la Providence vous comble de ses faveurs.

NAPOLÉON.

---

DE BISMARCK A NAPOLÉON III.

Berlin ... ....... 1870.

Sire,

Mon très auguste Maître, voulant avant tout s'abriter contre toute chance défavorable dans une entreprise que j'appuie de tout mon pouvoir, me prie de vous soumettre les questions suivantes :

1o Quels moyens emploiera votre Majesté pour paralyser l'élan de la France ?

2o Quel sera le nombre d'hommes qui seront dirigés vers la frontière, et quels seront les généraux chargés de les commander ?

Votre Majesté comprendra facilement que dans la partie qui va s'engager, la Prusse ne saurait prendre part au jeu, sans avoir préalablement entre les mains la certitude du gain.

Nous avons déjà beaucoup fait dans ce sens ; mais avec la France il faut tout prévoir, et savoir se mettre en garde contre ses élans de patriotisme qui, faute d'avoir été prévus, peuvent renverser les plus savantes combinaisons.

Je me prosterne aux pieds de votre Majesté.

BISMARCK.

---

DE NAPOLÉON A BISMARCK.

Paris .......... 1870.

Excellence,

Le temps presse. Voici ma réponse aux questions qne vous m'adressez au nom de votre auguste Maître.

Mes mesures sont prises depuis longtemps, grâce à l'habileté de mon administration ; la population des campagnes est dans un tel état de soumission et d'indifférence en matière politique, qu'elle ne fera aucune résistance à l'exécution de mon plan. Elle nous viendra au contraire en aide, le jour où elle comprendra que c'est aux républicains que nous allons faire la guerre.

Les jésuites ont leur consigne ; l'influence qu'ils exercent sur les paysans est telle qu'à leur voix la campagne s'armera contre la population des villes.

Les forces dirigées sur la frontière ne dépasseront pas 300,000 hommes, que j'aurai soin de diviser en petits corps, tenus à d'assez grandes distances, pour qu'ils ne puissent en aucun cas combiner la résistance.

Je suis sûr, absolumeut sûr, des généraux que je placerai au commandement. Un seul d'entre eux m'inspire à la vérité quelque défiance ; je veux parler de Mac...., mais je lui ferai parler par Eugénie.

Au reste, comme je conserve le suprême commandement, je serai toujours à temps de paralyser l'ardeur des fanatiques, s'il s'en trouve.

Je prie Dieu, Excellence, de vous avoir en sa sainte garde.

NAPOLÉON.

---

DE GUILLAUME A NAPOLÉON.

Sur le champ de bataille .......... 1870.

Mon cousin,

Vos soldats se battent comme des diables ; j'aime à croire que vous aurez eu soin de faire comme moi, de mettre les républicains aux premiers rangs.

Malgré la supériorité de mes forces, je ne veux pas continuer la lutte dans les conditions où elle a eu lieu jusqu'ici. Il faut recourir à d'autres moyens pour en finir plus rapidement.

Réunissez le gros de vos forces sur un point que je vous ferai indiquer ce soir par de Moltke. Là nous aviserons Vous devez avoir autant de hâte de revoir Paris que j'en ai de rentrer à Berlin.

Je prie Dieu, mon cousin, pour le succès rapide de notre entreprise.

GUILLAUME.

---

DE NAPOLÉON A GUILLAUME.

Sur le champ de bataille .......... 1870.

Sire,

N'ayant pu trouver la mort à la tête de mon armée, je dépose à vos pieds mon épée, portée par 80,000 hommes (hi, hi, hi !)

NAPOLÉON.

Ces lettres n'ont besoin d'aucun commentaire; mais passons maintenant aux faits :

La première dépêche que nous recevons de l'armée est une réclame qui démontre clairement le but césarien de la campagne.

DÉPÊCHE PARTICULIÈRE ADRESSÉE A L'IMPÉRATRICE.

Louis vient de recevoir le baptême du feu ; il a été admirable de sang-froid, et n'a nullement été impressionné.

.................................................................

Nous étions en première ligne, mais les balles et les boulets tombaient à nos pieds.

Louis a conservé une balle qui est tombée auprès de lui. Il y a des soldats qui pleuraient en le voyant si calme.

NAPOLÉON.

Et zim, boum, la boum, zim, zim, boum boum !

Triste spectacle pour un enfant de quinze ans qui reste impassible au milieu de la trombe de fer qui fauche des êtres humains à Sarrebrück ! Puisse le ciel préserver à jamais la France d'un prince si crâne au milieu des flots de sang. Il est à plaindre, non à admirer.

Après Sarrebrück vient Wissembourg, où 9,000 français luttent contre 183,000 allemands; puis Reischoffen, où l'on envoie faire massacrer l'élite de notre armée, avec l'arrière-pensée que notre seul général, vraiment homme de guerre, et qui inspire quelque défiance, y trouvera aussi une mort glorieuse. Acculé, décimé par la mitraille, pareil au sanglier blessé, il tient tête en reculant pas à pas, malgré la nuée d'ennemis qui l'attaque et l'obsède sans trêve ni repos, et, brisé, broyé, mais non vaincu, il finit par se perdre dans les bois et les montagnes qui l'entourent, grâce à l'énergie désespérée des 8e et 9e cuirassiers, de ses turcos et du 3e zouaves, vieux chacals d'Afrique, qui épouvantent l'ennemi par leur rage digne des lions de leur pays.

Pendant ce temps, l'illustre conquérant et pillard du Mexique, et sa suite dorée, dînent festoient et dansent, tels que les généraux du temps de Louis XV. S'inquiéter de ce qui se passe autour d'eux? Il faudrait quitter le plaisir, et puis, n'ont-ils pas des ordres précis ?

Surpris enfin au milieu de leurs plaisirs, ils se divisent encore, et l'un s'enferme dans Metz, tandis que notre vaillant empereur se sauve dans la direction de Verdun, appelant à son secours et entraînant à sa suite les derniers soldats qu'il reste à la France.

Mac-Mahon, obéissant quand même, s'engage dans les défilés des Ardennes avec le seul espoir qui reste à la patrie, et après un combat meurtrier, dans lequel il est blessé grièvement, il est obligé d'abandonner son commandement.

Pendant ce temps, Napoléon III reçoit le billet suivant :

Sire,

Je me décide à forcer la ligne qui se trouve devant le général Lebrun et le général Ducrot plutôt que d'être prisonnier dans la place de Sedan. *Que votre Majesté vienne se mettre au milieu de ses troupes ; elles tiendront à honneur de lui ouvrir un passage.*

Une heure un quart, 1er Septembre.

DE WIMPFFEN.

Pour toute réponse, Napoléon fait hisser sur les remparts, à l'insu de Wimpffen, le drapeau blanc de la capitulation, le torchon, comme disent les vieux soldats avec rage. N'était-ce pas le meilleur moyen de terminer promptement la défaite en enlevant la décision à ceux qui veulent combattre ?

Enfin, il envoie porter sa terrible épée, *sans condition*, au roi Guillaume, qui le reçoit avec l'accolade, comme au temps des preux chevaliers du moyen-âge ; *sans condition*, comprenez bien.

L'empereur prisonnier, le seul général que nous ayons blessé grièvement, l'armée, notre seule armée, détruite, tous nos officiers prisonniers que restait-il à faire à Paris et à la France ? ouvrir les portes toutes grandes au vainqueur et maître, et accepter la restauration impériale faite avec l'appui de l'occupation étrangère, nouvelle édition 1815-1816.

Quant à Bazaine, digne lieutenant de son maître, il s'enferme dans Metz pour laisser aux Prussiens le loisir d'écraser et de prendre l'armée française à Sedan.

Les Prussiens ne se vantent pas de leur campagne devant Metz ; ils ont raison, car ils savent qu'ici personne ne peut prendre le change sur la victoire inévitable qu'ils ont remportée. L'empereur, lui, va livrer dans le cul de sac de Sedan, la partie de l'armée que Bazaine ne peut vendre. Dès le milieu d'août, ce traître, obéissant aux ordres secrets de son maître, prend cette attitude expectante, inerte, pleine de quiétude dédaigneuse, qu'il gardera jusqu'à la fin ; et il a sous la main, une armée frémissante, qui vient de montrer à Rezonville-Gravelotte son courage, et qui demeure prête à tous les sacrifices. Il a 240,000 hommes à sa disposition, en comptant, la garnison de Metz, la garde nationale, la garde mobile, et près de 20,000 paysans réfugiés dans la ville. Il n'en tire aucun parti. Il s'enferme dans une zone restreinte autour des forts, sans autres vivres ou fourrages que ceux des réserves de l'armée; car, comme l'a dit l'empereur dans sa lettre à Bismarck : « Mes mesures sont prises depuis longtemps. » Aussi ni vivres, ni armes, ni munitions, ni linge dans nos places, même celle de Metz; ou bien alors, comme dans les forts de Paris, des munitions d'un certain calibre; oh ! alors ! des amas de munitions, mais des pièces d'un calibre différent. Quelle infamie !

Bazaine demeure donc là, inactif, hésitant, faisant la parade pour lasser l'énergie de nos soldats. On peut dire que le maréchal Bazaine n'eut qu'une pensée, une seule, celle de conserver libre, en vue d'une opération politique future, l'armée qu'il commandait ; sachant que l'armée de Metz était la seule force militaire réellement organisée qui allait rester à la France, il voulait, en demeurant à sa tête, disposer plus tard et selon son gré du sort de la patrie.

Il est là, dans l'attente des événements, sûr qu'il est, grâce à ses soldats, de les dominer et de les diriger. L'appétit de quelque colossale et ambitieuse aventure germa, naquit et grandit dans l'esprit de ce condottiere du Mexique.

La vérité est connue aujourd'hui.

Le 7 septembre, Metz ayant appris la capitulation de Sedan et la déchéance de l'empereur, Bazaine lance une proclamation à ses troupes, disant :

« Un gouvernement s'est constitué....... Soldats, nous comp-
« tons sur toute votre énergie pour chasser l'ennemi du sol
« français et réprimer les mauvaises passions. »

La nuance ne peut échapper et il est certain qu'il voulait simplement devenir l'arbitre des destinées de la France livrée ; c'est pourquoi, dès le 14 septembre, il n'hésite pas à entrer en relations avec l'assiégeant, et il écrit une lettre au prince Frédéric-Charles.

Hésitant sur le parti à prendre, il déclare dès lors à ses officiers qu'il ne tentera plus rien de sérieux au dehors et qu'il se bornera à améliorer la défense.

Sur ces entrefaites,il se met en relation avec un certain Regnier, et avec l'impératrice qui était alors à Hastings, afin de faire servir l'armée de la Moselle au rétablissement de l'Ordre, c'est-à-dire de la dynastie impériale, et de faire de son armée, l'alliée des troupes prussiennes contre leur propre pays.

Dès lors, voyages de Regnier à Londres et à Versailles ; intervention de Bourbaki qui obtient un sauf-conduit pour se rendre à Londres.

Mais les événements marchaient, trompant toutes les espérances, comme le prouvent ces lettres :

De Guillaume a Napoléon.

Versailles .......... 1870.

Mon cousin,

Mes craintes n'étaient, hélas ! que trop fondées ; l'insurrection de Paris le prouve.

Nous voilà obligés d'aller plus loin que nous ne voulions.

C'est dans Paris qu'il faut écraser ce qu'il reste encore de prédicateurs révolutionnaires.

Ils ne résisteront, je l'espère, que le temps voulu pour les tuer ; mais en attendant, assurez-vous bien que Strasbourg et Metz ne tombent pas aux mains des républicains ; ayez-y des hommes dignes de votre confiance.

Tenez-vous prêt à venir reprendre votre couronne aussitôt que j'aurai imposé mes conditions à la capitale.

Je prie Dieu, etc......

Guillaume.

---

Dépêche chiffrée a sa Majesté le Roi de Prusse.

Paris incapable de résister. Aussitôt capitulation, arrestation en masse des républicains. Journal le *X*... fournira liste. A Metz, à Strasbourg, à Paris, tous à mes ordres.

Napoléon.

---

De Guillaume a Augusta, reine de Prusse

Versailles .......... 1870.

La Lorraine et l'Alsace me coûteront plus que je ne voulais les payer. Paris, cette Sodome moderne, comme tu l'as si spirituellement baptisé, résiste à mes armes.

Mes troupes, malgré leur grand nombre, sont incapables d'en venir à bout; mais nous avons heureusement de nombreux amis dans la place.

Une partie des hommes qui se sont emparés du pouvoir au 4 Septembre, sont des nôtres. Ils travaillent secrètement à nous ouvrir les portes, mais à des conditions qui ne laissent guère d'espoir aux Napoléon de ressaisir le sceptre impérial. Ces diables de Français m'assourdissent avec leurs cris de : *Vive la République !*

Il faut songer à d'autres qu'aux Bonaparte pour gouverner ce pays d'enragés bavards.

Au fond, je ne suis pas fâché des événements qui semblent devoir fermer les portes de la France à ces Corses intrus. Cependant il faut encore user de ménagements : Strasbourg s'est rendu, il faut encore que Bazaine reçoive l'ordre de nous livrer Metz.

Toutes nos forces réunies ne seront pas de trop contre les Parisiens.

Je prie Dieu, jour et nuit, qu'il, etc....

GUILLAUME.

Enfin, le 10 octobre, le général Boyer, confident de Bazaine, part pour Versailles pour traiter de la reddition de Metz.

Bazaine touche donc au dénoûment préparé ; mais le voyage de Gambetta à Tours et l'énergie de la France faisaient avorter ses projets de régence.

Le protocole de la capitulation, signé au château de Frascati, disait à l'article 3 : « Les armes, ainsi que tout le matériel de « l'armée, *consistant en drapeaux, aigles, canons, etc., etc... seront* « *laissés à Metz et dans les forts pour être remis immédiatement à des* « *commissaires prussiens.* »

Mais comment faire entendre aux officiers supérieurs, et surtout aux régiments que leurs enseignes devaient être livrées à l'ennemi? Enfin, une dernière infamie :

A S. E. LE MARÉCHAL CANROBERT, COMMANDANT LE 6e CORPS

Au grand quartier-général, ban St-Martin, 27 Octobre 1870.

Monsieur le Maréchal,

Veuillez donner des ordres pour que les aigles des régiments d'infanterie de votre corps d'armée soient recueillies demain matin de bonne heure, par les soins de votre commandant d'artillerie, et transportées à l'arsenal de Metz, où la cavalerie a déjà déposé les siennes ; vous préviendrez les chefs de corps *qu'elles y seront brûlées.*

Ces aigles, enveloppées de leurs étuis, seront emportées dans un fourgon fermé ; le directeur de l'arsenal les recevra et en délivrera des récépissés aux corps.

*Le Maréchal commandant en chef,*

BAZAINE.

Cette dépêche avait été écrite dans les bureaux de l'état-major général. Le lendemain, 28, l'ordre suivant était adressé au directeur de l'arsenal :

CABINET DU MARÉCHAL
COMMANDANT EN CHEF

Ban St-Martin, 28 Octobre.

ORDRE

D'après la convention militaire, signée hier soir, 27 Octobre, tout le matériel de guerre, étendards, etc...., doit être déposé, inventorié et conservé intact jusqu'à la paix ; les conditions définitives de la paix doivent seules en décider.

En conséquence, le Maréchal commandant en chef prescrit, de la manière la plus formelle, au colonel de Girels, directeur d'artillerie à Metz, de recevoir et de garder en lieu fermé les drapeaux qui ont été ou qui seront versés par les corps. Il ne devra, *sous aucun prétexte*, rendre les drapeaux déjà déposés, de quelque part que la demande en soit faite. Le Maréchal commandant en chef rend le colonel de Girels responsable de l'exécution de cette disposition, qui intéresse au plus haut degré le maintien des clauses de la *convention honorable* qui a été signée et *l'honneur de la parole donnée.*

*Le Maréchal commandant en chef,*

BAZAINE.

*A M. le colonel de Girels, directeur de l'arsenal à Metz.*

Voilà ce que sous l'empire on appelait un *homme habïle*, fin.

Ainsi, comme l'a écrit le général Bisson, les aigles n'ont pas été brûlées, mais bien livrées à l'ennemi comme le dernier trophée de notre honte.

Pendant que son armée défilait devant l'ennemi pour aller manger le pain noir et recevoir le knout prussien, Bazaine déjà parti, dînait en famille dans un château voisin.

Ainsi c'en était fait. Le prince Frédéric-Charles pouvait dire, dans l'ordre du jour à son armée : « *La puissance de la France est brisée à jamais.*» Son Altesse se trompait, comme elle l'a vu par la suite.

*Grâces soient rendues à la Providence!* s'écrie Guillaume. Et la dépêche prussienne annonçait que le nombre des prisonniers faits à Metz s'élevait à 173,000 soldats, 3 maréchaux et 6,000 officiers. Jamais l'histoire n'avait enregistré un tel désastre. L'armée, en outre, livrait à l'ennemi 500 pièces de campagne, 150,000 fusils, 13,000 chevaux, cinq forts armés de 643 pièces de canon, et l'immense matériel de l'arsenal accumulé depuis 1815. *Metz la Pucelle,* livrée, Bazaine alla rejoindre son maître en son château de Wilhemshœhe, en attendant qu'en France, à Versailles, on jugeât sa conduite. O atroce plaisanterie!

Ainsi finit l'Empire. Jamais, même dans l'histoire de la décrépitudes des peuples anciens, on ne vit de pareilles infamies.

O jeunesse de France! réfléchis, et pense que c'est à toi qu'appartient la régénération de notre belle France.

---

## DOSSIER BAZAINE

Dans la discussion que provoqua la rédaction du dernier article de la capitulation de Metz, le général de Stielke, plénipotentiaire prussien, eut l'occasion de faire connaître les mesures que comptait prendre l'autorité prussienne pour envoyer les prisonniers en Allemagne. Il parla d'abord du départ des officiers qui y seraient dirigés successivement par les deux lignes ferrées de Sarrebrück et de Nancy. « Quant aux 80,000 hommes de troupe », ajouta-t-il..... Le général Jarras, chef de l'état-major de l'armée française, l'interrompit pour lui dire : « 80,000 hommes, mais il y en a bien davantage, nous en avons 126,000.» — « Oh! oui, je sais, répliqua le général prussien, avec les malades et les blessés.» — « Mais, non, pas du tout, tint à constater son interlocuteur; c'est 126,000 combattants, chiffre donné par la dernière situation, sans compter la garnison de Metz, les malades et les blessés, plus de 160,000 hommes.» — « Vraiment, est-ce possible?» se contenta de répondre M. de Stielke; l'étonnement peint sur son visage en dit plus que ses paroles. Dans le camp prussien, on croyait à une grande infériorité numérique qui expliquait l'inutilité de nos efforts et la nécessité de notre soumission; mais il n'était venu à personne la pensée qu'on pût voir une armée, encore aussi nombreuse, ayant eu longtemps un effectif au moins égal à celui de l'ennemi, ne pas combattre pendant six semaines et se rendre tranquillement, sans la moindre tentative de résistance. Il y avait là un fait tellement inouï dans les annales militaires, qu'on se refusait à admettre une pareille honte pour la France. Devant les renseignements donnés par le chef d'état-major général, on ne pouvait douter; quelle pensée durent avoir de nous les officiers prussiens en apprenant l'étendue de leur succès! (1)

Je reproduis ici un article qui ne peut que jeter une nouvelle lumière sur ce moment douloureux de notre histoire.

Le *Journal des Réfugiés* publie l'extrait suivant de l'*Indépendance belge* :

Voici une pièce assez singulière que l'on nous communique. On nous la donne comme la copie d'une lettre adressée à M. Gambetta par un diplomate français. C'est à ce titre que nous la publions, mais non, on le comprendra après lecture, sans faire toutes nos réserves :

« Lille, le 4 Novembre 1870.

« Monsieur,

« Je suis bien osé, je le sais, de venir vous distraire un instant des soins incessants que réclame de vous la mission héroïque dont vous vous êtes chargé par un patriotisme sincère ; mais je ne fais que vous imiter en cédant au vœu de ma conscience qui me reprocherait toujours de n'avoir pas rempli mon devoir de citoyen en n'apportant pas le faible contingent de mes idées à l'édifice que vous voulez construire.

« En coordonnant tous les faits qui viennent, terribles et saisissants, de se passer sous nos yeux, et en cherchant les principes et les causes, en les méditant sérieusement, on arrive Monsieur le Ministre, à lire comme dans un livre ouvert les destinées futures du pays.

« Une fois les désastres de Wissembourg, de Frœschviller et de Forbach consommés, l'empereur, à qui l'on ne peut refuser une certaine profondeur de sens, a vu, a senti que sa couronne lui était tombée de la tête ; néanmoins une espérance lui restait encore, une victoire éclatante, indiscutable, incontestée, la bataille qu'il appela lui-même *de Longueville*, ne fut pas cette victoire

---

(1) *Metz, Campagnes et Négociations*, par un officier supérieur de l'armée du Rhin.

indispensable, ce ne fut qu'un combat définitif, énergiquement soutenu, mais Bazaine était déjà à peu près tourné.

« En même temps que cette espérance s'envolait, l'empereur recevait un de ces affronts qui ne s'oublient pas : la Chambre, cette chambre cependant composée en grande partie de fidèles, de députés amis ou lui devant tout, lui retirait, de sa propre autorité, le commandement de l'armée ; elle l'en déclarait indigne ; elle ne voulait même plus qu'un bulletin de victoire fût signé par lui.

« Dès ce moment, il était perdu, il le sentait ; tout lui échappait : empire, hérédité pour son fils, régence, tout celà devenait lettre morte. Un autre que lui fût revenu à Paris, eût abdiqué en faveur de son enfant ; il comprit que ce n'était pas là le salut. Il resta, nul en apparence, maître encore. Souverain en fait, il inspira Mac-Mahon, l'attiédissant par ses hésitations et ses contre-ordres. On le vit trois fois monter en wagon pour partir, trois fois revenir et repartir encore, il cherchait sa voie. Prétendre qu'il l'avait trouvée dès avant Sedan, c'est peut-être trop s'avancer ; cependant ce ne serait pas impossible.

« Mais là, il le vit clairement ; son horizon impérial lui apparut, il y lisait ce qu'il devait faire et ce qui, pour tout autre, aurait été un naufrage suprême, était pour lui le commencement du salut. Aussi, quel empressement à capituler, à se rendre !

« La capitulation de Sedan était le premier acte de la restauration de l'empire. Vainqueur, l'empereur n'en était pas moins perdu ; vaincu, il emmenait avec lui une armée tout entière qu'il saurait utiliser plus tard, dont il prévoyait déjà le rôle, qu'il déshonorait pour ainsi dire vis-à-vis des Français pour mieux l'attacher à lui, lui son compagnon d'infortune, lui prisonnier comme elle, lui qui ne pouvait dans l'avenir faire aucun reproche de lâcheté ou d'incapacité, mais au contraire féliciter d'avoir su obéir.

« La capitulation de Bazaine, prévue par lui, est le second et merveilleux acte de la restauration impériale ; quelle admirable flatterie pour les courtisans de l'Empereur que cette capitulation de Bazaine, que cette imitation du maître par le serviteur fidèle, et surtout par un serviteur plus grand que le maître ! un homme qui était, il y a quelques jours encore, l'espoir, la gloire de la France.

« Vaincu encore une fois dans Bazaine, dont il est inutile de discuter ici la conduite, le fait seul nous suffisant, l'empereur gagna à cette défaite une deuxième armée, dont le sang a été épargné, et qui, comme la première, n'a plus d'espoir qu'en ceux qui l'ont commandée, qu'en lui enfin dont elle subit la fortune.

« Voici donc celui qu'on appelle l'homme de Sedan et les maréchaux qui, lui devant tout, sont allés vers lui, possesseurs de 320.000 hommes. Ce que les victoires n'auraient pu faire, les défaites les plus épouvantables que l'histoire ait enregistrées l'ont accompli. Victorieux trop tard, l'empire sombrait quand même ; vaincu deux fois, il se relève. Le dernier acte de la restauration s'apprête. Le voici ce dernier acte, c'est vous et les Prussiens qui allez en être les acteurs principaux.

« L'armistice est refusé ; bien entendu la Prusse s'arrange pour que ce soit vous qui le refusiez ; la défense se maintient ; malgré l'héroïsme des Français, trop peu organisés pour qu'il en soit autrement, l'invasioncontinue ses développements. Paris épuisé, non soutenu, finit par se rendre, mais Paris bombardé et rendu après des luttes terribles et sanglantes, ne trouve plus une main française pour signer une paix humiliante et onéreuse ; d'un autre côté, les Parisiens au dedans s'agitent, l'anarchie dresse ses fantômes de terreur et de vengeance civile, la République va périr, son agonie est proche.

« En effet, son jeu étant joué au complet, la Prusse se retourne vers son captif de Wilhelmshœhe, qui va rentrer en scène : à lui, elle faisait des conditions meilleures ; à ses soldats elle rend leurs armes, à ses maréchaux leurs dignités ; avec lui les habiles vont retourner à la curée des places et des honneurs ; l'armée reçoit la liberté, escorté de 320,000 hommes qui l'attendent en Allemagne, Napoléon rentre en France, il apporte la paix, la tranquillité, la sécurité ; les maux de la guerre vont finir, le cultivateur va revendre ses légumes et labourer son champ, l'industriel va chauffer ses générateurs, le commerçant, rouvrir ses portes à une clientèle absente depuis si longtemps, l'hydre républicaine va rentrer dans les antres de la misère et cesser d'épouvanter, et une deuxième fois, libérateur et sauveur, l'empereur est subi et sa dynastie consolidée.

« Voilà, Monsieur, la comédie ou plutôt le drame qui se joue en ce moment. Le seul moyen d'en empêcher le dénoûment, à mon avis, c'est : 1° de faire la paix coûte que coûte, et, en disant coûte que coûte, je dis aux meilleures conditions possibles ; exiler pendant un temps indéterminé l'empereur, l'impératrice, son fils et les maréchaux ; 2° faire rentrer l'armée, qui sera alors l'armée de l'ordre et de la République, et non l'armée de l'ordre et de l'empire, et consolider, par la constitution légale du gouvernement, la République. C'est dans cette République et avec elle que vous trouverez les armes pacifiques qui serviront à vous venger des princes et des rois de l'Allemagne, mieux qu'avec des canons et des chassepots. Vous n'avez pas à vous inquiéter de quelques lieues de territoire de plus ou de moins ; pour la République, il n'est pas de barrières ni de délimitations ; les peuples sont frères, et les forteresses ne servent plus à rien qu'à emprisonner les tyrans qui inquiètent.

« En agissant ainsi, vous battez la Prusse et l'empire, vous fondez le régime républicain, dont les économies auront bien vite comblé le déficit impérial, et vous rendez au pays, sinon l'arrogante influence qui l'a fait détester de l'Europe, mais la légitime sympathie que les peuples, à défaut des rois, auront toujours pour un gouvernemenr dont ils n'auront pas à redouter l'ambition, mais à reconquérir l'amitié, car ce sera le gouvernement de leur prédilection.

« Je désire, Monsieur, me tromper, mais je ne le crois pas ; l'invincible enchaînement des faits est là, et ses conséquences me semblent aussi palpables qu'un raisonnement mathématique. »

Nous aussi, comme l'*Indépendance*, nous ne reproduisons ce qui précède qu'à titre de curiosité ; quel que soit l'auteur de ce document, il oublie une chose, la dignité du pays. L'empereur peut aussi conserver l'illusion de remonter sur le trône ; le roi de Prussse, son bon frère, peut avoir le dessein de replacer à la tête de la France celui qui a si bien servi les ambitions de l'Allemagne, mais la France n'est pas tombée assez bas, pour supporter jamais la restauration de celui qui, après avoir été l'homme du 2 Décembre, est devenu l'homme de Sedan.

Lâcheté et trahison ! Voilà désormais les seuls mots qui résument la carrière de Napoléon III.

---

## IX

### PARIS PENDANT L'INVASION. — LE 4 SEPTEMBRE. — TROCHU

Après le départ de l'empereur pour l'armée, Paris fut géré et gouverné par Schneider, du Creuzot, et le fameux pillard du palais d'Eté, comte de Palikao, autrement dit Cousin de Montauban. C'est dire assez ce que l'on voulait que devinssent la défense et le salut de la capitale.

Les défaites de nos soldats à la frontière avaient à Paris un contre-coup terrible. La nouvelle de nos échecs successifs et déjà bien difficilement réparables réveilla Paris de la torpeur où l'empire l'avait jeté. En apprenant la retraite de Mac-Mahon sur Châlons, il n'y eut qu'un cri à Paris, comme dans le reste de la France, et ce cri fut celui que doit jeter tout citoyen devant le foyer menacé, l'honneur national compromis et la patrie envahie : *Aux armes !* Ce fut un soulèvement général.

Mais ce réveil ne faisait pas le compte du plan impérial; aussi les seïdes impériaux qui étaient encore au pouvoir, rassurant, trompant, égarant l'opinion publique, et cachant la vérité à la nation, refusèrent au peuple des armes pour se défendre; non content d'agiter devant la nation le *spectre rouge*, le gouvernement impérial fit surgir le *spectre prussien*; et tandis que les paysans d'Hautefaye assassinaient et brûlaient dans la Dordogne un jeune homme, M. de Moneys, et criaient au traître et au républicain comme on crie au loup, le triste ministère Ollivier lançait une proclamation dans laquelle il disait : « Voici ce qu'on a saisi sur un espion prussien amené au quartier-général : — Courage ! Paris se soulève ! l'armée française sera prise entre deux feux. » Et cela au moment où, malgré nos haines contre l'empire, tous les partis, même les plus irrités, désarmaient publiquement, comme l'a prouvé l'attaque du poste de la Villette ; on oubliait momentanément l'empire, pour ne songer qu'à repousser les envahisseurs de la patrie.

Le 9 août, au milieu des baïonnettes qui entourent le Corps législatif, l'Assemblée renverse le ministère Ollivier pour le remplacer par un autre résolu à en venir à toutes les extrémités pour sauver l'empire : Grandperret, Clément Duvernois, Palikao, le baron Jérôme David, sont des personnalités qui en déterminent parfaitement le caractère ; c'était un ministère à poigne, un cabinet d'action et d'exécution.

Eh bien ! quoique, ou parce qu'ils sont prêts à tout, même à un coup d'Etat, ces Messieurs ne veulent pas armer la nation. L'autorité décourage systématiquement l'initiative privée et les dévoûments volontaires. Des jeunes gens qui, pour défendre la frontière, courent s'enrôler, sont dirigés sur le Midi de la France, en Algérie. Vainement on réclame des armes pour les gardes nationales ; le gouvernement reste sourd à la voix du peuple et pendant ce temps la France est envahie, et les Allemands avancent !

Et à Paris, l'orgie de l'empire continuait : Paris luxure, Paris bohême, continuait à vivre comme par le passé, gouailleur, tumultueux et débauché.

Le ministère, il est vrai, continuait à venir conter aux applaudissements de la majorité de la Chambre, plus intolérante qu'aux plus beaux jours de l'empire autoritaire, et dont le patriotisme consistait à imposer silence aux clairvoyants qui réclamaient des explications du gouvernement, les faits les plus erronés, trompant audacieusement la bonne foi et la crédulité publiques. M. Granier de Cassagnac, *un pur*, s'adressant à la gauche, ne craignait pas de laisser tomber ces paroles du haut de la tribune : *Si j'avais l'honneur de siéger sur les bancs du Gouvernement, vous seriez tous ce soir livrés aux conseils de guerre.* Le pays, le véritable souverain, était trahi au profit du despote.

Vers cette époque, la gauche parvint à obtenir une espèce de succès, en arrachant la nomination du général Trochu comme gouverneur de Paris. Mal vu en cour, éloigné des conseils du gouvernement, il obtint, grâce à l'égarement de l'opinion publique, une popularité accordée d'avance à tous ceux qu'éloignait la méfiance de l'empire.

Trochu organisa la garde nationale et rappela de Châlons, pour l'installer au camp de St-Maur, la garde mobile, en lui annonçant qu'elle allait être appelée à défendre ses foyers.

Le peuple, en haine des hommes de l'Empire et de ceux de 48 qui n'avaient pas su conserver la République, acclamait en Trochu l'homme *nouveau*, lui accordait sa confiance, tant on sentait le besoin *d'hommes neufs*.

Esprit lettré, frondeur, critique, sincère et d'une cruauté vraie, phraséologue brillant, Trochu sortait de la phalange de tous ces traîneurs de sabres, incapables de penser, véritables bandits inconscients. Sa proclamation simple et courtoise acheva d'attirer l'attention sur lui. Prévoyant l'avenir, il faisait mettre en état de défense les talus des fortifications, apporter sur les glacis les pièces de rempart, approvisionner les forts, et forçait le ministère d'expulser de Paris les étrangers et les gens sans aveu.

Pendant ce temps l'invasion s'étendait dans nos provinces de l'Est, et la France étouffée par la centralisation, privée depuis vingt ans de toute initiative, habituée à obéir servilement, à attendre le mot d'ordre de l'autorité et à s'y conformer, avait peu à peu perdu cetre vigueur de l'âme qui seule fait la force des nations. Elle était énervée, et au lieu de se dresser menaçante devant l'envahisseur, elle se courbait sous ce nouveau maître, comme elle s'était courbée sous le criminel auteur des assassinats de la nuit du 2 décembre 1852.

On vit alors des préfets parler de destituer des maires coupables d'être fidèles aux souvenirs de 1814 et 1815, et qui au lieu de recevoir l'ennemi en courbant l'échine, s'étaient occupés en bons patriotes qu'ils étaient d'organiser la résistance dans leur commune, en armant leurs administrés.

Quatre hulans prenaient possession de Nancy, et tandis que les citoyens désarmés voyaient arriver chez eux l'ennemi, l'autorité, les représentants de l'Empire, s'attachaient à étouffer dans les cœurs les dernières étincelles de la flamme patriotique. Le découragement, la servilité, l'abdication de tout sentiment généreux, étaient donnés en exemple par les fonctionnaires de Napoléon.

Ainsi le Maire de Châlons, s'adressant à ses concitoyens, leur dit :

Les troupes prussiennes peuvent d'un moment à l'autre être à nos portes.

Nous n'avons à Châlons aucun moyen d'arrêter ni même de retarder leur marche.

Nous adjurons nos concitoyens de contenir leurs patriotiques et douloureux sentiments et d'éviter toute espèce d'actes d'hostilité.

Non-seulement ces actes n'auraient aucun résultat utile, mais ils pourraient attirer des malheurs sur les monuments de notre cité, sur nos foyers et sur nos familles.

*Le Maire de Châlons,*

Eug. PÉRIER.

Triste exemple de décrépitude morale. Voilà ce que le gouvernement impérial avait fait de la France ; une machine sans ressort, désorganisée, détraquée et poudreuse, incapable de servir. *Sauvons la caisse !* tel était le mot d'ordre. On en arrive à ne pas marchander l'admiration à l'héroïsme des marquis poudrés de l'ancien régime qui, en habits de soie et armés de leurs minces épées de parade, s'opposèrent au peuple envahissant les Tuileries. Ils défendaient une mauvaise cause, mais ils la défendaient avec courage. Dans sa faiblesse la plus pitoyable, dans son énervement le plus complet, l'ancienne noblesse resta toujours fidèle à l'honneur considéré par elle à son point de vue, donnant par là un exemple à la bourgeoisie qui n'a jamais su s'en inspirer.

Enfin un jour, le 1er septembre, bien que la presse dévouée continuât à entretenir le public de victoires imaginaires, une sorte de crainte vague se répandit dans les esprits. Paris était anxieux, agité, et pour nous servir d'une expression populaire et juste, la ville sentait qu'il y avait quelque chose dans l'air. Elle savait qu'une grande bataille, la bataille suprême, était engagée. Quelque glorieux peut-être qu'eussent été les combats du 30 août et du 1er septembre, Mac-Mahon n'avait pu cependant réussir à rejoindre Bazaine. On pressentait de nouveaux malheurs. Or, à l'heure où Paris triste, mais calme, attendait, tout était terminé et tout était fini ; non pour le pays que nous allons voir se soulever tout entier contre l'invasion, mais pour la dynastie. Pour elle tout était perdu, même l'honneur.

Le pays devait ignorer pendant deux jours encore la honte de notre défaite, et le samedi matin, 3 septembre, c'est-à-dire deux jours après la capitulation de Sedan, Paris n'était pas instruit du dénoûment que l'empereur venait de donner au drame qu'il jouait. Le conçoit-on ? Les députés eux-mêmes l'ignoraient ; et, ce jour-là, Lyon proclamait la République.

Cependant le bruit d'une défaite complète, de la capitulation et de la captivité de l'empereur transpirait, se répandait peu à peu dans le monde officiel. Enfin, le 3 septembre, à l'issue de la séance du jour, le Corps législatif fut convoqué pour une séance de nuit ; et à une heure du matin les *chauvins* apprirent la triste vérité.

Un silence profond régnait dans l'Assemblée pétrifiée, et l'on entendait au contraire, sur la place, sur le pont et sur les quais, le sourd bourdonnement de la foule, pareil au bruit du vent dans les peupliers ou au mugissement de la mer. Après la proposition, Jules Favre qui déclarait déchus Bonaparte et sa dynastie, la séance fut levée et remise au lendemain à midi, au milieu du silence glacial de l'Assemblée. Elle avait duré vingt minutes, longues comme des siècles.

La police impériale, qui avait mis trois jours pour prendre ses précautions, fit évacuer à la foule la place de la Concorde, et, en face du Gymnase, elle se rua le revolver, l'épée et le casse-tête aux mains, sur une foule de citoyens sans armes qui passaient criant *Vive la France!* la déchéance ! Il y eut des victimes, car l'empire devait finir comme il avait commencé, par le meurtre et l'assassinat.

Cette fois, Paris endormi dans sa confiance, s'éveilla inquiet le 4 septembre. Il regarda autour de lui, il comprit le danger, et vit le fond de l'abîme où il était tombé. Il retrouva ses vieux élans et sa vieille colère, et il fut implacable sans être cruel; car cette révolution ne coûta ni une larme ni une goutte de sang. Il fallait défendre la patrie, il fallait venger nos morts. L'étranger était à nos portes, et si l'aigle de Corse était abattu, l'aigle noir de Prusse planait sur nous. A la guerre faite dans l'intérêt d'une famille, allait succéder la guerre nationale, la guerre sacrée pour la défense du sol, du foyer, de la Patrie.

Ce fut une belle journée que celle du 4 septembre ; le soleil prêtait son concours à ce qui semblait être pour nous une fête de la délivrance. Par un temps splendide, de tous les points de Paris, la foule se dirige vers la place de la Concorde. Les hommes, fidèles au mot d'ordre de la veille, portent l'uniforme de la garde nationale, mais ils n'ont pas d'armes. Tous les corps francs, formés sous la direction du gouverneur de Paris, Trochu, avaient été réunis, pour la plus grande partie, par leurs chefs, qui sachant ce qui s'était passé la nuit, voulaient éviter de nouveaux massacres. L'arme au bras, les clairons en tête, ils se rendent, vers midi, sur la place de la Concorde où le ministère d'action avait déployé toutes ses forces. Le gouvernement se croyant en mesure d'empêcher la révolution, avait réuni dans la nuit des forces considérables dans le but de dompter Paris. Tout ce qui nous restait de troupes défilait majestueusement sur les boulevards. Elles semblaient si nombreuses que des spectateurs goguenards affirmaient que les mêmes bataillons passaient et repassaient plusieurs fois, comme cela se pratiquait dans les pièces militaires que l'on représentaient au théâtre du Cirque.

Tout-à-coup, au milieu de la foule, une nouvelle se répand, prompte comme la foudre : *la troupe charge, il y a des blessés.* C'était en effet la cavalerie corse de Paris, vulgairement appelée garde municipale, qui avait voulu charger, mais qui s'était arrêtée devant un corps de francs-tireurs, qui, croisant la baïonnette, s'apprêtaient à la foudroyer à bout portant avec leurs chassepôts.

Après quelques pourparlers avec les officiers de la gendarmerie départementale qui gardaient l'entrée du pont de la Concorde, ceux-ci, comprenant leur devoir, répondirent qu'ils étaient venus pour se faire tuer sous les murs de Paris et non dans les rues, et livrèrent le passage du pont à la garde nationale.

Ce bruit « *la troupe charge* » avait fait rebrousser chemin aux nouveaux arrivants qui courent aux armes, et le cri des jours de révolution retentit dans la ville étonnée. *Aux armes ! on égorge nos frères !* Paris semble transformé en un moment. De tous côtés les gardes nationales se rassemblent en hâte ; dans tous les quartiers on bat le rappel, et les compagnies se dirigent vers la place de la Concorde.

Grâce à l'attitude énergique des francs-tireurs, ce fut une fausse alerte, mais elle eut ce résultat, en faisant prendre les armes à la garde nationale tout entière, d'indiquer à l'armée quel était son devoir, et de faire comprendre aux séïdes municipaux de l'empire que l'heure du châtiment avait sonné et que le temps des prétoriens était passé.

A midi, la séance du Corps législatif s'ouvrit. La plupart des députés, les plus dévoués à l'empire, songeaient à établir un gouvernement mixte avec le général comte de Palikao comme lieutenant-général. Mais pendant qu'ils délibèrent sans pouvoir s'entendre, la foule exaspérée de cette résistance inattendue à la volonté du peuple et ne voulant plus d'un système vermoulu, crie *la déchéance* ! et impatientée, car le temps presse, envahit la cour, les escaliers, les couloirs de la Chambre, toutes les tribunes, aux cris de *Vive la République ! vive la France !*

Le Président Schneider quitte alors son fauteuil et s'enfuit poursuivi par les huées ; quant à Palikao il était déjà parti. A trois heures, après une demi-heure d'attente aux grilles des Tuileries, le drapeau qui flottait à leur sommet est amené et les portes s'ouvrent devant la foule qui écrit sur les murs : *Propriété nationale ! Mort aux voleurs !* L'impératrice en était partie quelques instants avant avec MM. de Metternich et Nigra.

Gambetta débordé, et qui depuis le matin luttait pour que cette révolutiou inévitable et légitime fut aussi une révolution légale, se joint alors à MM. de Kératry et Jules Favre, et suivis de la foule, vont à l'Hôtel-de-Ville où le peuple attend la proclamation de la République.

Rochefort, délivré de Sainte-Pélagie, est amené en voiture et son nom est bientôt joint à ceux des députés qui composent le gouvernement né de la nécessité même, le gouvernement de la défense nationale. Alors du haut du balcon de l'Hôtel-de-Ville tombe le nom sacré de République, sur la foule qui l'acclame.

Le gouvernement provisoire, constitué par l'acclamation populaire, se composait de :

| | | | |
|---|---|---|---|
| MM. | Emmanuel ARAGO, | MM. | GLAIS-BIZOIN, |
| | Jules FAVRE, | | PELLETAN, |
| | Jules FERRY, | | Ernest PICARD, |
| | GAMBETTA, | | ROCHEFORT, |
| | GARNIER-PAGÈS, | | Jules SIMON, |

avec le général Trochu comme président du gouvernement.

Ce gouvernement, ainsi composé, était loin de réaliser le rêve de la majorité de la population ; car la plupart de ses membres, hommes du gouvernement de 48, ne pouvaient offrir de sérieuses garanties, et la nomination de Trochu à la présidence montre les défiances qu'ils inspiraient. Trochu était un inconnu, ce fut son principal titre à la présidence. Chacun des membres du gouvernement fut porté à l'élire, car ce n'était pas le moment de se désunir et la sagesse la plus élémentaire ordonnait d'éviter une division qui pouvait être fatale et une guerre civile qui pouvait être sanglante. Chacun garda donc ses craintes renfermées dans son cœur. Du reste, le résultat obtenu suffisait pour le moment à la population parisienne; on était parvenu à se débarrasser de l'empire sans répandre une goutte de sang, et malgré les forces imposantes que ses partisans avaient mises sur pied; tous se sentaient fiers et joyeux; aussi la physionomie de la grande ville était superbe.

Balayés par le souffle populaire, les agents de police et les gardes municipaux disparurent, poursuivis, hués, bafoués, par les quolibets; ce fut la seule vengeance que la foule tira de ces sectaires sanguinaires. Leur disparition imposa à la garde nationale le soin de veiller au maintien de l'ordre dans la cité, à cette heure difficile où, entre le gouvernement qui n'est plus et celui qui s'organise, tout n'est encore que chaos.

Partout elle s'acquitta de sa mission avec zèle et intelligence, admirablement servie d'ailleurs, il faut le dire, par le calme de la population et par l'ordre donné par le général Trochu d'expulser tous les gens sans aveu.

L'animation la plus joyeuse succédait à la morne atonie et la foule criait : *Vive la garde nationale! Vive la République!* Les soldats consignés dans leurs casernes par le gouvernement impérial et libres maintenant, mêlaient leurs acclamations à celles de la foule.

L'ardent souvenir de son passé glorieux revenait à l'âme de Paris, et il se prenait à espérer, car il se sentait plus fort et plus fier.

*La Nation se substituait à l'Empire.*

# X

## LE GOUVERNEMENT DE LA DÉFENSE NATIONALE. LE 31 OCTOBRE.

Le gouvernement de la défense nationale prenait en mains le gouvernail lorsque le navire était déjà à demi brisé, le mât coupé en deux, la coque faisant eau de toutes parts. Plus d'armée plus d'officiers.

Le gouvernement de la défense composa le ministère comme il suit :

| | |
|---|---|
| Ministère des affaires étrangères | Jules Favre. |
| » de l'intérieur | Gambetta. |
| » de la guerre | Général Leflô. |
| » de la marine | Amiral Fourichon. |
| » de la justice | Crémieux. |
| » des finances | E. Picard. |
| » de l'instruction publique et des cultes | Jules Simon. |
| » des travaux publics | Dorian. |
| » de l'agriculture et du commerce | Magnin. |
| Préfet de police | De Kératry. |
| Maire de Paris | Etienne Arago. |
| Directeur des télégraphes | Steenackers. |
| » des postes | Rampont. |

Comme je l'ai dit, Paris ne témoignait pas à tous la même affection, ni la même estime. A part Trochu, Gambetta, Dorian, et le général Le Flô, tous les autres lui inspiraient de la défiance.

Le premier soin du gouvernement fut de s'appuyer sur ces deux forces vitales de tout pays : l'armée et la garde nationale. *A l'armée*, il réclamait *l'union*; à la *garde nationale*, il demandait *l'ordre* et le *dévoûment*.

Il rendait des décrets divers ; le Corps législatif était dissous ; le Sénat aboli ; amnistie pleine et entière était accordée à tous les condamnés politiques. La fabrication, le commerce et la vente des armes étaient déclarés absolument libres. Le mouvement de résistance était communiqué à la province. On croyait la guerre terminée, tandis qu'elle commençait seulement en changeant de caractère, en devenant la *lutte à outrance* d'une nation pour son indépendance et son intégrité.

Au surplus, le ministre de l'intérieur ne transmit qu'un mot d'ordre par toute la République : *Que chaque français reçoive ou prenne un fusil et qu'il se mette à la disposition de l'autorité.* Nul doute que si cette révolution eût eu lieu un mois plus tôt, tout eût été changé.

Cependant la province envoyait ses enfants au plus vite à Paris, On les voyait à peine équipés, la plupart dans leur costume du pays, les bretons suivis de leurs recteurs. Tous arrivaient fermes et résolus ; c'était vraiment la France accourue au secours de Paris. Paris tout entier se préparait à la lutte et chacun réclamait un fusil.

Durant ce temps, les Prussiens avançaient vivement et sûrement, poursuivant de près les quelques débris échappés au désastre de Sedan.

On vit arriver par la rue de Flandre et celle d'Allemagne à la Villette, des cavaliers hâves sur des chevaux étiques, décharnés, blessés, saignants, ne marchant plus que sur trois pieds; les hommes, les uniformes déchirés, tête nue, enveloppés de linges sanglants pour la plupart; des escouades entières du train arrivaient sur leurs mulets ou leurs chevaux blessés, leurs harnais à moitié coupés, et tous n'ayant pas mangé, depuis quatre ou cinq jours, qu'un peu de pain par ci par là, partagé avec leurs animaux. C'étais triste et affreux ; le cœur saignait à la pensée d'un tel désastre. Blessé ou non, ayant faim ou non, il fallait fuir, marcher, car les uhlans accouraient et massacraient les fuyards.

Le général Vinoy, quittant Mézières à la nouvelle du désastre de Sedan, réussit à se rabattre sur Paris à travers l'Aisne, par Saint-Quentin, Soissons, La Fère et Tergnier. Vinoy ramenait non-seulement son corps d'armée de dix mille hommes, mais encore plus du double de fuyards échappés de Sedan et groupés autour de lui tant bien que mal. Il arriva sous Paris, ramenant ses canons. Les troupes, bientôt reconstituées, allaient former le noyau de l'armée parisienne.

Le 15 septembre, le gouverneur de Paris recevait cette dépêche de Vincennes : « *Les uhlans sont entre Creteil et Neuilly-sur-Marne. Informez et activez tout le monde.* »

Il était de toute nécessité que le gouvernement tout entier ne se laissât pas bloquer dans Paris. Il se scinda donc en deux et délégua à Tours MM. Crémieux et Glais-Bizoin avec M. Clément Laurier, comme représentant du ministre de l'intérieur.

Enfin, le 18, les Prussiens coupaient la ligne du Havre à Conflans, la dernière qui fonctionnât. Le 19 septembre, l'ennemi était à Vitry, Chevilly, Clamart, Bourg-la-Reine, se dirigeant par Meudon sur Versailles. Il était à Gonesse et le canon résonnait; les ponts de Saint-Cloud, Sèvres et Billancourt sautaient. Paris était supprimé du reste du monde. La grande ville était investie.

Paris, enfermé dans un cordon étroit, était corseté de fer; et pour le défendre, la garde nationale n'était pas encore organisée; les mobiles étaient à peine habitués à marcher au pas.

On peut dire que le soir de la bataille de Sedan, si les Prussiens étaient venus à marches forcées sur Paris, leur cavalerie y serait entrée comme à Nancy, à Epernay; car à cette heure Paris n'avait encore ni armes, ni canons, ni hommes à mettre en ligne. Mais du 4 au 18, on arma la mobile et ces canonniers et fusiliers marins qui sont maintenant devenus légendaires par leur courage et leur sangfroid. Tout cela permit à Vinoy d'opérer la retraite sur Paris. Alors on distribua les armes, on fabriqua, on travailla jour et nuit, on prépara les mines, on éleva des barricades, et le 19, quelque dépourvu que l'on fût, aucune surprise, même de vive force, n'était plus à craindre; et pourtant Paris, dans son ignorance des événements, avait perdu quatre jours, du 1er au 5. Les Prussiens, il est vrai, ne pouvaient s'imaginer un tel abandon.

Malgré les réclamations énergiques des hommes prêts à tous les sacrifices, le gouvernement ne prit jamais que des mesures conciliantes; il recula toujours devant les moyens énergiques, comme si dans la situation où la France était acculée, on devait hésiter devant quelque moyen qui fut utile à la défense. Ainsi, au lieu de brûler et d'abattre les bois qui entourent Paris, à Sceaux, Bagneux, Clamart, Meudon, on laissa les Prussiens se masser, s'installer et établir leurs batteries tout à leur aise dans ces abris. Et même faute, même errement, le 19 septembre, lorsque le général d'Exéa lance ses troupes sur les hauteurs de Châtillon et de Clamart. Les Prussiens, laissant les nôtres s'engager dans les taillis, silencieux, embusqués derrière les arbres, tirent comme à Wissembourg et à Forbach dans des masses humaines et presque à bout portant. Le désordre est alors à son comble. Des bataillons de mobiles s'entretuent avec des compagnies de la ligne, tandis que les zouaves de Ducrot, surpris à l'improviste par des décharges de batteries masquées s'enfuient en désordre, jetant leurs fusils et criant à la trahison, et entraînant dans un mouvement de recul précipité le reste de l'armée, qui accuse ses chefs de s'être cachés.

A quoi sert donc l'expérience ? Quoi ! Ducrot, Vinoy, d'Exéa, tous échappés des désastres précédents, commettent encore les mêmes fautes, et se font battre par les mêmes procédés ! c'est à croire que n'importe quel civil eût été plus clairvoyant que tous nos généraux ; car, j'ose le dire, un civil ne se serait plus laissé prendre à ce piége prussien. C'est à croire que le titre de général paralysait les fonctions les plus simples de l'intelligence.

La journée de Châtillon fut déplorable pour la suite du siége, car elle nous enleva le plateau de Châtillon, si facile à défendre, et permit aux Prussiens d'installer leurs batteries de siége. La libre circulation du côté de Versailles leur était assurée.

A qui la faute ? Encore à ces tristes généraux qui lancent leurs troupes dans des bois qu'ils ne peuvent sonder, comme si le feu et l'abattis n'auraient pas évité toute surprise : un ennemi que l'on voit n'est plus à craindre.

Comme il faut toujours un bouc émissaire, ce fut encore le pauvre soldat qui paya les sottises de ses chefs. J'en ai entendu de ces braves zouaves disant qu'ils étaient encore trahis ; alors nous les traitions de lâches, nous les arrêtions ; mais aujourd'hui que la lumière se fait, nous reconnaissons qu'ils avaient raison ; oui, ils étaient trahis ; on complotait la reddition de Paris.

Pendant que les Prussiens s'avançaient sur Paris, M. Jules Favre adressait cette circulaire aux agents diplomatiques de France :

Monsieur,

Les évènements qui viennent de s'accomplir à Paris s'expliquent si bien par la logique inexorable des faits, qu'il est inutile d'insister longuement sur leur sens et sur leur portée.

En cédant à un élan irrésistible, trop longtemps contenu, la population de Paris a obéi à une nécessité supérieure, celle de son propre salut.

Elle n'a pas voulu périr avec le pouvoir criminel qui conduisait la France à sa perte.

Elle n'a pas prononcé la déchéance de Napoléon III ; elle l'a enregistrée au nom du droit, de la justice et du salut public.

Et cette sentence était si bien ratifiée à l'avance par la conscience de tous, que nul, parmi les défenseurs les plus bruyants du pouvoir qui tombait ne s'est levé pour le soutenir.

Il s'est effondré de lui-même sous le poids de ses fautes, aux acclamations d'un peuple immense, sans qu'une goutte de sang ait été versée, sans qu'une personne ait été privée de sa liberté.

Et l'on a pu voir, chose inouïe dans l'histoire, les citoyens auxquels le cri du peuple conférait le mandat périlleux de combattre et de vaincre, ne pas songer un instant aux adversaires qui, la veille, les menaçaient d'exécutions militaires. C'est en leur refusant l'honneur d'une répression quelconque qu'ils ont constaté leur aveuglement et leur impuissance.

L'ordre n'a pas été troublé un seul moment ; notre confiance dans la sagesse et le patriotisme de la garde nationale et de la population tout entière nous permet d'affirmer qu'il ne le sera pas.

Délivré de la honte et du péril d'un gouvernement traître à tous ses devoirs, chacun comprend que le premier acte de cette souveraineté, enfin reconquise, est de se commander à soi-même et de rechercher sa force dans le respect du droit.

D'ailleurs le temps presse, l'ennemi est à nos portes ; nous n'avons qu'une pensée, le repousser hors de notre territoire.

Mais cette obligation que nous acceptons résolûment, ce n'est pas nous qui l'avons imposée à la France ; elle ne la subirait pas si notre voix avait été écoutée.

Nous avons défendu énergiquement, au prix même de notre popularité, la politique de la paix. Nous y persévérons avec une conviction de plus en plus profonde.

Notre cœur se brise au spectacle de ces massacres d'êtres humains, dans lesquels disparaît la fleur des deux nations, qu'avec un peu de bon sens et beaucoup de liberté, on aurait préservée de ces effroyables catastrophes.

Nous n'avons pas d'expression qui puisse peindre notre admiration pour notre héroïque armée, sacrifiée par l'impéritie du gouvernement suprême, et cependant plus grande par ses défaites que par ses plus brillantes victoires.

Car malgré la connaissance des fautes qui la compromettaient, elle s'est immolée, sublime, devant une mort certaine, en rachetant l'honneur de la France des souillures de son gouvernement.

Honneur à elle ! La nation lui ouvre ses bras ! Le pouvoir impérial a voulu les diviser, les malheurs et le devoir les confondent dans une solennelle étreinte. Scellée par le patriotisme et la liberté, cette alliance nous fait invincibles.

Prêts à tout, nous envisageons avec calme la situation qui nous est faite.

Cette situation, je la précise en quelques mots ; je la soumets au jugement de mon pays et de l'Europe.

Nous avons hautement condamné la guerre, et protestant de notre respect pour le droit des peuples, nous avons demandé qu'on laissât l'Allemagne maîtresse de ses destinées.

Nous voulons que la liberté fût à la fois notre lien commun et notre commun bouclier; nous étions convaincus que ces forces morales assuraient à jamais le maintien de la paix. Mais comme sanction, nous réclamions une arme pour chaque citoyen, une organisation civique, des chefs élus, alors nous demeurions inexpugnables sur notre sol.

Le gouvernement impérial, qui avait depuis longtemps séparé ses intérêts de ceux du pays, a repoussé cette politique. Nous la reprenons avec l'espoir qu'instruite par l'expérience, la France aura la sagesse de la pratiquer.

De son côté, le roi de Prusse a déclaré qu'il faisait la guerre, non à la France, mais à la dynastie impériale.

La dynastie est à terre. La France libre se lève.

Le roi de Prusse veut-il continuer une lutte impie qui lui sera au moins aussi fatale qu'à nous ?

Veut-il donner au monde du dix-neuvième siècle, ce cruel spectacle de deux nations qui s'entre-détruisent, et qui, oublieuses de l'humanité, de la raison, de la science, accumulent les ruines et les cadavres ?

Libre à lui; qu'il assume cette responsabilité devant le monde et devant l'histoire !

Si c'est un défi, nous l'acceptons.

*Nous ne céderons ni un pouce de notre territoire, ni une pierre de nos forteresses.*

*Une paix honteuse serait une guerre d'extermination à courte échéance.*

*Nous ne traiterons que pour une paix durable.*

Ici notre intérêt est celui de l'Europe entière, et nous avons lieu d'espérer que, dégagée de toute préoccupation dynastique, la question se posera ainsi dans les chancelleries.

Mais fussions-nous seuls, nous ne faiblirons pas.

Nous avons une armée résolue, des forts bien pourvus, une enceinte bien établie, mais surtout les poitrines de trois cent mille combattants, décidés à tenir jusqu'au dernier.

Quand ils vont pieusement déposer des couronnes au pied de la statue de Strasbourg, ils n'obéissent pas seulement à un sentiment d'admiration enthousiaste, ils prennent leur héroïque mot d'ordre, ils jurent d'être dignes de leurs frères d'Alsace et de mourir comme eux.

Après les forts, les remparts, après les remparts, les barricades. Paris peut tenir trois mois et vaincre ; s'il succombait, la France, debout à son appel, le vengerait; elle continuerait la lutte, et l'agresseur y périrait.

Voilà, Monsieur, ce que l'Europe doit savoir. Nous n'avons pas accepté le pouvoir dans un autre but. Nous ne le conserverions pas une minute si nous ne trouvions pas la population de Paris et la France entière, décidées à partager nos résolutions.

Je les résume d'un mot, devant Dieu qui nous entend, devant la postérité qui nous jugera, nous ne voulons que la paix. Mais si l'on continue contre nous une guerre funeste que nous avons condamnée, nous ferons notre devoir jusqu'au bout, et j'ai la ferme confiance que notre cause, qui est celle du droit et de la justice, finira par triompher.

C'est en ce sens que je vous invite a expliquer la situation à M. le ministre de la Cour près de laquelle vous êtes accrédité, et entre les mains duquel vous laisserez copie de ce document.

Agréez, Monsieur, l'expression de ma haute considération.

6 Septembre 1870.

*Le Ministre des affaires étrangères,*

Jules FAVRE.

Jules Favre avait confiance dans les déclarations du roi Guillaume au Reischtag (14 juillet) :

« Les hommes qui tiennent le pouvoir en France ont su exploiter l'amour-propre qu'elle a le droit d'avoir, mais qui est bien excitable. Ils ont su exploiter ce grand peuple voisin pour leur intérêt personnel et pour leur propre passion. »

Et un mois après, en août, en entrant en France, il disait dans sa proclamation aux citoyens du pays envahi :

« Je fais la guerre aux soldats et non aux citoyens français. »

M. Favre résolut donc de connaître les intentions de la Prusse, et grâce à l'appui d'un diplomate étranger, il parvint à obtenir un rendez-vous de M. de Bismarck, espérant terminer à l'amiable et honorablement une guerre que la nation avait repoussée, et qui n'était l'œuvre que d'une dynastie.

Mais, hélas ! Guillaume ne pouvait plus abandonner le gage promis, l'Alsace et la Lorraine. Enorgueilli par ses succès, son ambition grandit avec eux et il répond à la voix de l'humanité que fait entendre M. Jules Favre :

« La Prusse exige comme condition préalable d'un armistice :

« 1° L'abandon par la France à la Prusse de l'Alsace et de la Lorraine par droit de conquête. Elle ne consent même pas à consulter la population, elle veut en disposer comme d'un troupeau.

« 2° La garnison de Strasbourg prisonnière de guerre ;

« 3° L'occupation par les Prussiens du Mont-Valérien. »

Ainsi l'ennemi plaçait la France entre le devoir et le déshonneur ; le choix n'était qu'un : *La guerre sainte du foyer,* et quant à Paris, il résistera et se fera plutôt sauter que de se rendre.

Et pourtant, si à ce moment où venait de s'accomplir le renversement du promoteur de la guerre, la Prusse avait voulu traiter sur les bases d'une indemnité de guerre, la paix était faite, elle eut été accueillie comme un immense bienfait ; elle fut devenue un gage certain de réconciliation entre deux nations qu'une politique odieuse seule avait fatalement divisées.

Pendant ce temps, autour de Paris, les petits combats se multipliaient çà et là, les troupes et la population s'habituaient au feu. Tandis que les Prussiens occupaient Bondy, massaient au Rancy leur artillerie, établissaient leurs batteries à la butte Pinson et occupaient Villejuif à la suite de ce triste combat de Châtillon, que Paris par la suite devait payer par le bombardement de toute sa rive gauche.

La relation officielle de l'entrevue de M. Jules Favre et de M. de Bismarck ralluma les colères, exaspéra même les tièdes, et Paris n'eut plus qu'un mot d'ordre : *Au combat !*

La France était donc contrainte à la guerre, il lui fallait se battre pour son salut et pour son honneur. La colère fut telle que le lendemain, 23, la division Maud'huy reprenait sous une pluie et une trombe de fer le plateau de Villejuif et les Hautes-Bruyères qui nous restèrent jusqu'à la fin du siége et où l'on établit immédiatement des redoutes.

Tous les jours ce furent de nouveaux combats, tantôt d'un côté, tantôt d'un autre ; combats en général tout à notre avantage. Voilà le système que tous les gens d'énergie comprenaient ; user ainsi l'ennemi, le tuer en détail, le traquer jour et nuit, l'attendre à l'affût, guerre que tout chasseur aime et comprend.

Mais cela ne faisait pas le compte de nos gouvernants ; les généraux voulaient bien se battre pour sauvegarder l'honneur ; mais non suivre franchement dans la lutte la devise que le peuple leur avait imposée et qu'il arborait : *Vaincre ou mourir*. L'honneur militaire sauf, la caste des officiers pensait avoir assez fait, et avoir accompli tout son devoir ; on le voit assez par le résultat des travaux de la commission des enquêtes. C'est le fléau inhérent à toute armée prétorienne ; tout officier est une petite puissance ; on sert un maître et non le pays.

Paris, dans tous ces combats, s'habitua au bruit du canon et à la vue du sang versé. Il se retrempait et méritait par son attitude, l'admiration du monde entier.

Dans l'intérieur de la cité, un ordre surprenant régnait, une unanimité de battements de cœur agitait la population mêlée d'éléments si divers. La promiscuité du rempart, les gardes aux bastions, les nuits passées dans les casemates faisaient disparaître les inégalités sociales. Les plus riches aidaient les moins favorisés: *l'égoïsme bourgeois* avait fait place à la *fraternité.*

Plus de plaisirs, plus de noces, plus de festins; là où l'on avait laissé des entremetteurs et des filles, on retrouvait des citoyens; les danses étaient remplacées par les manœuvres ; on affrontait gaîment la faim, le froid, les obus. Ce navire qui symbolise la cité, avait, sans hésitation, jeté ses trésors aux flots, et arborait le drapeau de la République, en face de l'Océan déchaîné !

Et comme les physionomies franches et ouvertes, abondaient sur le pavé de la capitale. Pour la première fois, depuis vingt ans, Paris cessait pour un instant d'appartenir à la police ; chacun se sentait frère du passant qui le coudoyait. Plus de défiance ; on se parlait sans se connaître ; toutes les mains se serraient, tous les cœurs battaient à l'unisson ; il n'y avait plus de voleurs, plus d'assassins. Devenue tout à coup calme et silencieuse, sérieuse et appliquée, la ville s'était transformée sans transition en un vaste camp militaire, et en un hôpital ; Paris avait renoncé en un instant à son luxe et à ses élégances, à ses joies et à ses folies.

Tout alla bien jusqu'au jour où Gambetta, qui était l'âme de la défense, monta dans le ballon l'*Armand-Barbès*, pour aller animer de son énergie l'administration sénile de la délégation de Tours et imprimer son action à la France. Ce départ fut la perte de Paris; car il partit le 6 octobre 1870, au moment où couvait une crise intérieure que son patriotisme eût pu seul empêcher.

A partir de ce moment le plan Trochu prévalut; au lieu de continuer cette lutte de surprises et d'embûches de chaque jour, de chaque nuit, lutte que la mâle énergie de Gambetta avait fait prévaloir dans les conseils de la défense, on lui substitua une série d'actions meurtrières que le général Trochu avait le tort, l'immense tort, de combiner après de trop longues réflexions et qui était trop importantes pour être des reconnaissances, et trop peu menaçantes pour être de grandes batailles. Eperonné et contraint d'agir avec énergie par Gambetta, qui pesait directement sur ses décisions, Trochu, au départ de celui-ci, laissa s'écouler les heures et dépensa son temps en discours ; il parlait et le gouvernement écoutait.

Aussi le peuple, dont les défiances s'éveillèrent, commença dès lors à ne plus compter que sur lui-même. Il sentait qu'on hésitait à l'armer, qu'on gaspillait le temps, cette richesse si précieuse surtout pour une ville assiégée. Résolu à combattre, impatient, prêt à donner son sang, il se croyait certain de vaincre, et ne comprenait rien à ces tueries inutiles, qui n'avaient d'autres résultats que de conquérir dans la journée, au prix de beaucoup d'existences, des positions que l'on abandonnait le soir pour revenir au point d'où l'on était parti. Il commença à soupçonner qu'on voulait l'amuser et user lentement son courage, son énergie et sa virilité. Tant d'inaction le révoltait.

Le 30 septembre à Chevilly, le 13 octobre à Bagneux, le 21 octobre à la Malmaison, quelles superbes journées ! Mais que d'efforts perdus ! que de courage vainement dépensé !

Cependant, le roi de Prusse, depuis le 5 octobre, avait établi son quartier général à Versailles; et le 23, d'après M. de Wickde, lorsqu'on parla à M. de Molke du danger que courrait le quartier général en cas d'une sortie sérieuse des Français, il répondit : « *Ils pourraient la faire, mais ils ne la feront pas.* »

Cette parole prouve combien les craintes du peuple de Paris étaient fondées.

Jusqu'au 25 octobre, les journées furent remplies par des discussions, des nouvelles, l'échange de renseignements contradictoires où perçait un sentiment d'aigreur, de mécontentement latent ; ce fut alors que parut, en tête du journal le *Combat*, organe de M. Félix Pyat, *Le plan Bazaine* :

« Fait vrai, sûr et certain, que le gouvernement de la défense « nationale retient par devers lui comme un secret d'État et que « nous dénonçons à l'indignation de la France comme une haute « trahison : Le maréchal Bazaine a envoyé un colonel au camp « du roi de Prusse pour traiter de la reddition de Metz et de la « paix, au nom de Sa Majesté l'empereur Napoléon III. »

La lecture de ces simples lignes, tombant brusquement comme un coup de tonnerre sur Paris, produisit aussitôt une exaspération violente. On ne pouvait croire à une aussi épouvantable infamie. Comme elle était imprévue, on la déclarait controuvée, on la discutait. Le lendemain, dans le *Journal officiel*, M. Jules Favre disait en parlant de M. Félix Pyat qu'il était *Le Combat des Prussiens contre la France.*

A cette nouvelle vint bientôt se joindre celle de l'*accident survenu au Bourget*, comme a dit Trochu ; le Bourget, repris à l'ennemi le 28 par une poignée de braves, fut repris le 30 par une armée prussienne; et ses défenseurs, laissés sans aucun secours, abandonnés par l'incurie des généraux, se firent massacrer jusqu'au dernier.

1,600 hommes tinrent en échec 25,000 hommes, l'élite de l'armée ennemie, qui perdit dans cette lutte à mort deux colonels, un porte-drapeau, un major, trente-six officiers, et eut plus de 3,000 hommes hors de combat.

Enfin voici l'ordre du jour que le général prince Auguste de Wurtemberg adressait au corps de la garde royale prussienne, à la suite de ce combat :

Soldats du corps de la garde,

La deuxième division de l'infanterie de la garde, avec les troupes des armes spéciales qui lui avaient été adjointes, a exécuté glorieusement l'attaque sur le Bourget.

Un village, ceint de hautes murailles en pierre, mis en état de défense, et occupé par les meilleures troupes de la garnison de Paris, a été enlevé à l'ennemi, qui a défendu chaque ferme avec tant d'opiniâtreté, que souvent les pionniers devaient ouvrir la route à l'infanterie.

Bien que les pertes que cette victoire nous a coûtées soient relativement considérables, le corps de la garde n'en a pas moins acquis une nouvelle journée de gloire pour ses annales.

Au nom du corps, je remercie, pour l'honneur qu'ils ont ajouté au corps, l'héroïque commandant de la deuxième division de l'infanterie de la garde,qui le premier a franchi, le drapeau à la main, la barricade qui fermait la route, ainsi que les combattants de toutes les armes.

Vive le roi !

AUGUSTE,
*Prince de Wurtemberg,*
*Général commandant du corps de la garde.*

Gonesse, le 30 octobre 1870.

Aussi le soir, lorsque la nouvelle du massacre du Bourget se répandit, des groupes irrités, pleins de fureur, se formèrent sur tous les boulevards. On parlait haut, on vociférait, on accusait, on maudissait l'incurie des chefs, le mauvais vouloir d'un personnel plein de souvenirs bonapartistes ; le mot *trahison* résonnait déjà sourdement, et Paris finit par s'endormir n'ayant qu'une colère au cœur : *Le Bourget.*

Qu'on juge de sa colère et de sa stupéfaction, lorsque le lendemain matin, 31 octobre, la population parisienne lut sur les murs de la ville les deux affiches qui suivent, apposées l'une au-dessous de l'autre :

Paris, le 30 octobre 1870.

M. Thiers est arrivé aujourd'hui à Paris; il s'est transporté sur le champ au ministère des affaires étrangères.

Il a rendu compte au gouvernement de sa mission. Grâce à la forte impression produite en Europe par la résistance de Paris, quatre grandes puissances neutres, l'Angleterre, la Russie, l'Autriche et l'Italie se sont ralliées à une idée commune.

Elles proposent aux belligérants un armistice qui aurait pour objet la convocation d'une Assemblée nationale. Il est bien entendu qu'un tel armistice devrait avoir pour conditions le ravitaillement, proportionné à sa durée, et l'élection de l'Assemblée par le pays tout entier.

Paris, le 30 octobre 1870.

Le gouvernement vient d'apprendre la douloureuse nouvelle de la reddition de Metz. Le maréchal Bazaine et son armée ont dû se rendre après d'héroïques efforts, que le manque de vivres et de munitions ne permettait plus de continuer. Ils sont prisonniers de guerre.

Cette cruelle issue d'une lutte de près de trois mois causera dans toute la France une profonde et pénible émotion. Mais elle n'abattra pas notre courage. Pleine de reconnaissance pour les braves soldats, pour la généreuse population qui ont combattu pied à pied pour la patrie, la ville de Paris voudra être digne d'eux. Elle sera soutenue par leur exemple et par l'espoir de les venger.

*Le Ministre des affaires étrangères,*
*Chargé par intérim du ministère de l'intérieur,*

JULES FAVRE.

Depuis quelque temps, une irritation sourde se manifestait parmi toute la population et jusque dans les rangs de la garde nationale. Sa confiance en Trochu était ébranlée ; les chefs supérieurs n'inspiraient qu'une confiance limitée ; enfin il était apparent pour tous que le gouvernement se préoccupait plus de cet armistice, dont la nouvelle frappait Paris tout à coup, que des travaux de défense qui étaient alors conduits avec une extrême lenteur. Puis une lutte sourde, acharnée, existait entre le génie et l'autocratie militaire, et ces pékins qui prétendaient en savoir autant et plus qu'eux : le résultat de cette lutte consistait à tuer l'initiative privée. Et pourtant les canons à culasse de la garde nationale, prouvèrent par la suite au général Ginod que la routine militaire était encore vaincue par le progrès civil.

Pour donner une idée de l'état d'exaspération dans lequel se trouvait Paris, nous allons mettre sous les yeux du lecteur le texte de deux affiches que deux hommes modérés firent apposer dans le sixième arrondissement :

PEUPLE FRANÇAIS !

Pendant que Châteaudun se fait écraser, Bazaine capitule !

Cette dernière honte doit ouvrir nos yeux.

Nous sommons le gouvernement de la défense nationale :

1o De déclarer hors la loi Bonaparte, les hommes qui soutiennent son système et les agents des prétentions dynastiques de toutes sortes ;

2o De destituer et d'emprisonner les généraux qui, par incapacité ou trahison, ont causé nos derniers désastres, et de prendre les mêmes mesures dans toutes les administrations ;

3o De repousser absolument toute proposition d'armistice et de lever en deux bans toute la population mâle de Paris.

Que si le gouvernement refuse de prendre les mesures révolutionnaires que réclame la situation, il donne en masse sa démission jeudi 3 novembre prochain.

Dans cet intervalle, le peuple de Paris avisera à le remplacer.

*La victoire ou la mort! Vive la République!*

*Le Comité révolutionnaire du 6e arrondissement.*

Approuvé :

ROBINET, *maire du 6e arrondissement* ;
ANDRÉ ROUSSELLE, *adjoint.*

A la vue de ces affiches, des groupes se forment dans tous les quartiers, les commentaires les plus violents se croisent; les maires, informés de ce qui se passe, et tous animés de la même crainte, se rendent en hâte auprès du maire de Paris, Etienne Arago, pour délibérer sur les mesures à prendre.

Ce fut pendant cette conférence que les grilles de l'Hôtel-de-Ville furent forcées par le parti extrême, ayant à sa tête Blanqui et Flourens, qui voulait établir le gouvernement de la *Commune.*

A ce parti, encore mal défini, vint se joindre une partie de la population aux cris : *Pas d'armistice ! la Commune, la levée en masse, A bas Trochu ! Assez de discours ! A bas les incapables !* Ces cris disent assez ce que voulait et demandait la foule.

La manifestation du 31 octobre était donc une protestation en faveur de la défense à outrance. La population devina dans la publication simultanée de ces trois nouvelles désastreuses, la vraie pensée du gouvernement qui était de décourager la défense et de préparer la reddition de la capitale.

Cette impression fut générale.

De là la demande d'élections municipales ; de là aussi cette unanimité à mettre en avant le nom de M. Dorian, qui ne parlait pas mais agissait vigoureusement.

Enfin, après un imbroglio des plus comiques, si on pouvait se servir de ce mot dans des évènements aussi graves, les uns parlant, les autres criant, ceux-ci gesticulant, tous se bousculant, s'injuriant, s'étouffant, les membres du gouvernement sont faits prisonniers par ceux qui aspirent à les remplacer; ceux-ci le deviennent à leur tour ; le désordre est à son comble, mais tous sont d'accord sur ce point : il faut une main énergique pour conduire, diriger la défense. De là, le nom de M. Dorian en tête de toutes les combinaisons proposées ou repoussées.

Mais le grand parti qui voulait avant tout l'union dans l'intérêt de la défense arrive enfin à son tour, et quoique reconnaissant et sentant combien les réclamations de la foule étaient fondées, et voyant le moment où la situation allait tourner du comique au tragique (car les Bretons avançaient, les Bretons pour qui la langue française est encore inconnue), pénètre à son tour dans l'Hôtel-de-Ville, refoule peu à peu et désarme les envahisseurs. Ceux-ci sont définitivement expulsés vers trois heures du matin. L'on vit alors les chefs du mouvement, MM. Flourens, Millière et autres, comme témoignage de l'accord intervenu, sortir en donnant le bras à leurs adversaires politiques, les membres du gouvernement; c'est ainsi qu'on remarqua le général Tamisier au bras de M. Blanqui.

Grâce à la prudence et à l'énergie de quelques hommes de l'un et de l'autre parti, cette manifestation se termina sans lutte.

Dans chaque salle de l'Hôtel-de-Ville fonctionnait une sorte de gouvernement. Que de gouvernements en un jour!

Il était quatre heures du matin lorsque se dénoua ainsi, sans la moindre effusion de sang, une aventure qui eût pu si facilement devenir terrible. Aussi ce mouvement, légitime en tant que manifestation (le peuple ne voulait qu'adjoindre au gouvernement, pour le stimuler, des hommes éprouvés et dans lesquels il avait confiance), ce mouvement devint coupable et attristant, lorsque derrière le prétexte réel apparurent les ambitions et les vanités personnelles. Aussi ce débordement d'ambitions et d'avidités, au milieu duquel ne perça aucun homme capable, digne de toute confiance, ne fit que consolider le gouvernement existant.

Le lendemain, 1er novembre, Paris, qui s'était endormi la veille sans savoir sous quel gouvernement il existait, apprit à la fois l'échauffourée et son résultat, et s'éveilla satisfait d'avoir évité la guerre civile. Le *Journal officiel* contenait une note sur les évènements de la veille, qui se terminait par ces simples mots : « Le « Gouvernement a pris les mesures nécessaires pour empêcher le « retour de pareils désordres. »

Une autre note précisait le caractère des négociations d'armistice ; leur seul but, disait-elle, est la convocation d'une Assemblée nationale qui décidera souverainement de la paix ou de la guerre.

Qu'on le veuille ou non, il est avéré pour l'histoire que ce mouvement du 31 octobre fut un mouvement essentiellement patriotique ; ce fut un mouvement d'indignation et de protestation de la population contre l'incapacité de jour en jour plus évidente du Gouvernement de la Défense.

Et Paris marcha sur l'Hôtel-de-Ville parce qu'on ne le faisait pas marcher sur l'ennemi.

---

## XI

### L'ARMISTICE ET M. THIERS

Paris demeura calme, mais sa confiance en ses chefs était ébranlée. Le mot *Armistice* était accueilli avec joie par les prudents et les capitulards, avec colère par tous ceux qui avaient en souci le salut et l'honneur de la France ; le nom de Thiers, le faiseur et le rénovateur des monarchies, réveillait de vieilles haines et attisait les défiances du plus grand nombre, et surtout celles de la jeunesse.

L'Europe en effet s'occupait de nous avec effroi ; mais dans quel sens ? C'est ce que M. Thiers ne disait pas et ce que la lettre qui suit va nous révéler.

Pendant que Paris investi faisait feu de ses forts, que l'armée de la Loire luttait, que Bazaine vendait Metz, et que la France meurtrie voyait l'étranger assis au foyer de ses fils, l'ex-empereur, non content de boire du champagne ou de patiner à Wilhemshœhe, s'associant aux cris de terreur poussés par ses *frères* d'Europe, en réponse aux demandes de M. Thiers, l'ex-empereur, dis-je, écrivait au capitaine Damer, de Cerne, près Dorchester :

Wilhemshœhe, 23 octobre 1870.

Mon cher Capitaine,

Je suis vivement touché de votre souvenir, et je me rappelle avec plaisir le temps que j'ai passé chez Mme votre mère, ainsi que les témoignages d'amitié que j'ai reçus du colonel Dawson Damer.

Je vous remercie de vos bons sentiments pour moi.

Ce qui se passe en France est très triste, car l'invasion n'est pas le plus grand des maux que mon pauvre pays ait à souffrir. L'anarchie fait encore plus de désastres que le fusil à aiguille.

Recevez, avec mes remercîments, l'assurance de ma vive amitié.

NAPOLÉON.

Ainsi le fusil à aiguille n'était pas ce que Bonaparte flétrissait le plus. Ce qu'il haïssait, c'était la défense nationale qui lui enlevait l'espoir de ressaisir son trône avec l'appui de l'étranger. *Anarchie*, voilà de quel nom il appelait la guerre pour l'honneur ! *Anarchie*, tout ce qui n'est pas l'*ordre sinistre* de l'Empire ! qui cachait sous ce pseudonyme l'affaissement politique et la pourriture sociale. *Anarchie !* les revendications de la liberté de tout un peuple.

Bien qu'il soit encore impossible de connaître au juste les détails de la mission de M. Thiers, on peut en fixer le but. M. Thiers, prudent, effrayé de l'avenir que préparait le 4 Septembre, avenir dont il comprenait les suites inévitables pour les monarchies européennes, s'associa aux sentiments secrets de ce renégat républicain, Jules Favre, qui, épouvanté, dit ce jour-là au général Trochu : « Voilà le comble du désastre ; une révolution au milieu de la défaite de l'armée! Et soyez sûr que la démagogie, qui voudra en bénéficier, jettera la France dans l'abîme si nous n'intervenons. Quant à moi, je vais à l'Hôtel-de-Ville, et c'est là que doivent se rendre les hommes qui entendent contribuer à sauver le pays. »

Oh! les plaisants sauveurs que les sauveurs de 1848 !

Aussi, le lendemain même de la proclamation de la République, M. Thiers, repoussé de tous et qui n'était rien, reçoit du Gouvernement de la Défense la mission spéciale d'aller s'enquérir de l'effet produit dans l'Europe par ce nom terrible : *République*, nom terrible, en effet, car il est le symbole du renversement du système monarchique.

On le vit aller à Londres, à St-Pétersbourg, à Vienne, à Florence, déployant une activité prodigieuse, et montrer aux gouvernements arbitraires de l'Europe les dangers à venir, les nécessités présentes et les moyens d'arriver à couper les têtes de cette hydre affreuse : *la République*.

Muni de sauf-conduits qui lui permettaient de traverser les lignes ennemies, il va de l'un à l'autre, portant ses ordres, ses conseils de Paris à Versailles, de Versailles à Paris, à Tours, etc.

Mais comme M. Thiers croyait toucher au but poursuivi, la nouvelle de la journée du 31 octobre arriva au camp prussien. M. de Bismarck inquiet et préoccupé sentit que toute restauration impériale était impossible, car comme il l'avait dit à M. Thiers : « Les débris du gouvernement, jusqu'à présent seul gouvernement français reconnu en Europe, étaient en ce moment à Cassel où ils cherchaient à se reconstituer. » Mais ne voulant pas abandonner le gage promis de la guerre, ce célèbre comte imposa des conditions impossibles, manière polie d'opposer une fin de non-recevoir aux propositions de M. Thiers, qu'il savait ne travailler que dans l'intérêt du comte de Paris.

MM. de Bismarck et de Moltke, plutôt que de perdre le gage que leur avaient promis les chefs bonapartistes, se résolurent à la guerre à outrance, car il était évident désormais que Paris se défendrait à outrance plutôt que de traiter honteusement....

Ce que devait être le résultat du siége de Paris, il était facile de le prévoir, puisque Paris était vendu comme Metz ; mais il était manifeste qu'à choisir entre une cession de territoire de la France ou son bombardement, la capitale se prononcerait résolûment pour cette dernière éventualité, et saurait en supporter héroïquement les effets terribles. M. Thiers, sentant que le moment de traiter n'était pas venu, se rendit alors à Tours, se mettre à la disposition du gouvernement pour les négociations futures.

---

# XII

## LA COMMUNE ET LE PARTI DE L'ARMISTICE

Le 1er novembre, à son réveil, la population parisienne était disposée à procéder sur-le-champ aux élections municipales.

Pour les uns, ce vote représentait l'élection des municipalités demeurant dans leurs attributions ; pour les autres, il signifiait l'élection de la Commune, pouvoir politique, non pas subordonné, mais accolé au gouvernement de la défense.

Mais ce dernier qui comprit tout ce que ce pouvoir, issu du suffrage et représenté par des hommes déterminés, influents, capables, aurait d'autorité et qui sentait qu'il s'opposerait à tout compromis avec l'ennemi, ajourna les élections et fit appel à un plébiscite. Ce retard provoqua plus d'un mécontentement et ne fit qu'augmenter les défiances, surtout lorsqu'on vit le gouvernement procéder par des arrestations contre les auteurs de la manifestation du 31 octobre.

Enfin, le 5, on procéda à l'élection des Maires et le 7, à celle des adjoints. Le scrutin ouvert, on vota pour ou contre les partisans de la Commune, dont le nom était un épouvantail pour la bourgeoisie. L'avènement de la Commune était le signal de la prise de possession par la Cité de son autonomie ; le règne de la bourgeoisie s'évanouissait.

Aussi, acceptait-elle tout bas les préliminaires de cet armistice, qui la comblait de joie et qui n'était pourtant qu'une capitulation.

Que de choses honteuses eurent lieu en ces jours sombres et troublés !

Dans les réunions populaires, sur les boulevards, dans le sein de la famille, l'instinct populaire s'indigna et se révolta ; il comprit qu'on voulait livrer Paris à l'ennemi ; il y avait donc un marché de fait; par contre, les riches, les oisifs; les gens de l'*ordre* se réjouirent tout haut et d'une manière indigne. Je ne puis mieux faire pour éclairer la situation que de reproduire l'article que publia alors M. Camille Pelletan dans le *Rappel* :

LE PARTI DE LA PEUR.

Eux, toujours eux !

Réaction quand on veut fonder la liberté, parti de l'ordre quand on veut détruire le despotisme, parti de la paix quand il faut combattre pour le pays envahi. Ils n'ont qu'un mobile : leur égoïsme repu, mais satisfait ; qu'une âme, la peur; qu'un guide, l'ineptie.

Ils forment une armée, toujours la même, toujours renouvelée. Bourgeois replets, gobe-mouches solennels, ennemis de la canaille avant tout, on les reconnaît toujours. Des éclosions nouvelles de calvities remplacent les floraisons flétries de crânes nus ; des épanouissements d'obésités succèdent aux obésités disparues ; voilà tout. Au fond, cela ne change pas. Leur fonction est de digérer, leur trait distinctif est d'avoir peur; ils servent le dieu Gaster, qui leur ordonne de laisser à César ce que César a volé. César s'appelle Napoléon ou Guillaume, peu leur importe. Ils ont béni Mandrin quand Mandrin a annoncé qu'il voulait soutenir l'ordre; ils commencent à accepter Bismarck, qui, après tout, n'est pas un anarchiste.

Ce sont eux qui ont formé presque toutes nos Chambres. En France, leur parti s'appelle le ventre. En Angleterre, il s'est appelé plus justement le croupion.

Ils s'étaient tus quelque temps. Maintenant ils reprennent la parole.

Il y avait longtemps qu'on n'entendait plus que le canon et les fanfares. Or, maintenant, dans les courts silences du terrible orchestre de la guerre, l'oreille étonnée croit entendre un air de flûte... Oh ! bien humble, bien timide... Mais enfin c'est bien une flûte. On s'étonne de cette musique champêtre, éteinte depuis qu'Ollivier avait jeté ses pipeaux. On écoute ; on croit à une illusion : et bien ! c'est celà même, et en cherchant des yeux, on finit par découvrir le musicien blotti dans un journal bien pensant.

Et la flûte accompagne une chanson qui dit : « La paix est belle et souriante ; le beefsteack à discrétion est une admirable chose. Bismarck n'est pas si noir qu'il en a l'air. Oh ! qui me transportera dans les fraîches vallées de l'Hémus, — je veux dire sous la domination prussienne, — et m'étendra sous l'ombrage protecteur des grands arbres, — j'entends des baïonnettes de de Moltke ! »

Quel est ce chanteur ? Je le découvre : c'est un fameux révolutionnaire religieux, dont la pensée s'avance toujours à l'ombre d'une incidente, et masquée par une réticence. Il porte son habit de pâtre avec l'allure d'un séminariste ; et ces yeux baissés à terre, ces yeux qui ne regardent jamais en face, ont l'hypocrisie de prendre pour prétexte un nez volumineux qui semble les entraîner dans sa chûte.

Et cet autre ?... Oh ! cet autre, c'est purement un sceptique qui se nomme : « Je m'en moque », et qui a étudié la blague classique à l'Ecole normale. Jadis, par plaisanterie, il s'est fait caser, dans le ministère Ollivier, pour avoir le plaisir de dire à table, dans les dîners du ministère, que ce ministère était composé de coquins et d'imbéciles ; par plaisanterie aussi, il se fit nommer aux beaux-arts, sous le prétexte spécieux qu'il n'avait jamais regardé un tableau ; son badinage aujourd'hui consiste à dire que le roi Guillaume pourrait bien avoir raison, et que c'est bien mal à nous de trouver qu'il bombarde nos villes et massacre nos concitoyens, et nous assiége présentement, puisque celà l'amuse, cet homme.

Et cet autre encore ? Je crois le reconnaître. Il s'appelle Homais et dit s'appeler Voltaire. Jadis avec les deux autres on le voyait beaucoup chez une trop cèlèbre princesse, et il emploie aujourd'hui à pardonner aux Prussiens d'avoir brûlé sa maison de campagne, ce même talent qu'il consacraït tout récemment à l'éloge d'un prince oriental fameux par ses générosités.

Ce sont les solistes ; mais quel chœur à leurs côtés ! Celui-là commence à être las des gouvernements qui ne donnent plus de pourboires aux journaux ; cet autre trouve simplement que c'est ennuyeux de monter la garde ; un troisième réfléchit qu'on manque d'huîtres ; et tous, avec terreur, interrogent le ciel pour voir s'il n'y poindra pas une bombe.

Autour, les niais rangés, les *honnêtes gens* dans l'aisance, ceux qui n'aiment pas le bruit et ceux qui chérissent l'ordre, écoutent, bouche béante. Oh ! s'ils osaient, comme ils se mêleraient au concert.

Et alors on a ce double spectacle :

D'abord, la situation retournée. — Les partisans de la guerre, en juillet, demandent la paix de tous leurs poumons. En novembre, sous Ollivier, vous aviez beau leur remontrer l'horreur de toute guerre, l'horreur plus épouvantable d'un choc entre les deux grandes nations, tant de cadavres et tant de misères... bah ! Ils ne rêvaient que gloires et conquêtes. D'autres seraient tués, d'autres souffriraient ; eux, ils liraient les gazettes et illumineraient. Mais aujourd'hui qu'il faut, je ne dis pas souffrir, ils n'ont pas souffert, mais, risquer de souffrir, aujourd'hui qu'ils ne sont qu'à huit kilomètres des canons prussiens, ne leur dites pas qu'il ne s'agit plus de l'ambition d'un Corse, mais de la France, de son honneur, de son salut, de son sol, de son argent même, — c'est ce qui les touche d'habitude, — ne leur dites pas cela, ils n'écoutent rien, ils n'entendent rien, ils sont effarés, ils ont peur.

Vantards et lâches ! il fallait les entendre, il y a trois mois, massacrer les Prussiens dans leur récit, le ventre à table. Nous revenions, nous, de Metz, nos troupes surprises par l'incapacité des gouvernants ? Allons donc ! nous étions des alarmistes, des semeurs de fausses nouvelles. Ils se fermaient les yeux, ils se bouchaient les oreilles, ils se disaient que le pouvoir qui les étrillait si bien serait aussi fort contre les Prussiens, et après avoir applaudi la fusillade du boulevard Montmartre, qui avait peut-être frappé quelques-uns des leurs, ils comptaient qu'on prendrait Berlin comme on avait pris le perron Tortoni.

Et maintenant, maintenant que la France a été livrée par l'homme qu'ils ont acclamé au plébiscite ; à présent que leur faute, leur ineptie, leur confiance de linottes, ont amené les Prussiens à Choisy-le-Roy et à Bellevue ; à présent qu'ils nous faut à nous, qu'ils ont entraînés dans les conséquences de leur imbécillité, prendre le fusil pour détourner les suites de leurs bévues, ou du moins pour succomber avec honneur, les voilà qui crient : la paix, la paix ! la paix à tout prix ! la paix honteuse !... et qui veulent livrer l'Alsace pour manger du poisson !

C'est honteux ; mais il y a plus honteux encore.

La situation actuelle a infligé jusqu'ici des vexations aux classes aisées, des souffrances au peuple. — Les ouvriers, sans travail pour la plupart, obligés de vivre avec leur solde de gardes nationaux, ont le droit, eux, de se plaindre. Pour les gens aisés, il est vrai qu'ils ont moins de viande, qu'ils n'ont plus de beurre, qu'ils montent la faction aux remparts, mais là se borne leur rôle de victimes. Eh bien ! le moment actuel nous offre ce spectacle, du parti républicain qui souffre, et du parti réactionnaire qui ne souffre pas et qui veut la paix.

Oui, c'est la bonne bourgeoisie réactionnaire, c'est celle qui lit M. Arthur Picard, c'est celle qui achète encore la feuille de M. de Villemessant ; c'est cette classe aisée et dont le martyre n'a consisté jusqu'ici qu'à avoir une nourriture de crêmerie et à coucher une nuit sur huit sous la tente ou dans les casemates ; c'est elle qui trouve bon de déshonorer le pays, pour éviter des bombes problématiques et des rhumes de cerveau certains.

C'est elle qui veut que Paris se rende, avec ses canons, ses remparts imprenables, ses forts toujours en éveil, ses mobiles héroïques, son peuple prêt à mourir ; que Paris se rende, alors qu'il creuse autour de lui ses tranchées, alors qu'il transforme ses fusils, fond ses canons ; que Paris se rende au moment où sans doute il prépare quelque grand effort, sans avoir tiré ses cartouches, sans avoir vidé ses magasins de poudre, sans avoir épuisé sa viande de boucherie, sans avoir touché à ses conserves ; quand Strasbourg s'est laissé ruiner, quand Toul a tenu jusqu'à la dernière extrémité, quand Châteaudun, sans murs et sans fossés, s'est laissé massacrer ; — de telle manière que la ville héroïque, la ville qui doit l'exemple au monde, prendrait pour modèle l'homme de Sedan, et lutterait de lâcheté avec le plus misérable et le plus flétri de l'histoire !....

---

Le caractère amusant des hommes d'ordre, des *honnêtes gens*, c'est que s'ils ne sont pas braves, ils sont candides, et qu'ils se trouvent les dupes infatigables de tous les intrigants qui veulent les exploiter.

Regardez bien : derrière toutes leurs lâchetés et toutes leurs fureurs vous verrez une stupidité ; on les conduit avec des mannequins dont les pieux passent au haut de la tête et dont la paille sort par le ventre. Comme ils sont volontiers sceptiques et peu inventifs, celui qui leur trouve leurs bons mots les mène où il veut. Comme ils sont pleins de haine pour le parti du progrès, il suffit de leur imaginer quelque calomnie idiote, pour qu'ils la répètent et même pour qu'ils la crient. On a beau jeu à leur fourrer une idée, si absurde qu'elle soit, dans la tête, et il n'est pas de panneau dans lequel ils ne donnent.

Autrefois on leur a montré le spectre rouge; et ils sont tombés dans les mains d'un Robert-Macaire qui les a menés jusqu'à Sedan et qui leur a fait traverser le plus immense désastre dont la France ait le souvenir.

Cette année même, on leur a fait avaler un complot d'Ambigu-Comique, qui les a fait frissonner, et on les a, de la sorte, décidés à acclamer l'Empire, pensant assurer la paix, tandis qu'ils votaient la guerre.

Bah ! la guerre est venue, ils ont dit : tant mieux ! Les falllites commençaient; mais si les faillites tuent un gouvernement quand elles ont pour cause une Révolution pacifique et généreuse, elles sont de pures vétilles, auxquelles on ne fait pas seulement attention, quand elles proviennent d'une guerre faite par un homme absolu, armé de casse-tête, et décidé à faire tirer sur le peuple.

Aussi, la guerre venue, on a chanté « Gloire ! Victoire ! » On a trouvé que c'était le moment de réclamer les frontières du Rhin, auxquelles personne ne songeait, et devant les républicains qui chantaient : « Les peuples sont pour nous des frères et les tyrans des ennemis, » les hommes d'ordre, pris d'un enthousiasme extraordinaire, ont préparé leurs lampions, la seule arme qu'ils aiment à employer.

On leur avait dit : La guerre c'est notre armée sur le Rhin ;— c'était l'armée prussienne sur la Seine.

Et jusqu'au bout, avec cette crédulité tenace qu'ils possèdent, avec cette monstrueuse candeur qui est un de leurs caractères, ils ont gobé toutes ces prétendues victoires, ils ont admiré nos grands généraux, ils ont attendu notre entrée à Berlin, et nous avons entendu des leurs nous dire jusqu'à la fin : « Oh ! l'empereur est plus malin que vous ne croyez; Wœrth, Forbach, Wissembourg, tout cela ce sont des feintes; nos armées massacrées, nos soldats en déroute, c'est une tactique : mais vous allez voir, tout va se démasquer. Pauvres Prussiens ! ils ne l'auront pas volé ! »

Et ils ont crié : « A Berlin ! » jusqu'à ce que Sedan les eut surpris, attérés, anéantis, et rendus muets comme des poissons !

Aujourd'hui, ils reparaissent, ils demandent la paix. Les malheureux! ils ne savent donc pas ce que serait la paix prussienne.

Remarquez que Paris, traitant maintenant, n'a aucun ménagement à attendre; il s'abandonne; il crie qu'il a peur, qu'il veut en finir à tout prix; Bismark le tient impuissant, pieds et poings liés. Paris, traitant maintenant de son plein gré, se livre à merci. Guillaume en fait ce qu'il veut, et vous ne voyez pas ce qu'il veut?

Comment! la Prusse nous fait une guerre de race, elle vient chez nous pour nous étouffer, elle nous envahit parce qu'elle prétend être l'Allemagne, et que nous sommes la France; elle nous brûle et nous pille nos villes, parce qu'elle trouve, elle ne s'en cache pas, que notre rôle dans l'histoire est fini; que son tour est venu; qu'elle représente seule la civilisation, que nous représentons le passé; que nous sommes un élément à détruire; et on ne voit pas que c'est notre anéantissement qu'elle poursuit?

Comment! nous sommes une République devant une Monarchie féodale; nous sommes voués à propager la Révolution dans le monde, et la royauté prussienne serait une des plus durement atteintes par nous? Nous réclamons la liberté absolue au moment où Bismark travaille à l'abaissement de l'Allemagne; nous préparons l'étude et la réalisation du socialisme, alors que le gouvernement de Berlin fait jeter en prison les socialistes allemands, et l'on ne voit pas qu'il ne peut y avoir entre le grand chancelier et nous qu'une guerre à mort, par les canons et les chassepots tant que la lutte durera, par la tyrannie du plus fort dès que la paix sera conclue?

Et que de motifs d'exaspération pour le vainqueur? Louis XIV a envahi la Hollande pour les articles de ses gazettes. Guillaume nous tient pour nos journaux et pour nos caricatures. Cela l'irrite qu'il y ait un pays où on lui manque de respect. Qu'on tue ses hommes avec des canons, soit; mais qu'on le représente laid et odieux, il ne peut le souffrir. Il l'a dit, il l'a répété. Sa pesanteur tudesque et sa raideur prussienne s'indignent de nos railleries, car, tout le monde a pu en faire l'expérience, ce que l'Allemand craint et déteste le plus, c'est un sourire français.

Et puis, que serait cette paix, sinon la préparation d'une nouvelle guerre, l'attente de la vengeance, c'est-à-dire le deuil public, l'arrêt des affaires, l'inquiétude, la souffrance sans compensation, la honte sans un souvenir fortifiant, sans l'ombre d'une consolation ?

Plutôt la guerre, plutôt le bombardement, plutôt la ruine que la paix dans ces conditions! Ne sera-t-il pas temps de traiter quand on aura combattu, quand on aura montré sa force, quand on aura tenté les aventures, quand on ne s'exposera pas, par sa lâcheté, à la risée et au mépris de l'Europe entière?

Heureusement, à Paris, en France, l'immense majorité comprend cela. Elle n'aura que du dédain pour les trembleurs tant qu'ils parleront; et s'ils veulent agir, elle saura les arrêter. Le peuple n'accepte pas la honte de gaîté de cœur. Les quémandeurs de paix ne représentent qu'une minime fraction, et elle ne nous imposera pas ses volontés, car nous avons des fusils.

Ainsi, tous les cancrelas bonapartistes, légitimistes et cléricaux, qui résument leur vie dans l'adoration du ventre, non contents d'avoir conduit la France dans l'abîme où elle se débat aujourd'hui, comptaient encore sur l'efficacité de la corruption et du découragement dont ils semaient les graines à pleines mains.

Ces artisans du malheur public soutenaient le Gouvernement de la Défense nationale comme ils avaient soutenu l'Empire. Ils ont conduit celui-ci à Sedan, ils ne seraient pas fâchés que la République sombrât de la même façon.

Dès lors commença à poindre cette haine qui, quelques mois plus tard, devait éclater d'une façon si terrible.

Enfin, l'article qui suit montrera combien l'instinct populaire avait deviné juste.

### L'ARMISTICE.

Mon cher Directeur,

La plupart des journaux de Paris, et le *Nationa* lui-même, semblent accueillir avec satisfaction le projet d'armistice dont il est question en ce moment. Je n'en suis pas étonné. Ils ont raison sans doute; cependant, j'ai quelque peine à partager leur manière de voir, et comme je connais par expérience la liberté que vous accordez à vos collaborateurs, je viens vous soumettre les réflexions qu'a fait naître en moi ce projet.

L'impression que j'ai ressentie en apprenant la proposition faite par les puissances neutres, a été presque aussi douloureuse pour moi que la nouvelle des désastres de Sedan et de Metz. Pour que le gouvernement de la défense nationale ait pu prêter un seul instant l'oreille à une pareille offre, il faut qu'il ait acquis la triste certitude que toute chance de revanche est impossible. Autrement, il ne songerait pas à traiter, précisément quand Paris va se trouver armé de manière à reprendre l'offensive avec avantage. Car il ne faut pas se faire d'illusions : l'armistice aujourd'hui, c'est la paix dans un mois, quoi qu'en disent les lexicographes de la presse politique. Or, la paix que nous conclurons quand le territoire est occupé par 8 ou 900,000 Allemands en armes, ne peut être qu'une paix humiliante, néfaste et plus dangereuse encore pour l'avenir que ruineuse pour le présent.

La France, au lieu de se lever en masse, et d'écraser l'envahisseur, se rachetant au prix de quelques milliards, sera descendue au niveau de Rome sous le bas-empire. Quand les hordes barbares de la Germanie ou d'ailleurs venaient la piller, elle se rachetait aussi, tantôt avec quelques milliers de livres de poivre ou d'onces d'or, tantôt par la cession d'un territoire, ou par toute autre lâcheté ! Aujourd'hui ce n'est plus Rome, c'est Paris qui est le but des Germains ; Paris est plus près d'eux, et il faut nous attendre à les voir périodiquement faire irruption chez nous si nous nous laissons écraser sans résister. Cette fois, grâce à un reste de sens politique du gouvernement russe, nous ne serons pas démembrés, à ce qu'on nous fait espérer, mais nous ne tarderons pas à l'être, soyez-en certain ; les milliards s'épuisent en même temps que l'appétit des envahisseurs augmente ; la prochaine fois, les Allemands prendraient leurs précautions contre les scrupules du Czar et ils ne consentiraient à partir que contre remise de deux ou trois provinces en sus des milliards. Ce jour-là nous pourrions dire : *Finis Franciæ.*

Il est malheureusement certain, je le reconnais, que la province, à part quelques cas honorables, a été trop longue à comprendre son devoir, puisque en deux mois elle n'a su secourir ni Strasbourg, ni Toul, ni Metz ; que les armées de la Loire et de Lyon, dont on nous parle depuis deux mois, ont laissé succomber Ulhrich, Bazaine, prendre Orléans, Châteaudun et toutes les villes qu'elles auraient dû occuper pour en interdire l'approche aux Prussiens. Si elles avaient agi vigoureusement, il ne serait question aujourd'hui ni d'armistice ni de rien de semblable. Mais est-ce à dire que tout serait désespéré ? Non.

Admettons d'ailleurs que je me fasse illusion. Voyons ce que nous pouvons attendre de cette suspension d'hostilités, dont le prétexte menteur ne peut tromper personne.

Comment sera employé par les Prussiens et par nous le temps que durera cet armistice ? Je sais bien qu'aux termes exprès de ces sortes de conventions, chacun doit rester dans le *statu quo*. Hélas ! l'honnêteté de nos adversaires nous est trop connue ; le souvenir de leur conduite en 1864 est encore trop près de nous pour que nous pussions nous faire la moindre illusion à cet égard, et j'imagine que si MM. de Moltke et de Bismarck accèdent à la demande de la Russie, c'est uniquement parce qu'ils ont besoin, pour mettre leurs batteries en position, d'un certain temps et de certaines conditions mystérieuses que ne leur font pas les canonniers de nos forts. Pendant ce temps, d'ailleurs, nous serons contraints de nourrir, loger, chauffer, etc..... les 800 ou 900,000 Allemands qui occupent notre territoire.

Quant à nous, tout ce que nous pouvons retirer de la convention, c'est d'instruire nos recrues. En revanche, notre situation sera moralement bien plus mauvaise qu'aujourd'hui. Paris, qui supporte vaillamment les ennuis et les privations d'un siége, pourra bien n'être plus le même après un mois de repos fatigant et sans action ; le rationnement qu'on accepte en ce moment semblera peut-être bien dur quand il faudra y revenir ; enfin, comment la plupart de ceux qui auront vu dans l'armistice les préliminaires de la paix prendront-ils la nécessité de continuer la guerre ?

Et croit-on qu'à la faveur de l'armistice, nos peu scrupuleux ennemis ne chercheront pas à fomenter des troubles au sein de Paris ? Le terrain est si bien préparé pour celà ! La proximité de l'armée allemande, les facilités qu'ont leurs espions et émissaires pour pénétrer dans Paris et que la suspension des hostilités augmentera encore, tout celà ne me présage rien de bon.

Enfin, quelle sera la Chambre issue des conditions que nous fait l'occupation de la France par l'ennemi ? Pourrons-nous librement discuter les candidats et voter ? Où se réunira cette Chambre ? A Paris, à Bourges ou à Lyon ? Il y a danger partout.

Si la continuation de la lutte est possible, toutes ces difficultés disparaissent. Il importe peu, en effet, que les Allemands soient chassés par un gouvernement régulier ou par un autre, pourvu qu'ils soient chassés. Or, est-il bien évident pour MM. Gambetta, Jules Favre, Thiers et Trochu que toute chance de résister soit perdue pour nous ? Je ne le crois pas. Après Châteaudun, Orléans, Saint-Quentin, voici que les babitants des Vosges se lèvent en masse, hommes et femmes ; et si dans le premier moment de surprise, ils ont laissé entrer les Prussiens, on peut croire qu'ils ne les laisseront pas sortir. Paris a enfin une armée et des canons à longue portée ; le temps des hésitations et de la peur est donc passé.

D'ailleurs, si la province a été molle jusqu'ici, c'est en partie, il faut l'avouer, parce que la nouvelle forme du gouvernement l'inquiétait. Le vote de Jeudi (qui lui est déjà connu) va la rassurer ; elle comprendra que la République n'est pas exclusive de l'ordre et de l'honnêteté politique, et que rien désormais ne doit faire obstacle au saîut de la patrie.

J'estime donc que la lutte est possible : quelques sorties en force, appuyées d'une puissante artillerie, doivent nous dégager d'ici à quelques semaines (on en a acquis la preuve à la dernière affaire de Châtillon) ; quand les armées de province apprendront ces résultats, leur courage s'en accroîtra, et avant peu nous pourrons avoir repris l'offensive sur tous les points.

En vérité, il n'est pas possible qu'un pays comme la France ne finisse pas par trouver dans son désespoir et dans la conscience de son juste orgueil, l'énergie nécessaire à son salut.

Et, pour conclure, la fortune dût-elle encore trahir nos efforts, nous estimons que la lutte sera plus honorable pour nous que la paix déplorable dont l'armistice nous menace.

L. COULON.

(*National*, 6 novembre 1870).

D'autre part, si l'on veut comprendre ce qui se passait dans l'esprit de M. de Bismarck et de M. de Moltke, cet article du *Times* nous démontre une fois de plus combien nos chauvins de tous les régimes se faisaient encore illusion.

Le *Times*, que l'on ne saurait accuser de vives sympathies pour la France, publiait un long article qui met en lumière les dangers menaçant la Prusse et l'Europe, si M. de Bismarck impose à notre pays des conditions trop dures.

D'après le *Times*, Paris sera pris; mais la prise de Paris ne terminera pas la guerre. Et il ajoute :

Il est probable que le gouvernement provisoire, refuserait de signer la paix. MM. Trochu, Jules Favre et consorts déclareraient qu'ils ont fait tous les efforts pour défendre Paris, qu'ils ont échoué, et qu'ils rentrent dans la vie privée.

Qu'ils prennent ou non ce parti, nous pouvons être sûrs que Lyon refusera d'adhérer à une capitulation, quelle qu'elle soit. On peut en dire autant de Marseille, de Toulon, de tout le Sud et de tout l'Ouest de la France, sans parler des ports militaires de la flotte. Si l'esprit national se soutient, il a plutôt l'air de s'exaspérer que de s'abattre, la prise de Paris entraînera la désagrégation de la France, et non sa soumission.

Dans cette hypothèse, les Allemands seraient placés entre deux alternatives. Ils pourraient s'avancer dans le pays et écraser successivement tous les centres de résistance; mais c'est une entreprise terrible, et les ressources de l'Allemagne n'y suffiraient pas.

L'autre tactique est très nettement exposée dans une lettre que nous publions aujourd'hui. Notre correspondant rend compte d'un entretien qu'il a eu avec un des commissaires civils qui sont chargés d'organiser par intérim la Lorraine et l'Alsace.

D'après le haut fonctionnaire prussien, quand les Allemands auront pris Metz et Nancy, ils abandonneront à leur sort les départements qu'ils ne veulent pas conserver ; ils se rejetteront en arrière sur la frontière qu'ils se sont tracée eux-mêmes, et ils la défendront à main armée jusqu'à ce qu'elle leur soit cédée en bonne forme par un gouvernement français.

A ce moment, c'est-à-dire après la signature d'un traité, les Prussiens pourront réduire leur armée d'occupation ; mais ils ne s'abusent pas sur les difficultés de l'entreprise. Ils prévoient que pendant plusieurs années la frontière sera ensanglantée, comme celle qui séparait jadis l'Angleterre du pays de Galles, et l'Ecosse de l'Angleterre. Ils reconnaissent aussi qu'il faudra des efforts énergiques pour plier les Lorrains et les Alsaciens au joug d'un nouveau maître. Ces efforts seront-ils couronnés de succès ? Le commissaire civil du roi Guillaume en parle sans illusion, c'est un homme d'expérience.

Avec le temps, dit-il, les paysans se feront au changement; mais la population des villes ne voudra jamais être prussienne. Nous n'aurons qu'un moyen de la réduire, c'est d'imiter le despotisme des Russes en Pologne, toute idée de conciliation mise à part.

Conçoit-on rien de plus désespéré qu'un tel avenir ? La France mise en pièces ; l'Allemagne sciemment décidée à faire et gouverner une nouvelle Pologne ! D'une part, un nouveau quadrilatère destiné à protéger la possession d'une nouvelle Venise ; de l'autre, une population réduite au dernier degré de la misère ; mais toujours soulevée et frémissante.

(*Gaulois*, 8 novembre 1870.)

Enfin, le dimanche 6 novembre, l'*Officiel* publiait la note suivante, qui montre que l'armistice proposé n'était rien qu'un piége où l'on avait essayé de faire tomber le peuple de Paris, mais que son bon sens avait su lui faire éviter :

Les quatre grandes puissances neutres, l'Angleterre, la Russie, l'Autriche et l'Italie, avaient pris l'initiative d'une proposition d'armistice à l'effet de faire élire une Assemblée nationale.

Le gouvernement de la défense nationale avait posé ses conditions, qui étaient : le ravitaillement de Paris et le vote pour l'Assemblée nationale par toutes les populations françaises.

La Prusse a expressément repoussé la condition du ravitaillement ; elle n'a d'ailleurs admis qu'avec des réserves le vote de l'Alsace et de la Lorraine.

Le gouvernement de la défense nationale a décidé, à l'unanimité, que l'armistice ainsi compris devait être repoussé.

---

## XIII

### PARIS EN NOVEMBRE ET DÉCEMBRE

*Antagonisme des chefs de l'armée et de la garde nationale. — Sa cause.*

A partir de ce moment, les capitulards n'osant plus se montrer, la population parisienne retrouva toute son énergie. Le Gouvernement, battu et sentant que l'heure de livrer Paris n'était pas venue, essaya alors de tous les moyens pour étouffer, lasser et user l'énergie de la population, tout en ayant l'air d'activer la fabrication des armes et la réorganisation générale des forces actives de la cité.

Ne pouvant plus reculer ni hésiter à se servir de la garde nationale, sous prétexte d'organiser cette force vitale de tout pays, il licencia les corps de volonraires formés et prêts à marcher, dont les officiers lui échappaient, et ordonna la création de quatre compagnies de guerre par chaque bataillon armé.

Désorganisant sous prétexte d'organiser, telle était sa méthode pour arriver au but, et à cet effet il appela au commandement supérieur de la garde nationale le général Clément Thomas, dont le dévouement acquis au parti de l'Ordre était connu depuis la fameuse journée de Juin 1848.

A propos de ces faits inouïs de décomposition et de recomposition, et pour mieux faire comprendre ce qui se passa alors, je vais raconter ce qui m'est arrivé à moi-même à cette époque. Je faisais partie du corps d'éclaireurs ou carabiniers du capitaine Laurent, du 29e bataillon de la Villette, par lequel je fus délégué près du général Clément Thomas.

Vous allez juger comment nos capitulards entendaient marcher au feu, et comprendre la haine qu'ils portaient aux auteurs du mouvement du 31 octobre, qui réclamaient que tout citoyen fût soldat :

Un citoyen dévoué, faisant partie d'un des anciens bataillons, forma une compagnie d'éclaireurs, au mois de septembre. Quand vint le décret qui ordonnait la formation des bataillons de volontaires, tous les hommes de cette compagnie s'engagèrent ; ils étaient 125 environ. Il manquait 25 hommes pour compléter l'effectif de la compagnie qui devait être de 150 hommes par chaque bataillon ; un appel fut fait aux volontaires des autres compagnies, mais ces messieurs, peu guerriers de leur nature, ne fournirent qu'une quinzaine de volontaires et on dut compléter l'effectif au moyen de recrues du dehors.

Enfin, grâce aux détachements fournis par d'autres bataillons de l'arrondissement, un corps de 600 volontaires fut constitué ! Nous étions alors en novembre.

C'est à ce moment que parut le décret mobilisant une partie de la garde nationale et formant dans chaque bataillon quatre compagnies de guerre. Ce décret abolissait de fait celui qui créait les volontaires et chaque commandant reprenant les hommes qu'il avait fournis, les éclaireurs rentrèrent dans leurs bataillons. Tous ces hommes dévoués, aguerris, tous anciens militaires ayant fait campagne, maugréaient de se voir désorganisés ; cependant, pour se conformer au décret, on fit le recensement des hommes susceptibles d'être mobilisés, et au prorata des autres compagnies les éclaireurs eurent à fournir 49 hommes.

Mais avant d'aller plus loin, voulez-vous savoir pourquoi le bataillon de volontaires n'était pas resté constitué ? C'est que le chef de baaillon, qui connaissait l'intrépidité de ces gardes sédentaires, s'était dit : « Si je laisse partir mes 150 volontaires, je serai fort embarrassé pour former mes quatre compagnies de guerre, tandis qu'avec ces 150 gaillards-là, je n'aurai plus que 350 hommes à trouver. Il y aura encore du tirage, mais ce sera toujours plus facile que d'en trouver 500. »

Aussi, vous vous figurez aisément quelle fut la fureur du commandant et de quelques capitaines du bataillon, qui étaient de son avis en cette occasion, quand ils virent qu'au lieu de 150 hommes, les éclaireurs n'en fournissaient que 49. Ils vinrent en députation trouver les 101 hommes qui restaient et furent assez lâches pour leur demander de partir à la place de leurs hommes qui étaient les riches négociants et les principaux industriels de la Villette ; ce bataillon, du reste, avait été baptisé *le Bataillon des Aristos*. Il leur fut répondu : *Nous sommes tous volontaires, nous ne demandons qu'à marcher à l'ennemi, mais il ne saurait nous convenir de servir de remplaçants à des hommes que la loi appelle à défendre leur pays. Nous nous donnons, nous ne noùs vendons pas ! Formez votre bataillon de guerre, et quand le moment décisif sera venu, nous servirons d'éclaireurs au bataillon de guerre, comme nous en avons servi au bataillon sédentaire.*

C'était juste, c'était rationnel, c'était équitable, et d'honnêtes gens se seraient inclinés devant une pareille détermination ; mais ce serait bien mal connaître les Tartufes dont il s'agit que de croire que telle fut leur conduite.

Pour ces gens-là, malgré la géométrie, la ligne droite n'est pas le plus court chemin ; c'est dans l'ombre et par des sentiers tortueux qu'ils agissent et qu'ils marchent ; et voici comment ils s'y sont pris pour vaincre la résistance qui leur était opposée. Ils engagèrent d'abord une partie des éclaireurs à se trouver à un rendez-vous qui leur fut fixé, et le commandant, prenant la parole, leur dit : « En présence de la mauvaise volonté de votre capitaine, j'ai demandé et obtenu du général en chef sa révocation et le licenciement de la compagnie. » Puis, connaissant la situation misérable de ces hommes (tous étaient ouvriers, sans travail et chargés de famille) et spéculant sur leur misère, il ajouta : « Tous ceux d'entre vous qui ne s'engageront pas dans les compagnies de guerre, cesseront de toucher leur solde, et j'userai de toute mon influence pour les empêcher d'entrer dans les compagnies sédentaires. »

Vous croyez peut-être que cette ignoble menace était seulement faite pour les effrayer ? Eh bien ! Pas du tout. Depuis le 14 novembre, elle fut mise à exécution, et les pères de famille qui avaient refusé de se vendre pour 30 sous par jour, ne reçurent ni prêt, ni pain, et eux, leurs femmes et leurs enfants devinrent la proie de la famine.

— Mais, me direz-vous, un commandant n'est pas seul maître, et vous n'aviez qu'à réclamer vos droits auprès de l'autorité supérieure ? Si ce commandant n'avait pas été révoqué, il aurait été vertement reprimandé et vous auriez obtenu satisfaction.

— Ma foi, c'est à peu près le raisonnement que nous nous sommes fait. Nous nous sommes rendus à l'état-major, et au bout de deux jours, ne pouvant par des explications verbales nous faire écouter, nous avons adressé un rapport circonstancié des faits au général en chef, auquel nous avons ensuite demandé audience.

— Sans doute le général vous a bien accueillis, et vous a promis satisfaction ?

— Vous n'y êtes pas. Le général nous a envoyé son secrétaire qui était chargé de nous dire qu'il n'avait pas besoin de nous entendre ; qu'il avait vu le commandant et les officiers du bataillon ; qu'il connaissait par conséquent très-bien notre affaire ; qu'il avait donné des ordres, et que nous n'avions plus qu'à les exécuter.

C'était tout simple ; les conservateurs étaient obligés d'aller au feu comme tout le monde ; mais celà n'était pas du goût de ces patriotes. Ils sont généralement bien rentés, et grassement nourris ; ils tiennent fortement à l'existence ; ils trouvent ridicule d'aller risquer sur les champs de bataille, outre leur vie, plusieurs mille livres de rente, une sinécure en perspective et un joli mariage à l'horizon.

Une balle frappe un paysan ou un ouvrier, eh ! mon Dieu ! elle ne fait que l'enlever au travail quotidien et à la misère. Elle lui épargne l'hôpital ; ce n'est rien. Mais la balle qui frappe le conservateur, tue ses projets de mandats fictifs et de virements de fonds ; elle brise ses espérances de soupers fins, de bals costumés, de sauteries intimes ; elle l'enlève aux filles qu'il entretient et fracasse les pâtés de foie gras qu'il espérait manger chez le monarque. C'est un désastre.

Le conservateur ne veut pas servir dans l'armée nationale ; il veut passer la jambe à la loi militaire, et l'escamoter comme Robert-Houdin fait pour la muscade. Il voudrait faire croire qu'il a des principes, où il n'a que des intérêts.

Voilà ce que Trochu appelait organiser ; et toujours sous ce bon prétexte, à part quelques petits engagements d'artillerie et quelques expéditions de minime importance, on ne faisait rien, absolument rien que vivre dans l'attente, et dans un semblant de réorganisation; et pendant ce temps Paris était enveloppé d'une ceinture de feu ; la cité s'endormait et se réveillait au bruit du canon.

Paris espérait encore, mais il n'espérait plus qu'en lui, car en lui seul il avait confiance ; il sentait que ceux qui étaient chargés de le défendre le trahissaient.

Tout le mois de novembre se passa donc en préparatifs de réorganisation. Enfin, après la victoire de Coulmiers, les 28-29 novembre, on tente une sortie; toute l'armée se met en mouvement; mais les ponts de bateaux qui devaient être jetés sur la Marne, n'étaient pas prêts. Toujours les mêmes fautes de la part des chefs supérieurs.

Aussi, le 30, l'ennemi prévenu était sur ses gardes, et après un combat meurtrier et inutile, l'armée repassa la Marne.

On usait l'énergie des soldats, on les décourageait en les contraignant à demeurer pendant de longues et mortelles journées dans des campements boueux, ouverts à tous les vents, par des froids inusités ; on les énervait en les tenant constamment dans une perpétuelle et stérile attente.

Du 1er au 20 décembre, le temps fut employé à une nouvelle réorganisation de l'armée.

Enfin, le 21, elle se remet de nouveau en mouvement ; l'ouverture des portes avertit comme d'habitude les allemands qu'on va les attaquer. Le Bourget est encore une fois le but de cette attaque. Sous le prétexte qu'il faisait de la brume, les chefs font sonner la retraite, et l'armée rentre à Paris à la tombée de la nuit.

Ces deux combats inutiles, grâce à la mollesse des chefs, qui du reste avaient un parti pris de ne pas agir, n'eurent pour résultat que de mettre en lumière la ferme attitude et la mâle énergie de ces gardes nationaux que les troupiers appelaient dédaigneusement les *à outrance* ou les *trente sous ;* les officiers de l'armée régulière, pour la plupart, n'ignoraient pas qu'il fallait que Paris se rendit, et en haine de la garde nationale, qui voulait à tout prix continuer la lutte, il n'y avait pas d'injures et de calomnies qu'ils ne lui prodiguassent pour semer la discorde entre elle et la troupe, et déterminer plus tard une collision.

Voici ce qu'écrivait à ce sujet dans l'*Evénement* un officier distingué employé à la défense de Paris ; cette lettre confirme tout ce que j'ai avancé touchant la détestable influence exercée sur l'armée par les états-majors :

J'avais pris la résolution de ne m'occuper que de mon service, et de faire céder toutes les préoccupations politiques devant l'intérêt capital de l'anéantissement des Prussiens. Mais le temps presse et tous les citoyens vraiment patriotes doivent pousser le cri d'alarme. Je le pousse à mon tour et me décide à vous adresser quelques observations, dont vous pourrez profiter à l'occasion, et dont vous pourrez faire profiter vos nombreux lecteurs.

Aujourd'hui, je me bornerai à appeler votre attention sur la démoralisation de l'armée et de la mobile, et dont il faut les tirer à tout prix. Dans un numéro de votre journal, j'ai lu que les soldats avaient crié : *Vive la paix !* Mais tout un régiment, avec l'encouragement tacite de son colonel, a crié : *A bas la République !* Nos soldats sont devenus lâches, et un mobile m'en donnait hier naïvement la raison : *Nous sommes commandés*, disait-il, par des hommes riches ou nobles *que le colonel avait choisis au pays et qui ne savent rien. On nous les a fait renommer ici, et nous l'avons fait, n'étant pas capables de distinguer ceux qui valent le mieux.*

Oui, le grand mal vient des chefs, surtout des généraux et des colonels, qui, pour la plupart, détestent la République, parce qu'ils prévoient qu'avec elle les armées permanentes ne subsisteront pas. De plus, ces colonels de mobiles nommés chefs de bataillon par Palikao sont presque tous des réactionnaires, qui aimeraient mieux voir la France mutilée que la France républicaine. Et, pour fixer votre attention là-dessus, je vais, en peu de mots, vous faire l'historique des mobiles du Tarn.

Au commencement de la guerre, ce même député véreux, baron Reille, prévoyant que tout celà pourrait tourner mal pour l'Empire, et après avoir servi depuis le 19 Janvier, d'aide de camp à Emile Ollivier, jugea prudent de prendre ses précautions. Il se fit nommer, par Palikao, chef de bataillon des mobiles de notre arrondissement. Ça ne lui suffit pas ; son frère étant aide de camp de l'Empereur, eut le soin, avant de faire l'office d'entremetteur de la capitulation de Sedan, de le faire passer lieutenant-colonel et de le mettre à la tête de tous les mobiles du département. C'est ainsi que le 15 septembre il fit entrer dans Paris 3,000 jeunes gens, la fleur de nos contrées, et qui sous un autre chef auraient accompli des prodiges. Il leur défend, bien entendu, de crier : Vive la République ! d'en porter les médailles, etc., etc... Il leur répète que la défense de Paris est une illusion, et qu'après un court séjour dans la capitale ils rentreront chez eux. Ensuite, comme il retrouve aux ministères, à l'état-major, partout enfin, ses anciens amis, il se fait nommer colonel et octroyer le commandement d'une brigade. Il s'arrange également pour n'avoir jamais à conduire ses soldats au feu, et à Champigny il est naturellement dans la réserve. Aussi n'a-t-il qu'à commander la retraite, sans avoir eu la peine de marcher en avant, et est-il fait officier de la Légion d'honneur pour sa belle conduite à Noisy-le-Grand, où il *n'est jamais entré.*

Lors de son mariage, sa femme, petite-fille du maréchal Soult, avait obtenu, pour orner sa corbeille, la croix de chevalier pour son fiancé. Voilà exactement les faits. N'ayant eu aucun soldat tué ou blessé, il n'y eut, bien entendu, de récompensé dans son régiment du Tarn, que lui et un de ses chefs de bataillon qu'il protége.

*Ab uno disce omnes*, serais-je tenté de dire,

*Eh bien, Monsieur*, premier point, point capital. Tant qu'ils seront commandés par des intrigants pareils, dont l'unique préoccupation est de se faire administrer des croix et des grades, nos soldats ne croiront pas au succès ; ils ne seront pas enflammés par le patriotisme ; aux premières difficultés leurs armes leur tomberont des mains. Voilà une observation sur laquelle je vous invite à réfléchir.

Mais les chefs eurent beau dire et beau faire, les soldats virent que l'artillerie de la garde nationale et les gardes nationaux supportaient en vieux soldats l'épreuve des pluies de fer où on les envoyait de préférence.

Le contre-amiral Pothuau, le général de Beaufort, le vice-amiral Saisset, dans leurs rapports au gouverneur de Paris, constatent comme d'un même accord, « *le bon esprit, la fermeté de caractère, le sang-froid, la solidité et la discipline* » de ces combattants improvisés, marchant comme les plus vieilles troupes.

L'armée rendit tellement justice à ces nouveaux frères d'armes, et l'union entre eux devint telle, que plus tard elle refusa de se servir de ses armes contre la garde nationale.

Ainsi finit l'année 1870 : Paris plongé dans les ténèbres, sans lumière, sans pain, hérissé de baïonnettes et entouré de hordes teutoniques.

---

## XIV

### BOMBARDEMENT DE PARIS.— MONTRETOUT. — BUZENVAL. MANIFESTATION DU 22 JANVIER. — LA CAPITULATION

Au milieu de ses souffrances, de ses déceptions, de ses douleurs, la population parisienne n'oublie pas les paroles de Gambetta : « La guerre que nous soutenons est une guerre de ténacité. »

Cramponnée au drapeau de la patrie, elle ne se laisse abattre ni par les retards, ni par les insuccès.

Les batailles livrées ne diffèrent entre elles que par la bravoure croissante des *Outranciers*. Le résultat est toujours le même. Heureusement, commencées le matin, les opérations se poursuivent glorieusement dans la journée, mais le soir interviennent *les forces supérieures* bien connues, et sous lesquelles la hampe de notre drapeau plie toujours vers neuf heures du soir.

Enfin, les Prussiens installés au plateau de Châtillon, si facile à défendre et que l'on avait perdu le 19 septembre, grâce à l'incurie la plus coupable, ayant terminé l'installation de leurs batteries Krupp, le roi Guillaume adressait pieusement à la reine Augusta, cette dépêche :

Versailles, 5 janvier 1871.

Depuis neuf heures a commencé le bombardement des forts du sud de Paris, par une superbe journée d'hiver, sans vent ni neige, mais avec 9 degrés de froid.

GUILLAUME.

Ce n'était pas seulement le bombardement des forts du sud qui commençait, c'était aussi celui de Paris lui-même, ce *temple de la volupté*, cette Babylone moderne, comme l'appelait l'Allemagne.

Mais les Prussiens, qui croyaient terrifier la population par ce nouvel acte de vandalisme, se trompèrent étrangement. Paris, dans un noble élan de fierté, fit un lieu de promenade de toute la rive gauche de la Seine ; et malgré le sang que les obus faisaient couler et les incendies qu'ils allumaient, on se précipitait sur leurs éclats non refroidis, on les vendait même.

Trochu avait eu beau appeler, au début du siége, cette résistance une *héroïque folie* ; ce nouvel attentat aux droits de l'humanité ne fit qu'augmenter l'ardeur de Paris pour le combat. Mais une aveugle haine et une rage de sang s'empara alors de tous en entendant siffler ces milliers de projectiles infâmes, qui s'abattaient sur les hôpitaux et sur les cimetières.

Cette infamie ne fit qu'augmenter l'irritation que l'on avait contre le gouvernement dont on commençait à voir clairement le calcul, l'imbécillité ! Pour mieux saisir ce qui se passait alors dans la masse, on n'a qu'à lire ce réquisitoire que contenait le numéro du *Réveil* du 1er novembre :

Deux longs mois, deux siècles dans les circonstances extrêmes où nous sommes, ont surabondamment prouvé l'incapacité des hommes qui ont pris la direction des affaires publiques.

Ils ont laissé la France aux mains des bonapartistes. Les maires, les commissaires, tous les honteux magistrats qui sous l'Empire égaraieut et enchaînaient les populations, sont restés en possession de leurs pouvoirs. Ce qui devait arriver a eu lieu. Empoisonnée par les mêmes influences, garrottée des mêmes liens, la province ne s'est pas soulevée. Le prussien insolent la dévore en la raillant ; Strasbourg n'a pas été secouru ; Metz n'a pas été secouru ; tandis qu'on envoyait de vieux serviteurs des cours mendier la pitié des rois, on contenait l'élan de Paris ; on versait de l'eau au lieu de feu, des larmes au lieu de sang.

On a conservé les pourritures monarchiques ; on a paralysé toutes les forces vives, l'initiative des citoyens ; leurs efforts, en faveur d'une énergique résistance, ont été opiniâtrément entravés.

Ces mêmes comités militaires, cette intendance, qui ont eu une si grande part dans nos premiers désastres, ont pu travailler sans relâche contre la défense de Paris.

Aujourd'hui, comme hier, nos soldats sont décimés, affamés, conduits à l'ennemi par petites bandes et sans artillerie.

Il fallait des canons et des fusils. A peine si l'on commence sous la contrainte du cri public à fondre des canons, et l'on oublie dans les magasins et dans les gares ceux qu'on possède, et l'on enterre ceux qui seraient les plus redoutables à l'ennemi.

Imbécillité ? Trahison ? Il n'importe. Le résultat est le même.

L'épreuve enfin est-elle suffisante ? A-t-on assez attendu ? Tous ici, dans cette formidable épreuve, nous en sommes pour notre vie, pour nos intérêts les plus chers. Il ne s'agit plus de calme, de convenance et de longanimité, vertus bonnes pour des temps paisibles.

..... Que ces honnêtes gens rentrent dans la vie privée, laissant à de plus jeunes, à de plus énergiques, à de plus convaincus, une tâche qui dépasse leurs forces.

Désormais, l'initiative seule du courage, du désespoir, du patriotisme et de la science peut sauver la France et Paris. Que les hommes de cœur se lèvent ; que tous courent à l'ennemi ! Les femmes, les vieillards, les enfants eux-mêmes resteront à la garde des remparts, et nous retrouverons tous la grande âme révolutionnaire qui sut vaincre encore.

Nous adjurons toutes les femmes qui aiment leur patrie à s'unir à nous et à user de leur influence pour susciter autour d'elles l'énergie de tous les citoyens.

Le 6 janvier, une affiche rouge, collée sur les murs, dit ce que tout le monde pense :

AU PEUPLE DE PARIS !

*Les Délégués des vingt arrondissements de Paris.*

Le gouvernement qui, le 4 septembre, s'est chargé de la défense nationale a-t-il rempli sa mission ? Non !

Nous sommes 500,000 combattants, et 200,000 prussiens nous étreignent ! A qui la responsabilité, sinon à ceux qui nous gouvernent ? Ils n'ont pensé qu'à négocier, au lieu de fondre des canons et de fabriquer des armes.

Ils se sont refusés à la levée en masse.

Ils ont laissé en place les bonapartistes et mis en prison les républicains.

Ils ne se sont décidés à agir enfin contre les Prussiens qu'après deux mois, au lendemain du 31 octobre.

Par leur lenteur, leur indécision, leur inertie, ils nous ont conduits jusqu'au bord de l'abîme ; ils n'ont su ni administrer, ni combattre, alors qu'ils avaient sous la main toutes les ressources, les denrées et les hommes.

Ils n'ont pas su comprendre que, dans une ville assiégée, tout ce qui soutient la lutte pour sauver la patrie, possède un droit égal à recevoir d'elle la subsistance ; ils n'ont su rien prévoir : là où pouvait exister l'abondance, ils ont fait la misère ; on meurt de froid, déjà presque de faim ; les femmes souffrent ; les enfants languissent et succombent.

La direction militaire est plus déplorable encore : sorties sans but ; luttes meurtrières sans résultat ; insuccès répétés qui pouvaient décourager les plus braves ; Paris bombardé. Le gouvernement a donné sa mesure, il nous tue.

Le salut de Paris exige une décision rapide. Le gouvernement ne répond que par la menace aux reproches de l'opinion. Il déclare qu'il maintiendra l'ordre, comme Bonaparte avant Sedan.

Si les hommes de l'Hôtel-de-Ville ont encore quelque patriotisme, leur devoir est de se retirer, de laisser le peuple de Paris prendre lui-même le soin de sa délivrance.

La municipalité ou la Commune, de quelque nom qu'on l'appelle, est l'unique salut du peuple, un seul recours contre la mort.

Toute adjonction ou immixtion au pouvoir actuel ne serait rien qu'un replâtrage perpétuant les mêmes errements, les mêmes désastres. Or, la perpétuation de ce régime, c'est la capitulation, et Metz et Rouen nous apprennent que la capitulation n'est pas seulement encore et toujours la famine, mais la ruine de tous, la ruine et la honte ! C'est l'armée et la garde nationale transportées prisonnières en Allemagne, et défilant dans les villes sous les insultes de l'étranger ; le commerce détruit ; l'industrie morte, les contributions de guerre écrasant Paris ; voilà ce que nous prépare l'impéritie ou la trahison.

Le grand peuple de 89, qui détruit les Bastilles et renverse les trônes, attendra-t-il, dans un désespoir inerte, que le froid et la famine aient glacé dans son cœur, dont l'ennemi compte les battements, sa dernière goutte de sang ? Non !

La population de Paris ne voudra jamais accepter ces misères et cette honte. Elle sait qu'il en est temps encore, que des mesures décisives permettront aux travailleurs de vivre, à tous de combatre.

Réquisitionnement général. — Rationnement gratuit. — Attaque en masse.

La politique, la stratégie, l'administration du 4 septembre, continuées de l'Empire, sont jugées.

Place au peuple ! place à la Commune !

Les Délégués, etc.

Delescluze, d'autre part, faisait, dans une réunion des maires, la récapitulation des fautes de la défense de Paris, et il concluait, en demandant, au nom du salut de la patrie, *l'adoption immédiate et sans réserves* des mesures ci-après :

« Démission des généraux Trochu, Clément Thomas et Le Flô ;

« Renouvellement des comités de la guerre et rajeunissement des états-majors ;

« Renvoi au conseil de guerre des généraux et officiers de tout grade qui prêchent le découragement dans l'armée ;

« Mobilisation successive de la garde nationale parisienne ;

« Institution d'un conseil suprême de défense où l'élément civil ne soit plus subalternisé à l'élément militaire ;

« Intervention directe et permanente de Paris dans la question de ses propres affaires, si intimement liées aux intérêts de la défense;

« Enfin, adoption *de toute mesure de salut public,* soit pour assurer l'alimentation de Paris, soit pour adoucir les cruelles souffrances imposées à la population de Paris par l'état de siége, et aussi par la regrettable incurie du pouvoir. »

Ces symptômes courroucés dénotaient une lourde et implacable colère, un mécontentement général, une violence décidée à la lutte ouverte.

Réduit à ce pain rare, gluant et malsain qu'on rationnait, affaibli physiquement, malade et pauvre, condamné au froid, acculé à la misère suprême, Paris gardait sa bonne humeur, sa foi en lui-même. On tuait les enfants, les vieillards, les femmes; peu importait. Paris demeurait inaccessible à la moindre crainte; il voulait combattre, vaincre ou mourir.

Mais les bruits de trahison s'accentuaient de plus en plus; on épiait, on suivait Trochu, on le pressait; il fallait combattre. On avait beau repousser les sacrifices volontaires, les expédients civils, rien ne décourageait cette population déterminée à tout.

Aussi, il avait beau faire, Trochu sentit qu'il fallait agir, car cette fois sa vie en dépendait. Il commençait à voir qu'il n'avait aucune merci à attendre de la population. Pour parer sa trahison, lors même que dans les conseils du gouvernement on l'aiguillonnait pour le décider à agir vigoureusement, à sortir en masse par trois ou quatre côtés à la fois, avec 400,000 ou 500,000 hommes, ne laissant dans Paris que les invalides, bien suffisants pour le garder, il répondait : « *Mais ce sera un massacre, ce sera un immense excidium* », et il s'ensuivait que les femmes, les enfants mouraient de faim ou périssaient éventrés par les obus Krupp, pour que les hommes ne tombassent pas sous la balle.

O Dieu! un pareil massacre! Trochu n'aurait plus pu dormir! Avant d'être soldat, il était chrétien. O étrange religion! Enfantée par le révérend père Loriquet, jésuite, son œuvre a fructifié et a produit cette belle race qui est éclose de 1815 à 1820.

Vendu, sa religion était son masque; son éloquence et sa phraséologie, l'art de déguiser ses actes.

Un jour vint où les indécis de l'Hôtel-de-Ville retrouvèrent la certitude; un jour vint où, s'étant interrogés, ils se répondirent qu'il n'y avait plus de pain, et que Paris devait se rendre.

Ils se retrouvaient dans la situation du 4 septembre ; il y allait de leur salut privé.

Les gardes nationaux, depuis plus de quatre mois, demandaient à se battre. Que diraient-ils, lorsqu'ils se verraient prisonniers de guerre, sans s'être battus ?

Pressés, acculés, et pour que ces mêmes gardes nationaux n'eussent pas le droit de se plaindre, on les envoya contre les lignes prussiennes à Buzenval et à Montretout. A dix heures du matin nous étions victorieux ; Montretout et toutes ses crêtes étaient occupées par nos troupes. La route de Versailles était ouverte. Mais, hélas ! le courage des soldats ne suffit point. Un retard de deux heures empêcha Ducrot, ce général vivant et vaincu, de soutenir l'action de Bellemare, sur la Bergerie. La garde nationale, donnant l'exemple, s'empare des hauteurs de Buzenval, où tombe Rochebrune, un de ses meilleurs chefs ; mais abandonnée, sans artillerie, elle entend le soir la retraite sonner et rentre dans Paris, ainsi que les fortes réserves qui étaient au repos depuis midi.

Trois mille français payèrent de leur vie l'armistice que MM. Trochu et Jules Favre étaient décidés à signer depuis la veille. Ce ne fut pas, comme on l'a dit, la bataille du désespoir des citoyens, mais bien la bataille de l'espoir qu'avait le gouvernement de pouvoir enfin traiter sans être renversé par les citoyens.

M. de Bismarck lui-même a rendu justice à la valeur de nos gardes nationaux quand il a dit à M. Jules Favre : « Ce sont des combattants très braves, très crânes. »

Pendant ce temps, 300,000 hommes restaient inutiles, l'arme au pied dans Paris, et les Prussiens détachaient toute une armée du siége de Paris pour courir au secours de Von Gœben que Faidherbe tenait en échec près de St-Quentin, et cette armée, arrivant vers le soir à fond de train, forçait le général à reculer et à battre en retraite vers nos places fortes du Nord, *après cinq jours de lutte et la victoire de Bapaume.*

Ainsi, la journée du 19 janvier, qui aurait pu se marquer par une victoire, grâce à l'impéritie et au mauvais vouloir de nos gouvernants se marquait comme les autres par un échec.

Vers quatre heures, dit le rapport officiel, les Prussiens ont fait arriver des réserves considérables d'infanterie et d'artillerie ; mais c'était là un fait, surtout d'après tous les précédents connus, qui devait être prévu, et auquel on ne peut comprendre qu'on n'ait pas opposé les immenses réserves massées en arrière des lignes d'attaque. Et que faisait-on des 300,000 ou 350,000 hommes qui restaient inutiles dans Paris ? Rien ! *Nihil de Nihilo !*

Les bulletins de l'état-major, qui semblent être soumissionnés par l'entreprise des pompes funèbres, sont cette fois radicalement insuffisants ; la tenue de toutes les troupes engagées a été telle que, de l'aveu général, on ne peut attribuer à des faiblesses même passagères des soldats l'insuccès final de la journée. Il fallait donc de toute nécessité que l'on fût éclairé sur les causes de notre mouvement en arrière.

Trochu, quoique l'heure de la trahison finale fût proche, ne pouvait pourtant pas dire qu'il avait promis de rendre Paris ?

Seveste, jeune comédien du Théâtre-Français, lieutenant dans les carabiniers parisiens, recevait une balle dans la cuisse, et comme on l'apportait tout sanglant, enveloppé de linges, à l'ambulance de la Comédie-Française : « Je viens, dit-il, jouer une fois encore la dernière scène des fourberies de Scapin. » On l'amputa et Seveste mourut décoré sur son lit d'agonie.

On voit par là, combien alors tout le monde y voyait clair.

Mais ce nouvel échec, dû au mauvais vouloir flagrant des chefs, loin de diminuer les courages ou d'affaiblir la confiance, ne fit que faire éclater les haines qui couvaient ; et l'esprit public se retrouva debout, ferme, bravant la trahison, et prêt à tout entreprendre et à tout subir.

Le triste résultat de l'affaire du 19 janvier, montra à Paris la dure vérité dans toute sa profondeur. Toutes les fautes, toutes les incuries, tous les mauvais vouloirs du gouvernement de la défense apparurent à la lueur de la dernière canonnade, et se résumèrent dans un nom à jamais funèbre : *Buzenval.*

Le réveil fut terrible. Quoi ! c'était encore pour en venir là qu'on avait supporté tant de douleurs ! Paris souffrait tant, qu'il se laissait aller à ne plus même écouter le bruit des obus qui tombaient dans les rues, sur ses maisons et sur ses édifices.

Aussi la colère fit place à la résignation, et on sentit courir dans l'air cette électricité qui annonce les orages populaires.

Le mot *Commune,* qui signifiait pour la masse *revanche, direction meilleure,* et *le militarisme soumis à l'autorité civile,* revint sur les lèvres de tous.

L'*Alliance républicaine* et l'*Union républicaine* adressaient au peuple de Paris cette proclamation :

Les revers continus de l'armée de Paris, le défaut de mesures décisives, l'action mal dirigée sccédant à l'inertie, un rationnement insuffisant, tout semble calculé pour lasser la patience.

Et cependant le peuple veut combattre et vaincre.

S'y opposer serait provoquer la guerre civile, que les républicains entendent éviter.

En face de l'ennemi, devant le danger de la patrie, Paris assiégé, isolé, devient l'unique arbitre de son sort.

A Paris de choisir les citoyens qui dirigeront à la fois son administration et sa défense.

A Paris de les élire, non par voie plébiscitaire ou tumultuaire, mais par scrutin régulier.

L'*Alliance républicaine* s'adresse à l'ensemble des citoyens :

Invoque le péril public ;

Demande que dans les quarante-huit heures les électeurs de Paris soient convoqués afin de nommer une assemblée souveraine de deux cents représentants élus proportionnellement à la population ;

Demande encore que le citoyen Dorian constitue la commission chargée de faire les élections.

*Vive la République une et indivisible !*

Trochu qui, le 19 au soir, s'était refugié au mont Valérien, craignant avec raison la première indignation de la garde nationale s'il rentrait dans Paris, résiliait son titre et ses fonctions de gouverneur de Paris. Pour ne pas capituler, il désertait. Jésuite, il demeurait ainsi fidèle à sa parole :

« *Le gouverneur de Paris ne capitulera pas.* »

Le 21 janvier, le général Vinoy était nommé commandant en chef, et Trochu conservait la présidence du gouvernement.

Le général Vinoy accepta cette responsabilité, quoiqu'il sût bien que tout était fini ; mais, *sénateur* de l'empire, ne comprenait-il pas que le moment était venu pour lui de travailler pour son ancien maître ? Sa proclamation à l'armée de Paris, du reste, trahit ses secrètes espérances :

Le gouvernement de la défense nationale vient de me placer à votre tête ; il fait appel à votre patriotisme et à mon dévouement ; je n'ai pas le droit de m'y soustraire. C'est une charge bien lourde ; je n'en veux accepter que le péril, et il ne faut pas se faire d'illusions.

Après un siége de plus de quatre mois, glorieusement soutenu par l'armée et par la garde nationale, virilement supporté par la population de Paris, nous voici arrivés au moment critique.

Refuser le dangereux honneur du commandement dans une semblable circonstance, serait ne pas répondre à la confiance qu'on a mise en moi. Je suis soldat, et ne sais pas reculer devant les dangers que peut entraîner cette grande responsabilité.

A l'intérieur, le parti du désordre s'agite, et cependant le canon gronde ; je veux être soldat jusqu'au bout; j'accepte ce danger, bien convaincu que le concours des bons citoyens, celui de l'armée et de la garde nationale, ne me feront pas défaut pour le maintien de l'ordre et le salut commun.

Général VINOY.

Sur ces entrefaites, Mazas, surpris par une troupe armée, ouvrait ses portes à Flourens et aux autres détenus politiques du 31 octobre.

Ce commencement d'insurrection à main armée révélait une grande fermentation dans les esprits. On sentait partout cette effervescence qui précède les cataclysmes politiques.

L'incapacité et l'imprévoyance qu'avaient montrées les chefs depuis les débuts du siége, les divisions du gouvernemeut parisien, étaient autant de signes avant-coureurs des évènements qui allaient s'accomplir.

Le matin, comme une proclamation dans laquelle Clément Thomas déclarait *qu'il était temps* de réprimer le *désordre* allait être affichée, sur un contre-ordre venu de l'Elysée, le général y substitua celle-ci qui ne fut affichée que le 22, vers midi :

A LA GARDE NATIONALE.

Cette nuit, une poignée d'agitateurs a forcé la prison de Mazas et délivré plusieurs prévenus, parmi lesquels M. Flourens.

Ces mêmes hommes ont tenté d'occuper la mairie du vingtième arrondissement et d'y installer l'insurrection.

Votre commandant en chef compte sur votre patriotisme pour réprimer cette coupable sédition.

Il y va du salut de la cité.

Tandis que l'ennemi la bombarde, les factieux s'unissent à lui pour anéantir la défense.

Au nom du salut commun, au nom des lois, au nom du devoir sacré qui nous ordonne de nous unir tous pour défendre Paris, soyons prêts à en finir avec cette criminelle entreprise.

Qu'au premier appel, la garde nationale se lève tout entière, et les perturbateurs seront frappés d'impuissance.

*Le commandant supérieur des gardes nationales,*

CLÉMENT THOMAS.

Paris, le 22 janvier 1871.

Mais pendant que ces faits se passaient, les chefs de la commune s'organisaient et se donnaient rendez-vous le lendemain 22 à midi sur la place de l'Hôtel-de-Ville.

Dans la nuit du 21 au 22, le commandant supérieur de Paris télégraphiait aux commandants des secteurs :

« Tout annonce pour demain, dès le matin, une journée grave. Ayez vos hommes prêts de bonne heure, le plus tôt possible, et tenez-les à notre disposition. »

D'autre part, le général Vinoy faisait rentrer dans Paris les bretons du Finistère et disposait ses troupes avenue d'Italie, à Belleville et aux Champs-Elysées. Ainsi, tandis que Paris fermentait, et que la garde nationale poussée à bout par tant de lâcheté et d'incapacité chargeait ses fusils, on faisait prendre position à la troupe dans Paris, et on s'apprêtait à combattre dans les rues : Quoi ! la guerre civile sous le bombardement prussien ! Voilà ce que ce gouvernement inepte voulait pour punir ce Paris superbe, malgré la trahison de ses chefs.

Pour le récit de cette sombre journée, je ne ne crois pouvoir mieux faire que de reproduire les dépêches échangées dans cette journée.

*Télégramme.*

Pour Paris.— De Paris G. N.. N. 3906.

Dépôt le 22 janvier, à 3 h. 25 du matin.

COMMANDANT SUPÉRIEUR A COMMANDANT DES SECTEURS.

Tout annonce pour demain, dès le matin, une journée grave. Ayez vos hommes prêts de bonne heure, le plus tôt possible, et tenez-les à notre disposition.

*Télégramme.*

Pour Paris.— De gouverneur N. 424.

Dépôt le 22 janvier, à 3 h. 27 du matin.

GOUVERNEUR AU PRÉFET DE POLICE.

Reçu vos dépêches. Nos précautions sont prises.

*Dépêche télégraphique.*

N. 963. — Exp. 8 h. 40 m.

Paris, 22 janvier 1871, 7 h. 40 du matin.

LE GÉNÉRAL VINOY AU GÉNÉRAL BLANCHARD.

Donnez immédiatement l'ordre aux trois bataillons du Finistère de rentrer dans Paris. Un bataillon s'arrêtera avenue d'Italie, à hauteur du secteur ; les deux autres iront s'établir dans les bâtiments neufs de l'Hôtel-Dieu. Ces trois bataillons seront remplacés à la division Maudhuy par trois bataillons de la brigade Martenot. Un officier d'état-major du général Maudhuy accompagnera les bataillons, et viendra rendre compte du mouvement dès qu'il sera terminé.

*Dépêche télégraphique.*

N. 966.— Exp. 9 h. du matin.

Paris, 22 janvier 1871, 8 h. 15 du matin.

GOUVERNEUR AU GÉNERAL D'EXEA.— LILAS.

Fermentation très grande. Faites venir aux Lilas la petite partie de troupes que vous pouvez avoir de disponible, avec une ou deux batteries d'artillerie pour prendre à revers Belleville, s'il y a lieu. Mettez-vous en communication immédiate avec le général Callier, commandant le 2e secteur.

*Dépêche télégraphique.*

N. 964. — Exp. 8 h. 48 du matin.

LE GÉNÉRAL VINOY AU GÉNÉRAL COURTY. — Quai Impérial, 42 (Puteaux).

Faites prendre immédiatement les armes à votre division, et rentrez à Paris avec votre artillerie et votre division. Vous vous établirez aux Champs-Elysées, aux environs du palais de l'Industrie, et vous y attendrez des ordres. Envoyez-moi un officier pour me prévenir, aussitôt que le mouvement sera terminé.

GARDE RÉPUBLICAINE.

Extrait du rapport général du 21 au 22 janvier 1871.

*Evènements.*

La garde républicaine, infanterie et cavalerie, a été tenue sous les armes, de onze heures du soir à une heure du matin, et de deux heures et demie à cinq heures et demie dans les casernes, prête à marcher à la première réquisition de M. le préfet de police. Depuis cinq heures et demie du matin, une compagnie de piquet par caserne est restée sous les armes.

. . . . . . . . . . . . . . . . . . . . . . . . . . . . . . . . . . . . . . . . . . . . . . . . . . . . . . . . . . . . . . .

NOTA.— Il existe de forts piquets dans les casernes, prêts à marcher. De plus, les postes d'infanterie ont tous été doublés.

Paris, 22 janvier 1871.

*Le Colonel commandant la garde républicaine,*

(Signature du Colonel).

*A M. le Préfet de police.*

POLICE MUNICIPALE.

Service de M. Brissaud, officier de paix. — Cabinet. — 1er Bureau. — Surveillance générale.

Paris, 22 janvier 1871, 1 h. 40 m.

*Rapport.*

La tentative faite par les gardes nationaux pour s'emparer de l'Hôtel-de-Ville, paraît, quaut à présent, avoir échoué.

Après l'incident dont j'ai rendu compte, des gardes mobiles ont paru aux fenêtres du palais, braquant leurs fusils sur la place. Aussitôt gardes nationaux et curieux se sont enfuis de tous les côtés.

La place est à peu près vide, mais les rues voisines sont encombrées.

VU : (un simple paraphe).

*L'Officier de paix,*

Signé : BRISSAUD.

*Dépêche télégraphique.* — N° 992.

Hôtel-de-Ville, 22 janvier 1871, 1 h. 55 du soir.

CAMBON A JULES FERRY.

Il y a eu tentative de surprise. Elle a échoué. Les portes sont fermées. Les mobiles occupent les issues. Chaudey reçoit en ce moment une députation conduite par Tony Révillon. Je crois que la vue de nos préparatifs a impressionné les délégués. La place est à peu près vide. On s'est réfugié dans les rues avoisinantes. J'ai défendu qu'un seul mobile se montrât. Reste devant la grille environ 300 personnes armées ou non. Un bataillon, après avoir parcouru la place, s'est massé du côté de l'Hôtel-de-Ville. On m'a assuré que Flourens était là ; je vais faire vérifier.

*Dépêche télégraphique.*— N° 999.

Police, le 22 janvier 1871, 2 h. 15 du soir.

PRÉFET DE POLICE AU MINISTRE DE L'INTÉRIEUR ET AU GOUVERNEUR.

Agitation continue à l'Hôtel-de-Ville. Des hommes armés rue de Rivoli. Rien de sérieux, mais ne pas laisser grandir l'émeute organisée par des insensés. On battrait la générale aux Batignolles, avec l'adjoint Malou, pour directeur du mouvement.

*Dépêche télégraphique.*

Paris, le 22 janvier 1871, 3 h. 20 du soir.

(Accusé de réception).

GÉNÉRAL VINOY A GÉNÉRAL MALROY. — Place Vendôme.

Dirigez de suite deux bataillons de gendarmerie sur la place de l'Hôtel-de-Ville, par la rue de Rivoli, les quais et l'avenue Victoria. Accusez réception.

*Dépêche télégraphique.*

Police, 22 janvier 1871, 2 h. 27 du soir.

PRÉFET DE POLICE A INTÉRIEUR, GOUVERNEUR, GÉNÉRAL DE LA GARDE NATIONALE.

Les groupes de la place de l'Hôtel-de-Ville armés, toujours menaçants et criards. Il ne faut pas attendre les renforts qu'ils espèrent et qu'on cherche.

*Dépêche télégraphique.*

Etat-major Vinoy, 2 h. 28 du soir. N° 6262 — 3 — Porte-Maillot.— 5e Secteur. N° 2443.— Urgence extrême.

Porte-Maillot, Etat-major Vinoy, 22 janvier, 3 h. 25 du soir.

GÉNÉRAL VINOY A GÉNÉRAL COURTY.— Porte-Maillot.

Entrez à Paris avec votre division et votre artillerie, et dirigez-vous sur la place de la Concorde, où vous recevrez des ordres. Faites vite.

Etat-major Vinoy. N. 6263 — 3.— 2 h. 37 m.— Urgence extrême.

GÉNÉRAL VINOY A GÉNÉRAL BERTIN. — Rue Louis-le-Grand.

Faites monter à cheval la garde républicaine et la gendarmerie, et rendez-vous avec cette cavalerie sur la place de la Concorde, où vous attendrez des ordres.

*Dépêche télégraphique.*— N° 1006.

Hôtel-de-Ville, 22 janvier 1871, 2 h. 50 du soir.

CAMBON A JULES FERRY.

Robinet arrive et me dit que vous ne prenez pas la manifestation au sérieux.

Il y a beaucoup de monde et très hostile.

Une seconde députation, reçue par Chaudey, sort et harangue la foule. Un groupe de 3000 personnes compactes est au milieu de la place. C'est beaucoup plus sérieux que vous ne croyez.

Chaudey consent à rester là ; mais prenez des mesures le plus tôt possible pour balayer la place.

Je vous transmets, du reste, l'avis de Chaudey.

*Dépêche télégraphique.*— N. 1008.

Hôtel-de-Ville, le 22 janvier 1871, 2 h. 57 du soir.

CAMBON A JULES FERRY.

Une compagnie de marche du 207e bataillon se range devant la porte en criant : Vive la Commune. Ils... Coups de fusils sur la place, j'interromps dépêche. ..

On tire sur la foule, sur la place.

Ils... grand guidon rouge, et sont acclamés par les individus bruyants de la foule.

Le feu continue.

Pour Paris de Paris.— N. 4101.

Dépôt le 22 janvier 1871, à 4 h. 52 du soir.

MAIRE DE PARIS AUX COMMANDANTS DES NEUF SECTEURS.

Quelques gardes nationaux factieux, appartenant au 101e de marche, ont tenté de prendre l'Hôtel-de-Ville. Ils ont tiré sur les officiers et blessé grièvement un adjudant-major de la garde mobile. La troupe a riposté.

L'Hôtel-de-Ville a été fusillé des fenêtres des maisons qui lui font face de l'autre côté de la place et qui étaient d'avance occupées. On a lancé sur nous des bombes et tiré des balles explosibles.

L'agression a été la plus lâche et la plus odieuse. D'abord, au début, puisqu'on a tiré plus de cent coups de fusil sur le colonel et ses officiers au moment où ils congédiaient une députation admise un instant avant dans l'Hôtel-de-Ville. Non moins lâche ensuite, quand, après la première décharge, la place étant vidée, et le feu ayant cessé de notre part, nous fûmes canardés des fenêtres en face.

Dites bien ces choses aux gardes nationaux, et tenez-moi au courant.

Ici tout est rentré dans l'ordre. La garde républicaine et la garde nationale occupent la place et les abords.

Voici les résultats de l'enquête ordonnée par la commune et qui donnent un démenti formel aux allégations de cette dernière dépêche :

SÉDITION DU 22 JANVIER 1871.

*Audition des témoins des faits relatifs à ce mouvement.*

Analyse sur l'enquête faite par M. Bellanger, commissaire de police des délégations judiciaires.

CALMELS (Edouard, représentant de commerce, chez son père, avocat, quai de Gesvres, nº 2 :

Il était chez lui pendant l'insurrection. Des balles ont été tirées sur les fenêtres..... Aucun insurgé n'était monté dans les maisons.

Dame GRIVAL, concierge, quai de Gesvres, nº 2 :

On n'a pas tiré de la maison..... Un individu, un insurgé, a voulu y entrer. Elle s'y est refusée.

Madame CHAMBERTIN, concierge, avenue Victoria, nº 2 :

On n'est pas entré dans la maison, dont les étages supérieurs étaient gardés par des mobiles.

Maintenant la note de la fin :

N. 113700. — Note.

Un de mes officiers de la caserne Lobau m'apprend que M. le général Vinoy vient de former une cour martiale, à l'Hôtel-de-Ville, chargée de statuer sur le sort des prisonniers faits pendant la dernière émeute.

N'y aurait-il pas lieu de déférer à ladite cour martiale les prisonniers actuellement en dépôt à la Conciergerie?

(*Signature du Colonel*).

En marge de cette note, et en surcharge, on lit : « Ecrit au colonel. M. le Préfet est d'avis de traduire les insurgés pris les armes à la main. »

L'affaire du 22 janvier produisit sur la population un effet déplorable ; et si on blâma la violence des assaillants, on fut irrité de voir ce gouvernement déployer tout-à-coup une énergie si tardive. Il est vrai que c'était contre des français.

De là ces haines qui n'allèrent qu'en augmentant ; mais malgré cela, Paris, demeurait calme ; le 26 janvier, à minuit, le feu cessa de part et d'autre. Paris, attristé, envisagea froidement, mais avec une sombre colère, la mort de ses espérances, l'œil fixé sur les événements qni se préparaient.

Le 28 janvier, au matin, la proclamation suivante, publiée par l'*Officiel*, était affichée sur tous les murs de Paris :

CITOYENS,

La convention qui met fin à la résistance de Paris n'est pas encore signée, mais ce n'est qu'un retard de quelques heures.

Les bases en demeurent fixées telles que nous les avons annoncées hier.

L'ennemi n'entrera pas dans l'enceinte de Paris.

La garde nationale conservera son organisation et ses armes.

Une division de douze mille hommes demeure intacte ; quant aux autres troupes, elles resteront dans Paris, au milieu de nous, au lieu d'être, comme on l'avait d'abord proposé, cantonnées dans la banlieue. Les officiers garderont leur épée.

Nous publierons les articles de la convention aussitôt que les signatures auront été échangées, et nous ferons en même temps connaître l'état exact de nos subsistances.

Paris peut être sûr que la résistance a duré jusqu'aux dernières limites du possible. Les chiffres que nous donnerons en seront la preuve irréfragable, et nous mettons qui que ce soit au défi de les contester.

Nous montrerons qu'il nous reste tout juste assez de pain pour attendre le ravitaillement, et que nous ne pouvions prolonger la lutte sans condamner à une mort certaine deux millions d'hommes, de femmes et d'enfants.

Le siége de Paris a duré quatre mois et douze jours; le bombardement un mois entier. Depuis le 15 janvier, la ration de pain est réduite à 300 grammes; la ration de viande de cheval, depuis le 15 décembre, n'est que de 30 grammes. La mortalité a plus que triplé. Au milieu de tant de désastres, il n'y a pas eu un seul jour de découragement.

L'ennemi est le premier à rendre hommage à l'énergie morale et au courage dont la population parisienne tout entière vient de donner l'exemple. Paris a beaucoup souffert, mais la République profitera de ses longues souffrances, si noblement supportées. Nous sortons de la lutte qui finit, retrempés pour la lutte à venir. Nous en sortons avec tout notre honneur, avec toutes nos espérances, malgré les douleurs de l'heure présente ; plus que jamais nous avons foi dans les destinées de la patrie.

Paris, le 28 janvier 1871.

*Les Membres du Gouvernement.*

Ce manifeste ne donna le change à personne. Mots creux et sonores ! Paris était rendu sans combat ! Enfin, au milieu d'une irritation générale et qui donna lieu à quelques agitations et manifestations aussi tristes que grandioses, le 29 janvier, à dix heures du matin, l'aigle noir de Prusse remplaça nos trois couleurs sur tous les forts de la rive droite de la Seine.

Voici maintenant le texte des conventions établies pour arriver à l'armistice.

Entre M. le comte de Bismarck, chancelier de la Confédération germanique, stipulant au nom de S. M. l'empereur d'Allemagne, roi de Prusse, et M. Jules Favre, ministre des affaires étrangères du gouvernement de la défense nationale, munis de pouvoirs réguliers.

Ont été arrêtées les conventions suivantes :

ARTICLE PREMIER.— Un armistice général, sur toute la ligne des opérations militaires en cours d'exécution, entre les armées allemandes et les armées françaises, commencera pour Paris aujourd'hui même, pour les départements dans un délai de trois jours; la durée de l'armistice sera de vingt et un jours, à dater d'aujourd'hui, de manière que, sauf le cas où il serait renouvelé, l'armistice se terminera partout le dix-neuf février, à midi.

Les armées belligérantes conserveront leurs positions respectives qui seront séparées par une ligne de démarcation. Cette ligne partira de Pont-l'Evêque, sur les côtes du département du Calvados, se dirigera sur Lignières, dans le Nord-Est du département de la Mayenne, en passant entre Briouze et Fromentet ; en touchant au département de la Mayenne à Lignières, elle suivra la limite qui sépare ce département de celui de l'Orne et de la Sarthe, jusqu'au Nord de Morannes, et sera continuée de manière à laisser à l'occupation allemande les départements de la Sarthe, de l'Indre-et-Loire, du Loir-et-Cher, du Loiret, de l'Yonne, jusqu'au point où, à l'Est de Quarre-lès-Tombes, se touchent les départements de la Côte-d'Or, de la Nièvre et de l'Yonne. A partir de ce point, le tracé de la ligne sera réservé à une entente qui aura lieu aussitôt que les parties contractantes seront renseignées sur la situation actuelle des opérations militaires en exécution dans les départements de la Côte-d'Or, du Doubs et du Jura. Dans tous les cas, elle traversera le territoire composé de ces trois départements, en laissant à l'occupation allemande les départements situés au Nord ; à l'armée française, ceux situés au midi de ce territoire.

Les départements du Nord et du Pas-de-Calais, les forteresses de Givet et de Langres, avec le terrain qui les entoure à une distance de dix kilomètres, et la péninsule du Havre jusqu'à une ligne à tirer d'Etretat, dans la direction de Saint-Romain, resteront en dehors de l'occupation allemande.

Les deux armées belligérantes et leurs avant-postes, de part et d'autre, se tiendront à une distance de dix kilomètres au moins des lignes tracées pour séparer leurs positions.

Chacune des deux armées se réserve le droit de maintenir son autorité dans le territoire qu'elle occupe, et d'employer les moyens que ses commandants jugeront nécessaires pour arriver à ce but.

L'armistice s'applique également aux forces navales des deux pays, en adoptant le méridien de Dunkerque comme ligne de démarcation, à l'Ouest de laquelle se tiendra la flotte française, et à l'Est de laquelle se retireront, aussitôt qu'ils pourront être avertis, les bâtiments de guerre allemands qui se trouvent dans les eaux occidentales. Les captures qui seraient faites après la conclusion et avant la notification de l'armistice, seront restituées, de même que les prisonniers qui pourraient être faits de part et d'autre, dans l'intervalle indiqué.

Les opérations militaires sur le terrain des départements du Doubs, du Jura et de la Côte-d'Or, ainsi que le siége de Belfort, se continueront indépendamment de l'armistice, jusqu'au moment où on se sera mis d'accord sur la ligne de démarcation dont le tracé à travers les trois départements a été réservé à une entente ultérieure.

ARTICLE 2. — L'armistice ainsi convenu a pour but de permettre au gouvernement de la défense nationale de convoquer une assemblée librement élue qui se prononcera sur la question de savoir : si la guerre doit être continuée ou à quelles conditions la paix doit être faite.

L'Assemblée se réunira dans la ville de Bordeaux.

Toutes les facilités seront données par les commandants des armées allemandes pour l'élection et la réunion des députés qui la composeront.

ARTICLE 3. — Il sera fait immédiatement remise à l'armée allemande de tous les forts formant le périmètre de la défense extérieure de Paris, ainsi que de leur matériel de guerre. Les communes et les maisons situées en dehors de ce périmètre ou entre les forts pourront être occupées par les troupes allemandes, jusqu'à une ligne à tracer par des commissaires militaires. Le terrain restant entre cette ligne et l'enceinte fortifiée de la ville de Paris sera interdit aux forces armées des deux parties. La manière de rendre les forts et le tracé de la ligne mentionnée formeront l'objet d'un protocole à annexer à la présente convention.

ARTICLE 4. — Pendant la durée de l'armistice, l'armée allemande n'entrera pas dans la ville de Paris.

ARTICLE 5. — L'enceinte sera désarmée de ses canons dont les affûts seront transportés dans les forts à désigner par un commissaire de l'armée allemande. (*Dans le protocole, cette condition du transport des affûts dans les forts, a été abandonnée par les commissaires allemands, sur la demande des commissaires français*).

ARTICLE 6. — Les garnisons (armée de ligne, garde mobile et marins) des forts et de Paris seront prisonnières de guerre, sauf une division de douze mille hommes que l'autorité militaire, dans Paris, conservera pour le service intérieur.

Les troupes prisonnières de guerre déposeront leurs armes, qui seront réunies dans des lieux désignés et livrées, suivant règlement par commissaires, suivant l'usage ; ces troupes resteront dans l'intérieur de la ville, dont elles ne pourront pas franchir l'enceinte pendant l'armistice. Les autorités françaises s'engagent à veiller à ce que tout individu appartenant à l'armée et à la garde mobile reste consigné dans l'intérieur de la ville. Les officiers des troupes prisonnières seront désignés par une liste à remettre aux autorités allemandes.

A l'expiration de l'armistice, tous les militaires appartenant à l'armée consignée dans Paris auront à se constituer prisonniers de guerre de l'armée allemande, si la paix n'est pas conclue jusque-là ; les officiers prisonniers conserveront leurs armes.

Article 7. — La garde nationale conservera ses armes ; elle sera chargée de la garde de Paris et du maintien de l'ordre. Il en sera de même de la gendarmerie et des troupes assimilées employées dans le service municipal, telles que garde républicaine, douaniers et pompiers ; la totalité de cette catégorie n'excédera pas trois mille cinq cents hommes.

Tous les corps de francs-tireurs seront dissous par une ordonnance du gouvernement français.

Article 8. — Aussitôt après la signature des présentes et avant la prise de possession des forts, le commandant en chef des armées allemandes donnera toutes facilités aux commissaires que le gouvernement français enverra, tant dans les départements qu'à l'étranger, pour préparer le ravitaillement et faire approcher de la ville les marchandises qui y sont destinées.

Article 9. — Après la remise des forts et après le désarmement de l'enceinte et de la garnison, stipulés dans les articles 5 et 6, le ravitaillement de Paris s'opèrera librement par la circulation sur les voies ferrées et fluviales. Les provisions destinées à ce ravitaillement, ne pourront être puisées dans le terrain occupé par les troupes allemandes, et le gouvernement français s'engage à en faire l'acquisition en dehors de la ligne de démarcation qui entoure les positions des armées allemandes, à moins d'autorisation contraire donnée par les commandants de ces dernières.

Art. 10. — Toute personne qui voudra quitter la ville de Paris devra être munie de permis réguliers, délivrés par l'autorité militaire française, et soumis au visa des avant-postes allemands. Ces permis et visas seront accordés de droit aux candidats à la députation en province et aux députés de l'Assemblée.

La circulation des personnes qui auront obtenu l'autorisation indiquée ne sera admise qu'entre six heures du matin et six heures du soir.

Article 11. — La ville de Paris paiera une contribution municipale de guerre de la somme de *deux cents millions de francs.* Ce payement devra être effectué avant le quinzième jour de l'armistice. Le mode de payement sera déterminé par une commission mixte allemande et française.

Article 12. — Pendant la durée de l'armistice, il ne sera rien distrait des valeurs publiques pouvant servir de gages au recouvrement des contributions de guerre.

Article 13. — L'importation dans Paris, d'armes, de munitions ou de matières servant à leur fabrication, sera interdite pendant la durée de l'armistice.

Article 14. — Il sera procédé immédiatement à l'échange de tous les prisonniers de guerre qui ont été faits par l'armée française depuis le commencement de la guerre. Dans ce but les autorités françaises remettront, dans le plus bref délai, des listes nominatives des prisonniers de guerre allemands aux autorités militaires allemandes à Amiens, au Mans, à Orléans et à Vesoul. La mise en liberté des prisonniers de guerre allemands s'effectuera sur les points les plus rapprochés de la frontière. Les autorités allemandes remettront en échange, sur les mêmes points, et dans le plus bref délai possible, un nombre pareil de prisonniers français de grades correspondants, aux autorités militaires françaises.

L'échange s'étendra aux prisonniers de condition bourgeoise, tels que les capitaines de navires de la marine marchande allemande, et les prisonniers français civils qui ont été internés en Allemagne.

ARTICLE 15. — Un service postal pour des lettres non-cachetées sera organisé entre Paris et les départements, par l'intermédiaire du quartier général de Versailles.

En foi de quoi les soussignés ont revêtu de leurs signatures et de leur sceau les présentes conventions.

Fait à Versailles, le vingt-huit janvier mil huit cent soixante-et-onze.

Signé : JULES FAVRE. — BISMARCK.

Ainsi, Paris si grand, si noble, si imposant, si terrible parfois, leurré, trahi, vendu, était rendu à l'ennemi sans qu'on eût fait ce gigantesque et puissant effort qu'on promettait et qu'on annonçait depuis quatre mois.

Paris a été systématiquement amolli, énervé, découragé par ceux qui étaient chargés de le sauver.

Le même jour, 28 janvier, M. Jules Favre envoyait à la délégation de Bordeaux la dépêche suivante :

*M. Jules Favre, ministre des affaires étrangères, à Délégation de Bordeaux.*

« Nous signons aujourd'hui un traité avec M. le comte de Bismarck.

« Un armistice de vingt et un jours est convenu.

« Une Assemblée est convoquée à Bordeaux pour le 15 février.

« Faites connaître cette nouvelle à toute la France, faites exécuter l'armistice, et convoquez les électeurs pour le 8 février.

« Un membre du gouvernement va partir pour Bordeaux.

JULES FAVRE. »

La convention signée par l'auteur criminel de cette dépêche est l'œuvre la plus infernale et la plus coupable que jamais homme ait osé prendre sous sa responsabilité. Elle a eu pour résultat, non-seulement de livrer Paris aux insultes du vainqueur, mais avec Paris des départements entiers où les Prussiens n'avaient jamais mis le pied, des citadelles encore debout, des positions indispensables à nos armées de province.

Ce n'était pas Paris qui était rendu, c'était la France qui était livrée.

Et, circonstance plus affreuse, cet armistice infâme, par lequel un gouvernement prisonnier avait l'impudeur d'acheter sa liberté d'action, ne prenait même pas le soin d'en faire connaître les conditions à la délégation de province. La première dépêche annonce simplement un armistice de vingt et un jours, sans autre indication, et c'est seulement après avoir acquis la certitude que tous les corps d'armée en avaient reçu avis, qu'il en a avoué l'épouvantable prix.

Aussi, pendant que les armées de l'Est cessaient leurs opérations militaires, M. de Moltke, décidé à les anéantir pour les punir des inquiétudes qu'elles lui avaient causées, détachait ses armées de Paris et les expédiait dans ces contrées. Surpris, acculé dans les montagnes du Jura, ne sachant que croire en voyant Manteuffel continuer les hostilités, et malgré ses réclamations, achever ses mouvements de circonvolutions, le général Clinchant se jeta en Suisse avec toute son armée et son matériel, avant que l'ennemi n'achevât de lui en fermer complètement la route.

C'est là que le 1er février, 85,000 hommes, 1,000 chevaux et 202 pièces de canon trouvèrent un refuge contre la voracité prussienne.

Reçue à bras ouverts, cette malheureuse armée dut son salut à cette noble république helvétique, qui sut mesurer l'étendue de ses sacrifices à celle des devoirs de l'humanité.

Enfin, le 18 février, à midi, le brave colonel Denfert-Rochereau, sur l'ordre formel du gouvernement, remettait au général Treskow, Belfort non vaincu.

Et le 15 mars, le colonel Tessier, remettait à son tour à l'ennemi, la ville de Bitche, que son énergie avait conservée à la France jusqu'au dernier moment.

---

# XV

## LA TRAHISON. — PARIS A ÉTÉ LIVRÉ

Tout effet a une cause.

*Effet* : Guerre.— *Cause* : Maintien d'une dynastie.

*Effet* : Reddition de Metz.— *Cause* : Trahison du bonapartiste Bazaine.

*Effet* : Reddition de Paris — *Cause* : ?.......

La cause de la reddition de Paris doit-elle être attribuée à l'infériorité numérique des assiégés ? — Non. Les Prussiens étaient 200,000 et nous 650,000.

Est-ce à la puissance de leurs canons ou de leurs fusils ? — Non. Les nôtres ont suffi quatre mois à les tenir à distance.

Est-ce à la lâcheté des troupes ? — Non. Elles se sont bien battues et ont toujours enlevé les positions qui leur étaient désignées.

Est-ce à la valeur des troupes prussiennes ? — Non. Elles n'ont seulement pas tenté l'assaut d'un de nos forts, et Paris a pu juger du courage de ces fiers vainqueurs, en les voyant s'arrêter, pâles, tremblants et blêmes, au seuil de la ville ouverte.

Est-ce à la lassitude et au découragement de la population ? — Non. Ce peuple, dont l'ennemi lui-même a reconnu hautement la bravoure, a été, durant le siége, doux et patient. Il a souffert le froid, la faim, avec un courage ferme et digne, que ses ennemis n'ont pu méconnaître, et si, par moment, son émotion s'est violemment manifestée, c'est à la nouvelle d'un revers, d'un désastre qui le faisait douter de l'efficacité de la défense.

Est-ce, comme on l'a dit et répété, à l'infernale puissance du quintuple cercle de fer élevé par l'ennemi autour de la cité républicaine ? Non. — Quiconque a passé les lignes prussiennes a vu de ses yeux la pauvreté de leurs travaux, et toute l'Europe sait que, pendant le siége, la délégation de province en a dix fois envoyé le rassurant graphique au gouvernement de Paris.

Est-ce à la famine, enfin ? Non. — Paris a eu cinq mois de vivres, et cent fois le temps de tenter un effort décisif.

Non, non, mille fois non, Paris n'a pas succombé par faiblesse. Paris était fort, Paris n'était plus une ville, mais un camp retranché. Paris possédait en tous genres des ressources monstrueuses. Paris était à la fois le plus formidable des arsenaux et le plus riche des greniers d'abondance.

Tout démontre que Paris se suffisait pour conquérir sa délivrance. Paris n'est pas tombé.

Il a été livré !

Par qui ?

Par ceux qui avaient mission de le sauver, et spécialement par Trochu, Ducrot et Jules Favre.

Par Trochu, qui n'a jamais voulu vaincre ; qui a publié chaque matin, sans lasser l'indomptable ardeur du peuple, des rapports mensongers et décourageants ; qui a abandonné par trois fois, sans motif et sans nécessité, les positions conquises malgré lui.

Par Ducrot, qui n'a jamais su que compromettre l'ensemble des opérations militaires.

Par Jules Favre, qui, depuis le 4 septembre jusqu'au 28 janvier, n'a jamais voulu que traiter avec l'ennemi.

Ces hommes ont trahi.

Pourquoi ?

Pourquoi, pouvant avoir cette gloire immortelle et, qui plus est, facile à acquérir, de sauver la France et la République, pourquoi ne l'ont-ils pas cherchée ?

Pourquoi ?

C'est que ceux qui avaient usurpé le pouvoir, en décorant leur groupe du titre de Gouvernement de la Défense nationale, gouvernement qui est devenu celui de la défaite, songeaient bien plus à contenir la Révolution qu'à vaincre les Prussiens. Hommes de réaction, ils ont sacrifié leur honneur et la patrie pour sauver l'autorité du pouvoir et arrêter la Révolution.

Ils savaient que la victoire de Paris républicain, c'était la Révolution triomphante, c'était la chute du catholicisme et le triomphe définitif des réformes sociales.

Ceci est tellement vrai, que les justiciers, membres de l'Assemblée *rurale* et du Conseil d'enquête, n'ont pas voulu clouer leurs noms au pilori du mépris public.

Et pourtant, pendant que Trochu, qui avait la responsabilité militaire, désertait son poste de gouverneur de la ville, les autres, les avocats, signaient un armistice qui arrachait les armes à tous les soldats français !

Qu'est-ce que Trochu ?

Breton de naissance, catholique d'opinion, élève des Jésuites, poussé, hissé jusqu'au pouvoir par ces maîtres étonnants qui restent les confesseurs de leurs disciples, et qui ont fait l'éducation de la moitié au moins des officiers de notre armée et des membres de la diplomatie ou de l'administration française, qui reçoivent un enfant et le conduisent *perindè ac cadaver*, le suivent dans la vie, le marient de leur main, le protégent, le confessent, l'extrême-onctionnent, le font tester et le déposent dans le tombeau après l'avoir constamment gouverné.

Régnant par la femme, par tout ce qui est riche, puissant et haut placé, les hommes noirs tiennent dans leurs mains les destinées des peuples chez lesquels ils se sont glissés. Pour eux, la *Patrie*, c'est la *Société de Jésus*.

Qu'est-ce que MM. Ducrot et Jules Favre ?

Des catholiques aussi, des catholiques *pratiquants*.

Flavigny ? Jésuite de robe courte.

Baüer ? Jésuite de robe longue.

Ces deux jésuites sont à la tête de la Société internationale de secours aux blessés.

Quant à la méthode qu'ils ont mise en œuvre, elle est des plus simples.

Ils ont décidé, d'une part, que Paris ne ferait pas de sortie sérieuse ; d'autre part, que les armées de secours n'arriveraient jamais sous Paris. Ces manœuvres devaient forcément amener la capitulation.

Pour atteindre le premier but, Trochu, Ducrot, Jules Favre et Clément Thomas prodiguaient tous leurs efforts. Pour atteindre le second, ils s'en rapportaient à d'Aurelle de Paladines, au légitimiste et dévot général de l'armée du Mans, enfin à toute la séquelle cagote ; comme auxiliaires, ils avaient une presse hargneuse et injuste qui prêchait ouvertement la démoralisation et le découragement. Les partis monarchiques s'étaient coalisés contre la République.

La délégation de province a créé des armées, levé, équipé et groupé plus d'un million de soldats. Elle n'a pas su les obliger à vaincre en frappant impitoyablement les lâches ; elle savait qu'elle marchait, en continuant la guerre, contre le sentiment non dissimulé d'une population abrutie par l'ignorance ou pourrie par vingt ans de servitude ; elle a envoyé de force les paysans au combat, sans empêcher ceux qui devaient leur donner l'exemple du courage et de l'abnégation de leur prêcher quotidiennement l'égoïsme et la lâcheté ! *La paix à tout prix*, telle était leur devise. En même temps qu'ils donnaient le mot d'ordre de la lâcheté et du découragement, ils fomentaient la désertion et multipliaient le nombre des réfractaires.

Enfin, pour en finir, la publication de la verte réponse du général Trochu à Rochefort, dans l'affaire *Rochefort-Gambetta*, est la confirmation absolue que le gouverneur de Paris s'est toujours plus préoccupé des mesures d'un caractère conservateur que de vaincre les Prussiens.

Voici quelle fut la réponse du général Trochu à la lettre de Rochefort :

1er Septembre 1871.

Monsieur,

J'ai reçu à Paris la lettre que vous venez de m'écrire. Si je suis appelé devant la justice, soit par elle, soit par vous, j'aurai à déposer des faits suivants, qui sont l'expression de la vérité absolue.

La députation qui est venue au Louvre, le 4 septembre au soir, pour me demander de me rendre à l'Hôtel-de-Ville, me remit une liste des membres du gouvernement provisoire, où votre nom ne figurait pas. C'est à l'Hôtel-de-Ville que je fus informé de votre présence dans le gouvernement, où on me demandait d'entrer comme ministre de la guerre, sous la présidence de M. Jules Favre.

J'acceptai, sous la condition que le gouvernement admettrait certains principes que je formulai immédiatement. Après avoir reçu de lui la réponse la plus nettement affirmative, je me rendis auprès du ministre de la guerre, général Palikao, pour l'informer de l'état des choses. A mon retour à l'Hôtel-de-Ville, j'exprimai l'opinion que ce qui restait de l'armée se rallierait autour de moi si j'étais le chef du gouvernement de la Défense, mais ne se rallierait probablement pas autour de M. Jules Favre.

Immédiatement, et sans discussion d'aucune sorte, je fus nommé président du gouvernement de la Défense, aux lieu et place de M. Jules Favre, devenu vice-président.

*Vous n'avez donc pas été dans le cas d'insister, comme vous le dites, pour ma nomination à la présidence*, car cette nomination a été faite sous mes yeux, à l'imprévu, et sur des observations relatives à l'esprit de l'armée, que j'avais présentées moi-même.

Je vous ai vu ce jour-là pour la première fois, et je vous ai vu pour la dernière la veille du 31 octobre.

Dans l'intervalle, c'est-à-dire pendant tout le temps que vous avez siégé à l'Hôtel-de-Ville, je vous ai trouvé très activement occupé de la défense, sans ambition personnelle apparente, et *plus modéré que votre notoriété ne me l'aurait fait supposer. Plusieurs des mesures d'un caractère conservateur que je proposais ont été appuyées par vous*. L'un de vos actes m'avait particulièrement touché. Avec un autre membre du gouvernement dont je n'ai pas à rappeler le nom, vous avez refusé tout traitement pour votre participation à la direction des affaires.

Mais j'ai appris depuis, qu'après ce refus *public* — car il avait été fait en Conseil — vous auriez *secrètement* réclamé le traitement dont il s'agit : *circonstance qui a gravement compromis dans mon esprit votre caractère.*

Je ne me rappelle pas vous avoir vu à l'Hôtel-de-Ville le 4 octobre, au milieu des périls communs. Le lendemain vous avez donné votre démission, mais *je me refuse absolument à admettre qu'elle ait eu pour cause, comme vous me le dites, la négociation de l'armistice* que M. Thiers poursuivait en ce moment à Versailles. Vous saviez comme nous tous que l'idée de cet armistice venait du dehors, que le gouvernement informé en avait délibéré, qu'il s'était unanimement, vous présent, prononcé pour un ultimatum qui était l'*armistice avec le ravitaillement de Paris, l'élection dans tous les départements, et la réunion d'une Assemblée nationale.*

Cette délibération, antérieure au 30 octobre, ne vous avait pas conduit à vous retirer. Enfin, votre lettre de démission, lue au Conseil le 1er novembre, exprimait purement et simplement qu'en présence des évènements survenus, vous ne pouviez pas suivre le gouvernement dans la voie où il s'engageait. Or, cette voie, c'était la lutte avec la démagogie dont les chefs venaient d'être décrétés d'arrestation.

Depuis, j'ai échangé avec vous une lettre au sujet d'une mère de famille dont le mari avait été tué à l'ennemi, et pour laquelle vous me demandiez en bons termes d'obtenir un secours du ministre de la guerre.

Là se sont arrêtés mes rapports avec vous.

En dernier lieu, on m'a fait lire dans les journaux, pendant le règne sanglant de la Commune, des articles tirés du journal le *Mot d'Ordre*, qui vous appartenait. Ils étaient du plus abominable caractère. L'un d'eux provoquait la foule à la destruction de la maison de M. Thiers. Il vous a achevé dans mon esprit.

Général TROCHU.

# XVI

## L'ARMISTICE. — L'ASSEMBLÉE DE BORDEAUX

Croirait-on que, durant le siége de Paris, les départements en savaient tout juste autant sur la capitale, que celle-ci en savait sur eux ?

Aussi, la province surprise, irritée de la capitulation de Paris, ne lui pardonnait pas un pareil dénoûment malgré son long siége. Les uns, qui eussent voulu la paix, même honteuse, lui reprochaient la proclamation de la République et d'avoir, par sa résistance, fait durer la guerre ; les autres, au contraire, lui en voulaient de toutes leurs espérances déçues.

Au milieu du décousu et du désarroi qui caractérisent les élections du 8 février, une seule question était posée aux électeurs : Doit-on, *oui* ou *non*, traiter avec l'ennemi ? L'assemblée n'était nommée que pour traiter avec la Prusse : on ne vota que sur la question de *Guerre* ou de *Paix*, abstraction faite de toute idée politique.

A Paris, on vota surtout contre le gouvernement de la défense nationale. La bourgeoisie elle-même, irritée de ce dénoûment, froissée, navrée de voir s'écrouler ses rêves, se tourna du côté de ceux qui lui avaient signalé les premiers la faiblesse du gouvernement et sa trahison. Mais tandis que les cités affirmaient leur républicanisme et leur énergie, les campagnes dans l'esprit desquelles les candidats républicains semblaient personnifier plus particulièrement le parti de la guerre ; les paysans votèrent pour les candidats qui paraissaient leur apporter la paix et subirent les influences locales des hobereaux du trône et de l'autel.

En somme, la liste a tenu ce qu'elle promettait ; cette liste étrange où, côte à côte, se pressent des noms inévitables ou bien choisis, et tant de noms qui ne représentent rien, sinon les souvenirs de la guerre ; cette liste qui a envoyé à Bordeaux non des représentants de principes définis et arrêtés, mais des miroirs qui reflétaient l'image des préoccupations populaires pendant cinq mois de guerre et d'investissement.

De cette façon, au lieu d'une Assemblée vraiment nationale, républicaine, la France trouva à sa tête une chambre réactionnaire ne rêvant que restauration.

Le 13 février, l'Assemblée se réunit, et dès cette séance, tandis que les députés de Paris arrivaient, tremblants encore de la fièvre du siége, la majorité se dressait menaçante, animée contre les grandes villes qui représentaient de grandes idées, d'un sentiment étroit et insensé d'hostilité et de rancune. Cette Assemblée monarchique et cléricale, refuse de reconnaître la République ; repousse et insulte Garibaldi, ôte la parole à Victor Hugo, traite Paris, le glorieux Paris, tout meurtri encore de son héroïque résistance, comme une sentine impure, indigne de recevoir désormais les élus de la France. C'est au milieu d'un de ces indescriptibles désordres, dont depuis elle nous donna tant de reproductions, que la voix d'un jeune méridional, indigné de tant d'infamies, fit entendre ce cri désormais immortel « *Majorité rurale* », cri qu'elle lui fit payer plus tard de sa vie. *Pauvre Gaston Crémieux !*

Enfin, le 18 février, cette Assemblée donnait le titre de *Chef du pouvoir exécutif de la République française, président du Conseil des ministres*, à M. Thiers, que tous les ambassadeurs des trônes de l'Europe s'empressaient de reconnaître au nom de leurs gouvernements.

Le ministère que forma aussitôt M. Thiers était ainsi composé :

| | |
|---|---|
| Affaires étrangères | MM. Jules Favre. |
| Intérieur | E. Picard. |
| Justice | Dufaure. |
| Guerre | Général Leflô. |
| Marine | Vice-Amiral Pothuau. |
| Commerce | Lambrecht. |
| Travaux publics | De Larcy. |
| Instruction publique | Jules Simon. |

M. Thiers, nommé par les conservateurs, c'est-à-dire par les réactionnaires et les monarchistes, fut choisi par l'Assemblée comme Président de la République, parce qu'elle le savait conservateur, c'est-à-dire, capable de servir ses projets réactionnaires et ses conspirations monarchiques.

M. Thiers depuis cinq mois n'avait-il pas voulu, poursuivi la paix à tout prix ? Ne s'était-il pas fait l'apôtre de la capitulation ?

D'autres se souvenaient, après les désastres de l'invasion et alors qu'il fallait signer la paix, que M. Thiers avait résisté à l'entraînement général, protesté contre la guerre, et mérité par son attitude, les outrages et les invectives du *Figaro* et des autres feuilles à la solde de l'Empire, officielles ou officieuses, qui alors cherchaient à exciter la population.

Cet homme, dont le passé était connu du parti conservateur, qui avait prévu les malheurs de la guerre, et qui, presque seul, avait eu le courage de condamner, avant qu'elle ne fût entreprise, cette désastreuse et sanglante aventure, où l'empire jetait le pays pour sauver sa couronne, était désigné tout naturellement au choix de cette Assemblée pour conclure la paix.

Il n'y avait plus d'autre parti à ce moment que celui de la guerre et celui de la paix.

Les homogènes votèrent donc le projet de règlement des conditions de la paix, avec le même entrain qu'ils avaient eu au Sénat et dans la Chambre pour acclamer la guerre. Ils auraient voté même des conditions plus dures et plus onéreuses si la Prusse les avait exigées.

Voici à quelles conditions cette paix fut conclue.

## PRÉLIMINAIRES DE PAIX

Entre le chef du pouvoir exécutif de la République française, M. Thiers, et le ministre des affaires étrangères, M. Jules Favre, représentant de la France, d'un côté ;

Et de l'autre :

Le chancelier de l'Empire germanique, M. le comte Otto de Bismarck Schœnhausen, muni des pleins pouvoirs de S. M. l'empereur d'Allemagne, roi de Prusse ;

Le ministre d'Etat et des affaires étrangères de S. M. le roi de Bavière, M. le comte Otto de Bray-Steinburg ;

Le ministre des affaires étrangères de S. M. le roi de Wurtemberg, le baron Auguste de Waechter ;

Le ministre d'Etat, président du conseil des ministres de S. A. Monseigneur le grand duc de Bade, M. Jules Jolly, représentant de l'Empire germanique ;

Les pleins pouvoirs des parties contractantes ayant été trouvés en bonnes et dues formes, il a été convenu ce qui suit, pour servir de base préliminaire à la paix définitive à conclure ultérieurement.

ARTICLE PREMIER. — La France renonce en faveur de l'empire allemand à tous ses droits et titres sur les territoires situés à l'Est de la frontière ci-après désignée :

La ligne de démarcation commence à la frontière Nord-Ouest du canton de Cattenom, vers le grand-duché du Luxembourg, suit, vers le Sud, les frontières occidentales des cantons de Cattenom et Thionville, passe par le canton de Briey en longeant les frontières occidentales des communes de Montois-la-Monteigne et Roncourt, ainsi que les frontières orientales des communes de Marie-aux-Chênes, Saout-Ail, atteint la frontière du canton de Gorze qu'elle traverse le long des frontières communales de Vionville, Chambley et Ouville, suit la frontière Sud-Ouest, au Sud de l'arrondissement de Metz, la frontière occidentale de l'arrondissement de Château-Salins, jusqu'à la commune de Pettoncourt dont elle embrasse les frontières occidentale et méridionale, pour suivre la crête des montagnes entre la Seille et Moncel, jusqu'à la frontière de l'arrondissement de Strasbourg au Sud de Garde.

La démarcation çoïncide ensuite avec la frontière de cet arrondissement jusqu'à la commune de Tanconville dont elle atteint la frontière au Nord ; de là elle suit la crête des montagnes entre les sources de la Sarre blanche et de la Vezouze jusqu'à la frontière du canton de Schirmeck, longe la frontière occidentale de ce canton ; embrasse les communes de Saales, Bourg-Bruche, Colroy, la Roche, Plaine, Raurupt, Saulxures et Saint-Blaise-la-Roche du canton de Saales, et coïncide avec la frontière occcidentale des départements du Bas-Rhin et du Haut-Rhin jusqu'au canton de Belfort dont elle quitte la frontière méridionale, non loin de Vourvenaus, pour traverser le canton de Delles, aux limites méridionales des communes de Bourgoue et Froide-Fontaine, et atteindre la frontière Suisse, en longeaut les frontières orientales des communes de Jonchéry et Delle.

La frontière, telle qu'elle vient d'être décrite, se trouve marquée en vert sur deux exemplaires conformes de la carte du territoire formant le gouvernement général d'Alsace, publiée à Berlin en septembre 1870 par la division géographique et statistique de l'état-major général, et dont un exemplaire sera joint à chacune des deux expéditions du présent traité.

Toutefois, le traité indiqué a subi les modifications suivantes de l'œuvre des deux parties contractantes ; dans l'ancien département de la Moselle, les villages de Marie-aux-Chênes, près de Saint-Privat-la-Montagne, et de Vionville, à l'Ouest de Rezonville, seront cédés à l'Allemagne. Par contre, la ville et les fortifications de Belfort resteront à la France avec un rayon qui sera déterminé ultérieurement.

ARTICLE 2. — La France payera à S. M. l'empereur d'Allemagne la somme de cinq milliards de francs.

Le payement d'au moins un milliard de francs, aura lieu dans le courant de l'année 1871, et celui de tout le reste de la dette dans un espace de trois années, à partir de la ratification du présent article.

ARTICLE 3. — L'évacuation des territoires français, occupés par les troupes allemandes, commencera après la ratification du présent traité par l'Assemblée nationale siégeant à Bordeaux.

Immédiatement après cette ratification, les troupes allemandes quitteront l'intérieur de la ville de Paris ainsi que les forts situés sur la rive gauche de la Seine ; et dans le plus bref délai possible, fixée par une entente entre les autorités militaires des deux pays, elles évacueront entièrement les départements, du Calvados, de l'Orne, de la Sarthe, d'Eure-et-Loir, du Loiret, de Loir-et-Cher, d'Indre-et-Loir, de l'Yonne, et de plus, les départements de la Seine-Inférieure, de l'Eure, de Seine-et-Oise, de Seine-et-Marne, de l'Aube et de la Côte-d'Or, jusqu'à la rive gauche de la Seine.

Les troupes françaises se retireront en même temps derrière la Loire, qu'elles ne pourront dépasser avant la signature du traité de paix définitif. Sont exceptées de cette disposition la garnison de Paris, dont le nombre ne pourra dépasser quarante mille homme, et les garnisons indispensables à la sûreté des places fortes.

L'évacuation des départements, situés entre la rive droite de la Seine et les frontières de l'Est, par les troupes allemandes, s'opèrera graduellement après la ratification du traité définitif et le paiement du premier demi-milliard de la contribution stipulée par l'article 2, en commençant par les départements les plus rapprochés de Paris, et se continuera au fur et à mesure que les versements de la contribution seront effectués ; après le premier versement d'un demi-milliard, cette évacuation aura lieu dans les départements suivants : Somme, Oise, et les parties des départements de la Seine-Inférieure, Seine-et-Oise, Seine-et-Marne, situées sur la rive droite de la Seine, ainsi que la partie du département de la Seine et les forts situés sur la rive droite.

Après le payement de deux milliards, l'occupation allemande ne comprendra plus que les départements de la Marne, des Ardennes, de la Haute-Marne, de la Meuse, des Vosges, de la Meurthe, ainsi que la forteresse de Belfort avec son territoire, qui serviront de gages pour les trois milliards restants, et où le nombre des troupes allemandes ne dépassera pas cinquante mille hommes.

S. M. l'Empereur sera disposé à substituer à la garantie territoriale, consistant en l'occupation partielle du territoire français, une garantie financière, si elle est offerte par le gouvernement français dans des conditions reconnues suffisantes par S. M. l'Empereur et roi pour les intérêts de l'Allemagne. Les trois milliards, dont l'acquittement aura été différé, porteront intérêt à 5 pour 100, à partir de la ratification de la présente convention.

Article 4. — Les troupes allemandes s'abstiendront de faire des réquisitions, soit en argent, soit en nature, dans les départements occupés. Par contre, l'alimentation des troupes allemandes aura lieu aux frais du gouvernement français dans la mesure convenue avec l'intendance militaire allemande.

Article 5. — Les habitants des territoires cédés par la France, en tout ce qui concerne leur commerce et leurs droits civils, seront réglés aussi favorablement que possible, lorsque seront arrêtées les conditions de la paix définitive.

Il sera fixé, à cet effet, un espace de temps pendant lequel ils jouiront de facilités particulières pour la circulation de leurs produits. Le gouvernement allemand n'opposera aucun obstacle à la libre émigration des habitants des territoires cédés, et ne pourra prendre contre eux aucune mesure atteignant leurs personnes ou leurs propriétés.

ARTICLE 6. — Les prisonniers de guerre, qui n'auront pas déjà été mis en liberté par voie d'échange, seront rendus immédiatement après la ratification des présents préliminaires. Afin d'accélérer le transport des prisonniers français, le gouvernement français mettra à la disposition des autorités allemandes, à l'intérieur du territoire allemand, une partie du matériel roulant de ses chemins de fer dans une mesure qui sera déterminée par des arrangements spéciaux et aux prix payés en France par le gouvernement français pour les transports militaires.

ARTICLE 7. — L'ouverture des négociations pour le traité de paix définitif à conclure sur la base des présents préliminaires aura lieu à Bruxelles immédiatement après la ratification de ces derniers, par l'Assemblée nationale et par S. M. l'Empereur d'Allemagne.

ARTICLE 8. — Après la conclusion et la ratification du traité de paix définitif, l'administration des départements devant encore rester occupés par les troupes allemandes sera remise aux autorités françaises ; mais ces dernières seront tenues de se conformer aux ordres que le commandant des troupes allemandes croirait devoir donner dans l'intérêt de la sûreté, de l'entretien et de la distribution des troupes.

Dans les départements occupés, la perception des impôts, après la ratification du présent traité s'opérera pour le compte du gouvernement français et par le moyen de ses employés.

ARTICLE 9. — Il est bien entendu que les présentes ne peuvent donner à l'autorité militaire allemande aucun droit sur les parties du territoire qu'elles n'occupent point actuellement.

ARTICLE 10. — Les présentes seront immédiatement soumises à la ratification de l'Assemblée nationale, siégeant à Bordeaux, et à S. M. l'Empereur d'Allemagne.

En foi de quoi, les soussignés ont revêtu le présent traité préliminaire de leurs signatures et de leurs sceaux.

Fait à Versailles, le 26 février 1871.

V. BISMARCK. A. THIERS.
Jules FAVRE.

Les royaumes de Bavière et de Wurtemberg et le grand duché de Bade ayant pris part à la guerre actuelle comme alliés de la Prusse, et faisant partie de l'empire germanique, les soussignés adhèrent à la présente convention au nom de leurs souverains respectifs.

Versailles, 26 février 1871.

Comte de BRAY-STEINBURG,
Baron de WAECHTER MITTNACH, JOLLY.

Voici maintenant ce que nous avons perdu par le fait du traité de paix.

Lorraine : 630,227 hectares comprenant 528,413 habitants ;
Alsace : 857,147 hectares comprenant 1,099,719 habitants.
Soit au total : 1,487,374 hectares et 1,628,132 habitants.

Ce traité eût été dix fois, cent fois plus humiliant et plus désastreux, il eût donné à la Prusse dix départements au lieu de trois, il eût fixé l'indemnité à huit milliards au lieu de cinq et une durée de dix ans à l'occupation du territoire par cent mille soldats allemands, que les uns eussent approuvé et que les autres eussent voté. Ils eussent approuvé, ils eussent voté, parce que, après les désastres de l'empire, les capitulations des maréchaux et des généraux impériaux, les fautes des escobars politiques du 4 septembre, l'armistice de M. Jules Favre, il n'y avait plus qu'à s'incliner devant la volonté du vainqueur, quelle qu'elle fût, et que les partisans de la paix préféraient les conditions les plus rigoureuses, les plus honteuses même, à la continuation d'une lutte héroïque et désespérée qui eût pu, en délivrant la France par un suprême effort, rendre la République glorieuse et la révolution triomphante et invincible.

---

# XVII

## PARIS ET LES PRÉLIMINAIRES DE VERSAILLES

La plus humiliante condition était l'entrée des Prussiens à Paris. Après toutes ses souffrances, il lui fallait supporter ce dernier affront. Paris était en proie à une indescriptible émotion. La garde nationale, inquiétée par les bruits de désarmement, était agitée et manifestait tout haut ses craintes, son mécontentement. Alors apparaît le comité central, composé des vingt arrondissements de Paris. Ce comité cherche à grouper autour de lui toutes les forces vives de Paris, se préparant à parer à toutes les éventualités qui pourraient se produire, et le 24 février, au Vaux-Hall, une réunion des délégués de presque tous les bataillons parisiens eut lieu.

Outre l'adoption de la forme fédérative, la grande majorité adopta la résolution suivante : « *La garde nationale proteste, par l'organe de son comité central, contre toute tentative de désarmement et déclare qu'elle résistera au besoin par les armes.* » Puis ils décidèrent qu'on résisterait à l'entrée des Prussiens dans Paris.

La lettre de Trochu, du 19 février, d'autre part, n'avait fait qu'irriter encore les esprits :

Paris, le 19 février 1871.

Vous me demandez mon sentiment au sujet du bruit qui se répand de plus en plus de l'entrée prochaine de l'armée allemande dans Paris. Je vous le dirai tout entier.

Après quatre mois et demi de siége, après huit combats et quatre batailles dont l'initiative a toujours appartenu à l'assiégé, après le bombardement qui a fait tant d'innocentes victimes, après la convention que la famine a pu seule dicter, l'ennemi devait à Paris les honneurs de la guerre, à moins qu'il n'eût aucun souci des traditions et des règles qui sont, devant l'opinion, les titres de noblesse des vainqueurs et des vaincus.

Pour Paris, les honneurs de la guerre, c'était le respect de son enceinte et le respect de son deuil.

L'ennemi veut pénétrer dans Paris, alors qu'il n'a forcé aucun des points de l'enceinte, pris d'assaut aucun des forts détachés, enlevé aucune des lignes extérieures de défense ! S'il en est ainsi, que le gouvernement de la cité lui soit remis, pour qu'il ait l'odieux et les responsabilités de cette violence. Que par une muette et solennelle protestation, les portes soient fermées, et qu'il les ouvre par le canon, auquel Paris désarmé ne répondra pas.............

Général Trochu.

La ville tout entière, bourgeois, commerçants, ouvriers, voyait avec effroi et surtout avec horreur l'entrée des Prussiens dans Paris. C'était moins la lutte sanglante qu'elle redoutait que la présence même de l'étranger et le pillage organisé ; car chacun savait que malgré l'armistice, les Prussiens continueraient partout leurs déprédations, leurs réquisitions, et en revendraient le produit à des *spéculateurs français.*

Aussi, de nombreuses manifestations ne tardèrent-elles pas à se produire. Le 24 février, les bataillons de la garde nationale, des soldats, des marins, des mobiles défilèrent sur la place de la Bastille au cri de *Vive la République!* Le 26, on arborait sur la colonne de Juillet le drapeau rouge ; et sur la nouvelle de l'entrée des Prussiens, le comité central, qui siégeait place de la Corderie-du-Temple, se rendait, avec plus de 50,000 hommes dans les

Champs-Elysées pour en défendre l'avenue contre l'ennemi. C'était une fausse alerte.

Le lendemain, le gouvernement qui voyait que Paris lui échappait, expliquait ainsi à la population cette nécessité :

Le gouvernement fait appel à votre patriotisme et à votre sagesse ; vous avez dans vos mains le sort de Paris et de la France elle-même. Après une résistance héroïque, la faim vous a contraints de livrer vos forts à l'ennemi victorieux.

Les armées qui pouvaient venir à votre secours ont été rejetées derrière la Loire. Ces faits, incontestables, ont obligé le gouvernement et l'Assemblée nationale à ouvrir des négociations de paix. Pendant six jours, vos négociateurs ont disputé le terrain pied à pied. Ils ont fait tout ce qui était humainement possible pour obtenir les conditions les moins dommageables.

Ils ont signé des préliminaires de paix qui vont être soumis à l'Assemblée nationale. Pendant le temps nécessaire à l'examen de ces préliminaires, les hostilités eussent recommencé et le sang aurait inutilement coulé, sans une prolongation d'armistice.

Cette prolongatiou n'a pu être obtenue qu'à la condition d'une occupation partielle et très momentanée d'un quartier de Paris. Cette occupation sera limitée au quartier des Champs-Elysées. Il ne pourra entrer dans Paris que 30,000 hommes, et ils devront se retirer dès que les préliminaires de la paix auront été ratifiés, ce qui ne peut exiger qu'un petit nombre de jours.

Si cette condition n'était pas acceptée, l'armistice serait rompu.

L'ennemi, déjà maître de nos forts, occuperait de vive force la cité tout entière. Vos propriétés, vos chefs-d'œuvre, vos monuments garantis aujourd'hui par la convention, cesseraient de l'être. Ce malheur atteindrait toute la France. Les affreux ravages de la guerre, qui n'ont pas encore dépassé la Loire, s'étendraient jusqu'aux Pyrénées.

Il est donc absolument vrai de dire qu'il s'agit du salut de Paris et de la France. N'imitez pas la faute de ceux qui n'ont pas voulu nous croire lorsque, il y a huit mois, nous les adjurions de ne pas entreprendre une guerre qui devait être funeste.

L'armée française, qui a défendu Paris avec tant de courage, occupera la rive gauche de la Seine pour assurer la loyale exécution du nouvel armistice.

C'est à la garde nationale de s'unir à elle pour maintenir l'ordre dans le reste de la cité.

Que tous les bons citoyens, qui se sont honorés à sa tête et se sont montrés si braves devant l'ennemi, reprennent leur ascendant, et cette cruelle situation d'aujourd'hui se terminera par la paix et le retour de la prospérité publique.

Paris, le 27 février 1871.

THIERS, chef du Pouvoir exécutif de la République française ;
Jules FAVRE, ministre des affaires étrangères ;
Ernest PICARD, ministre de l'intérieur.

La prolongation de l'armistice avait pour condition :

La partie de la ville de Paris, à l'intérieur de l'enceinte, comprise entre la Seine, la rue du Faubourg-Saint-Honoré et l'avenue des Ternes, sera occupée par les troupes allemandes, dont le nombre ne dépassera pas 30,000 hommes.

Ou : la cession à l'Allemagne de l'héroïque Belfort.

Le manifeste du Gouvernement fit l'effet d'une douche glacée ; non que Paris redoutât un instant une lutte, dont personne ne peut envisager l'idée sans frémir, mais Paris comprit qu'il devait encore se sacrifier à la France ; à lui appartenait de sauver Belfort, cette vaillante cité au cœur français.

Il se résigna ; l'armée et la garde nationale se retirèrent. La population suivit ce mouvement, personne ne voulut être témoin de ce honteux spectacle : l'ennemi dans Paris. Mais dans ce mouvement de retraite, on s'aperçoit qu'on oublie les canons du parc d'artillerie de la place Wagram, ces braves pièces qui avaient si bravement fait leur devoir pendant toute la durée du siége. Fallait-il les laisser capturer par l'ennemi ?

Non, le peuple ne veut pas subir cette dernière honte.

Un mot d'ordre court aussitôt dans la foule ; hommes, femmes, enfants, s'attèlent aux pièces et les traînent place Royale, aux buttes Chaumont et aux buttes Montmartre.

Les journaux, des affiches publiques et privées, font appel au patriotisme et à la dignité que les circonstances commandent. Le Comité central de la garde nationale lui-même appose cette affiche :

COMITÉ CENTRAL DE LA GARDE NATIONALE

Citoyens,

Le sentiment général de la population paraît être de ne pas s'opposer à l'entrée des Prussiens dans Paris. Le comité central, qui avait émis un avis contraire, déclare qu'il se rallie à la résolution suivante :

Il sera établi, tout autour des quartiers que doit occuper l'ennemi une série de barricades propres à isoler complètement cette partie de la ville. Les habitants de la région circonscrite dans ces limites devront l'évacuer immédiatement.

La garde nationale, de concert avec l'armée formée en cordon tout autour, veillera à ce que l'ennemi, ainsi isolé sur un sol qui ne sera plus notre ville ; ne puisse, en aucune façon, communiquer avec les parties retranchées de Paris.

Le Comité central engage donc toute la garde nationale à prêter son concours à l'exécution des mesures nécessaires pour arriver à ce but et éviter toute agression qui serait le renversement immédiat de la République.

Le calme succéda à la tempête et, le 29 février, à huit heures et demie, les Prussiens apparurent au rond-point de l'Etoile. Paris, sombre, calme, déterminé à tout, subit donc la présence de ces hordes teutoniques. Partout, sur tous les visages, se lisait la résolution du sacrifice.

Qui pourrait dire quel espoir diabolique couvait alors l'esprit entreprenant du renard de l'Allemagne ?

Mais il est certain que M. de Bismarck, en voyant plus tard ce que 50,000 fédérés osèrent contre l'armée de Versailles, dut alors se féliciter que tout se fût passé ainsi; car il eût été bien possible que cette population de deux millions d'âmes anéantit jusqu'au dernier, dans son désespoir, cette nuée d'ennemis, qui aurait juré sa perte, et ses canons eussent été inutiles dans une lutte corps à corps où tout eût été une arme.

Une affiche anonyme et manuscrite, apposée en même temps que celle du Comité central de la garde nationale, fera mieux saisir ce que je veux dire :

« Une convention a permis aux Prussiens d'occuper les Champs-Elysées, de la Seine au faubourg Saint-Honoré, jusqu'à la place de la Concorde.

« Soit ! plus grande sera l'injure, plus terrible sera la vengeance.

« Cependant si quelque pandour ose sortir du périmètre de notre honte, qu'il soit aussitôt déclaré traître ; qu'il devienne à l'instant cible pour nos balles, mèche pour notre pétrole, but pour nos orsiniennes, gaîne pour nos poignards.

« Qu'on se le dise !

« Par décision des Horaces.

« Le Scribe,

« POPULUS. »

Et qu'on ne pense pas que ces menaces étaient vaines, car je puis garantir, et beaucoup d'autres comme moi, qu'elles étaient réelles; et quant aux bombes orsiniennes, dont on connaît les effets désastreux, elles existaient en un nombre considérable.

---

# XVIII

## LE 18 MARS. — SES CAUSES

Les réactionnaires, tout surpris et enorgueillis de leurs succès, continuaient à travailler les départements, pour persuader aux paysans que la République était impossible en France, et que si Paris n'avait pas renversé l'Empire, le 4 septembre, la paix aurait été faite depuis longtemps et dans des conditions bien plus avantageuses.

D'un autre côté, depuis longtemps complètement oubliés, les Orléans essayaient de se produire de nouveau, et répandaient même des manifestes que l'on lisait avec une certaine curiosité. Enfin, ils agissaient de telle sorte que l'idée d'un autre gouvernement commençait à pénétrer dans l'esprit de beaucoup de gens.

Mais Paris prétendait cette fois ne plus se laisser escamoter la République. D'autre part, l'accueil injuste et injurieux que l'Assemblée avait fait à Garibaldi, le grand patriote, et la démission de M. Ledru-Rollin, y produisirent le plus défavorable effet.

Insulté dans son patriotisme, Paris se voyait encore calomnié dans ses actes, menacé dans ses droits. La majorité rurale voulait lui enlever son titre de capitale.

Non contente d'avoir voté le transport de son siége à Versailles, l'Assemblée votait la loi sur les échéances et celle relative au paiement des loyers, toutes deux empreintes du plus détestable esprit réactionnaire. Ces mesures achevèrent de pousser à bout la patience des commerçants déjà si éprouvés par la guerre. Du 13 au 17 mars matin, il y eut dans Paris 150,000 protêts.

La faillite, la ruine, le deshonneur, voilà pour le commerçant ; la misère, la faim, la saisie du peu qui lui restait, voilà pour l'ouvrier. Aussi, de ce moment, les commerçants les plus honnêtes, se détachant tout à fait d'un gouvernement qui les condamnait à la faillite, se tournèrent vers ceux qui paraissaient lui offrir des garanties d'ordre et de sagesse.

L'Assemblée s'aliéna Paris, se fit abhorrer de lui, et le gouvernement s'y trouva alors sans aucun point d'appui, et n'y rencontra que des sentiments hostiles.

Pendant ce temps, les bruits les plus sinistres et les plus effrayants couraient dans les couloirs de l'Assemblée à Bordeaux. On y agitait le spectre du communisme. Les députés et les maires de Paris opposaient les plus formels démentis aux racontars mensongers qui circulaient sur l'esprit de la population parisienne. Enfin, pour leur donner un semblant de satisfaction, le gouvernement se vit obligé de réunir le 6 mars, au ministère de l'intérieur, la municipalité de Paris, afin de s'entendre sur la manière à laquelle on devrait s'arrêter pour décider la garde nationale à rendre les canons qu'elle détenait dans les parcs d'artillerie.

La nomination du général d'Aurelles de Paladines, envoyé par les ruraux de Bordeaux, comme commandant de la garde nationale; celle du général Valentin, comme préfet de police, la suppression de six journaux, donnèrent une nouvelle force à l'accusation portée contre le gouvernement de préparer un coup d'Etat.

Dans un sentiment de menace et de défi porté à la population parisienne, les conseils de guerre condamnaient à mort par contumace Gustave Flourens et Blanqui, pour faits relatifs à la journée du 31 octobre. Ainsi, on trouvait encore des soldats qui osaient leur faire un crime de n'avoir pas eu confiance dans le plan Trochu et d'avoir voulu faire prévaloir leur impatiente clairvoyance. Comme pendant à ces patriotes condamnés par les conseils de guerre, on voyait les Bazaine, les Frossard, les Fleury et *tutti quanti*, promener insolemment leurs infâmes crachats sur cette terre française, que, grâce à eux, l'ennemi foulait aux pieds.

En réponse au jugement du Conseil de guerre qui le condamnait à mort, Blanqui lança cette protestation :

Citoyens,

« Le 4 septembre, un groupe d'individus qui, sous l'empire, s'était créé une popularité facile, s'était emparé du pouvoir. A la faveur de l'indignation générale, ils s'étaient substitués au gouvernement pourri qui venait de tomber à Sédan. Ces hommes étaient pour la plupart les bourreaux de la République de 1848. Cependant, à la faveur du premier moment de surprise, ils se sacrèrent arbitres de la destinée de la France. Les vrais républicains, ceux qui, sous tous les gouvernements, avaient souffert pour leurs croyances, virent avec douleur cette usurpation des droits de la nation. Pourtant le temps pressait, l'ennemi approchait ; pour ne pas diviser la nation, chacun se mit de toutes ses forces à l'œuvre de salut. Espérant que l'expérience avait appris quelque chose à ceux qui avaient été pour ainsi dire les créateurs de l'Empire, les républicains les plus purs acceptèrent sans murmurer de servir sous eux au nom de *la République*.

Qu'arriva-t-il ? Après avoir distribué à leurs amis toutes les places où ils ne conservaient pas les bonapartistes, ces hommes se croisèrent les bras et crurent avoir sauvé la France. En même temps, l'ennemi enserrait Paris d'une façon de plus en plus inexorable, et c'était par de fausses dépêches, par de fallacieuses promesses, que le gouvernement répondait à toutes les demandes d'éclaircissements.

L'ennemi continuait à élever ses batteries et ses travaux de toute sorte, et à Paris trois cent mille citoyens restaient sans armes et sans ouvrage et bientôt sans pain sur le pavé de la capitale.

Le péril était imminent. Or, au gouvernement issu d'une surprise, il fallait substituer la Commune, issue du suffrage universel. De là le mouvement du 31 octobre. Plus honnêtes que ceux qui ont l'audace de se faire appeler le gouvernement des honnêtes gens, les républicains n'avaient pas ce jour-là l'intention d'usurper le pouvoir. C'est du peuple, réuni librement devant les urnes électorales, qu'ils en appelaient du gouvernement incapable, lâche et traître. Au gouvernement issu de la surprise et de l'émotion populaires, ils voulaient substituer le gouvernement issu du suffrage universel.

Citoyens, c'est là notre crime. Et ceux qui n'ont pas craint de livrer Paris à l'ennemi avec sa garnison intacte, ses forts debout, ses murailles sans brèche, ont trouvé des hommes pour nous condamner à la peine capitale.

On ne meurt pas toujours de pareilles sentences. Souvent on sort de ces épreuves plus grand et plus pur. Si l'on meurt, l'histoire impartiale vous met tôt ou tard au-dessus des bourreaux qui, en atteignant l'homme, n'ont cherché qu'à tuer le principe.

Citoyens, les hommes ne sont rien, les principes seuls sont immortels. Confiants dans la grandeur et dans la justice de notre cause, nous en appelons du jugement qui nous frappe au jugement du monde entier et de la postérité. C'est lui, qui, si nous succombons, fera, comme toujours, un piédestal glorieux aux martyrs de l'échafaud infamant élevé par le despotisme ou la réaction.

Vive la République !

BLANQUI.

Flourens de son côté, protesta de cette façon contre l'arrêt qui le frappait :

« Citoyens,

» En présence du jugement qui me frappe, il est de mon devoir de protester de la façon la plus énergique contre la violation de tous les droits inscrits dans toutes les constitutions.

« L'accusé doit être jugé par ses pairs. Tel est le texte de la loi. Or, je dénie complétement aux assassins patentés de la réaction le titre de juges. Nommés par un pouvoir qui n'avait encore été reconnu par personne, le 31 octobre 1870, ils ne peuvent puiser leur puissance qu'en dehors de la loi. D'ailleurs, j'ai appris, par une longue expérience des choses humaines, que la liberté se fortifiait par le sang des martyrs.

« Si le mien peut servir à laver la France de ses souillures et à cimenter l'union de la patrie et de la liberté, je l'offre volontiers aux assassins du pays et aux massacreurs de janvier.

« Salut et fraternité.

« G. FLOURENS. »

Qu'y a-t-il d'étonnant, après des souffrances si glorieusement supportées, si l'annonce de la capitulation, plus tard l'entrée des Prussiens à Paris, les inqualifiables attaques de l'Assemblée, les mesures les plus impolitiques, produisirent dans la population une exaspération profonde ? Et quand je parle de la population, je ne fais pas de distinction de classes ou de quartiers : le sentiment était général.

Qu'y a-t-il d'étonnant, si les hommes, qui s'étaient toujours montrés méfiants, ceux qui s'étaient permis de douter de l'efficacité des mesures prises, ont fini par conquérir une popularité qui était due à leur clairvoyance ?

C'est ainsi que l'Assemblée donna au Comité central une puissance inattendue, en laissant celui-ci arriver à représenter le sentiment dominant.

C'en était trop. Paris était décidé à défendre la République, à garder ses armes ; car la garde nationale avait compris que le sort du pays dépendait à cette heure de la conduite qu'elle suivrait, de sa prudence, de sa sagesse, de sa résolution, de son énergie, et elle s'imprégna fortement de cette idée que la République n'avait plus qu'une garantie : les fusils et les canons de la garde nationale.

Et elle avait le devoir de ne risquer cet enjeu que si on la poussait à bout.

Aussi, dès le départ des Prussiens, une nouvelle assemblée générale des délégués des compagnies de la garde nationale avait été convoquée pour le 3 mars. La plupart de ces délégués étaient membres du conseil de famille de leur compagnie, et y exerçaient par leur honnêteté et leur position une grande autorité ! Dans cette réunion on créa les comités d'arrondissement, chargés de se tenir constamment en rapport avec le Comité central.

Le 4 mars, il publiait cette proclamation :

RÉPUBLIQUE FRANÇAISE

*Liberté — Égalité — Fraternité*

Comité central de la garde nationale,

Le Comité central de la garde nationale nommé dans une assemblée générale de délégués, représentant plus de 200 bataillons, a pour mission de constituer la fédération républicaine de la garde nationale, afin qu'elle soit organisée de manière à protéger le pays mieux que n'ont pu le faire jusqu'alors les armées permanentes, et à défendre, par tous les moyens possibles, la République menacée.

Le Comité central n'est pas un comité anonyme : il est la réunion de mandataires d'hommes libres qui connaissent leurs devoirs, affirment leurs droits et veulent fonder la solidarité entre tous les membres de la garde nationale. Il proteste donc contre toutes les imputations qui tendraient à dénaturer l'expression de son programme pour en entraver l'exécution. Ses actes ont toujours été signés ; ils n'ont eu qu'un mobile, la défense de Paris. Il repousse avec mépris les calomnies tendant à l'accuser d'excitation au pillage d'armes et de munitions, et à la guerre civile.

L'expiration de l'armistice, sur la prolongation duquel le *Journal Officiel* du 26 février était resté muet, avait excité l'émotion légitime de Paris tout entier. La reprise des hostilités, c'était en effet l'invasion, l'occupation et toutes les calamités que subissent les villes envahies.

Aussi la fièvre patriotique qui, en une nuit, souleva et mit en armes toute la garde nationale ne fut pas l'effet de l'influence d'une commission provisoire nommée pour l'élaboration des statuts ; c'était l'expression réelle de l'émotion ressentie par la population.

Quand la convention relative à l'occupation fut officiellement connue, le Comité central, par une déclaration affichée dans Paris, engagea les citoyens à assurer, par leur concours énergique, la stricte exécution de cette convention. A la garde nationale, revenait le droit et le devoir de protéger, de défendre ses foyers menacés. Levée tout entière, spontanément, elle seule, par son attitude, a su faire de l'occupation prussienne une humiliation pour le vainqueur.

Vive la République !

Paris, le 4 mars 1871.

ARNOLD, Jules BERGERET, BOUIT, CASTIONI, CHAUVIÈRE, CHOUTEAU, COURTY, DUTIL, FLEURY, FRONTIER, GASTEAU, HENRY FORTUNÉ, LACORD, LAGARDE, LAVALETTE, MALJOURNAL, MATTÉ, MUTTIN, OSTYN, PICONEL, PINDY, PRUDHOMME, VARLIN, Henry VERLET, VIARD.

Par le fait de cette proclamation, Paris déclarait reprendre son droit le plus incontestable et le plus naturel, celui de se gouverner lui-même ; il voulait son autonomie, abstraction faite du gouvernement qui ne devait plus vivre chez lui que comme son hôte et non son maître et seigneur, en vertu de cet adage : *Charbonnier est maître chez lui !*

Le 5, le Comité d'arrondissement du XIIIe arrondissement faisait apposer sur les murs l'affiche suivante :

FÉDÉRATION DE LA GARDE NATIONALE

Etat-Major du 13e arrondissement

Gardes nationaux du 13e arrondissement,

Vous nous avez choisis pour vous représenter auprès du Comité de la Fédération de la garde nationale, au moment où l'on vous imposait pour général en chef d'Aurelles de Paladines.

Le général a été destitué de son commandement par Gambetta, après la reprise d'Orléans par les Prussiens. Pourquoi ? ? ?

Il importe de préciser notre programme. Le voici :

1. La République est au-dessus du droit des majorités, en conséquence, nul n'a le droit de la mettre en discussion.

2. Nous voulons que nos chefs supérieurs, général et état-major, soient pris dans la garde nationale et nommés par elle.

La garde nationale ne doit dépendre que d'elle-même.

3. Nous voulons que le pouvoir militaire soit subordonné au pouvoir civil. Citoyens, hors de service, nous dépendons de la municipalité, dans les mesures qu'elle peut prendre pour la sécurité et l'indépendance de tous, et nous ne faillirons pas à notre devoir.

Citoyens,

On parle de pillage d'armes et de munitions : calomnie ! On nous amena des canons et nous les entourons de nos faisceaux pour empêcher qu'on les tourne contre nous. C'est notre droit.

Oui, nous voulons être forts pour empêcher l'effusion du sang, en vertu de cet axiome : « Pour avoir la paix il faut être prêt à la guerre. » Car tant que le gouvernement armera, nous devons rester armés nous-mêmes.

Citoyens, nous ferons tous nos efforts pour arriver à l'union fraternelle qui seule peut cicatriser les plaies de la patrie.

*Le chef de la Commission du XIIIe arrondissement,*

E. Duval.

*Les commissaires adjoints* : Jolivet, Denis, Benoit, Delage, Brulefer, E. Paty, Ducouvrai, Favre, Ducroc, Ferdinand Baudel.

D'autre part, le Comité central votait, en séance du Waux-Hall, le 10 mars 1871 :

PROCLAMATION DU COMITÉ CENTRAL A L'ARMÉE

*A l'armée, les Délégués de la garde nationale de Paris,*

Soldats, enfants du peuple !

On fait courir en province des bruits odieux.

Il y a dans Paris 300,000 gardes nationaux et, cependant, chaque jour, on y fait entrer des troupes que l'on cherche à tromper sur l'esprit de la population parisienne. Les hommes qui ont organisé la défaite, démembré la France, livré tout notre or, veulent échapper à la responsabilité qu'ils ont assumée en suscitant la guerre civile. Ils comptent que vous serez les dociles instruments du crime qu'ils méditent. Soldats citoyens, obéirez-vous à l'ordre m pie de verser le même sang qui coule dans vos veines ? Déchirerez-vous vos propres entrailles ? Non ; vous ne consentirez pas à devenir parricides et ratricides.

Que veut le peuple de Paris ?

Il veut conserver ses armes, choisir lui-même ses chefs et les révoquer quand il n'aura plus confiance en eux.

Il veut que l'armée active soit renvoyée dans ses foyers, pour rendre au plus vite les cœurs à la famille et les bras au travail.

Soldats ! enfants du peuple ! unissons-nous pour sauver la République. Les rois et les empereurs nous ont assez fait de mal. Ne souillez pas votre vie. La consigne n'empêche pas la responsabilité de la conscience. Embrassons-nous à la face de ceux qui, pour conquérir un grade, obtenir une place, ramener un roi, veulent nous faire entr'égorger !

Vive à jamais la République !

En face de ce pouvoir qui s'organisait et s'affirmait de jour en jour, le gouvernement faisant appel au parti de l'*ordre*, répétait ces phrases sonores et creuses : « *Le gouvernement et le général* « *en chef, sont décidés à faire énergiquement leur devoir, ils feront* « *exécuter les lois.* »

C'était très bien ; mais après les déceptions que venait de subir la population, le gouvernement n'avait que ses troupes sur qui il pût compter ; et encore ?

Enfin, le jour arriva où M. Thiers, pour être fidèle à la promesse donnée par lui à l'Assemblée, devait prouver aux députés uraux qu'ils pouvaient se réunir le lundi 20 mars à Versailles, sans craindre les canons de l'ennemi ou les pavés de l'émeute.

Ne devait-il pas, avant tout, plaire à la réaction dont il s'était fait l'instrument aveugle et l'obéissant serviteur ?

Aussi, méconnaissant ou feignant de méconnaître la sagesse de la population, niant ou feignant de nier l'influence des maires qui s'était fortifiée par la tâche ingrate qu'ils avaient eu à remplir durant et depuis le siége, et qui était assez forte pour qu'aucune explosion ne fût à craindre, il résolut de s'emparer par surprise des parcs d'artillerie de la garde nationale. C'était aussi une sonde jetée pour voir ce qu'on pouvait espérer ou non pour la restauration monarchique. Il voulait voir « *si la poire était mûre.* »

Sur cette réponse de Vinoy : « *Je réponds sur ma tête du succès, je reviendrai vainqueur !* » M. Thiers s'abandonna au parti intéressé de la force ; et il fut décidé le 17 que dans la nuit du 17 au 18 mars, on s'emparerait par surprise des pièces d'artillerie de la garde nationale.

Pendant que les troupes commençaient leurs opérations, le gouvernement faisait afficher cette proclamation, signée de tous les membres :

Habitants de Paris,

Nous nous adressons encore à vous, à votre raison, à votre patriotisme, et nous espérons que nous serons écoutés.

Votre grande cité, qui ne peut vivre que par l'ordre, est profondément troublée dans quelques quartiers ; et le trouble de ces quartiers, sans se propager dans les autres, suffit cependant pour y empêcher les élans du travail et de l'aisance.

Depuis quelque temps, des hommes mal intentionnés, sous prétexte de résister aux Prussiens, qui ne sont plus dans vos murs, se sont institués les maîtres d'une partie de la ville, y ont élevé des retranchements, y montent la garde, vous forcent de la monter avec eux, par ordre d'un comité occulte qui prétend commander seul à une partie de la garde nationale, méconnaît ainsi l'autorité du général d'Aurelles, si digne d'être à votre tête, et veut former un gouvernement en opposition au gouvernement légal, institué par le suffrage universel.

Ces hommes qui vous ont déjà causé tant de mal, que vous avez dispersés vous-mêmes au 31 octobre, affichent la prétention de vous défendre contre les Prussiens qui n'ont fait que paraître dans nos murs et dont ces désordres retardent le départ définitif ; ils braquent des canons qui, s'ils faisaient feu, ne foudroiraient que vos maisons, vos enfants et vous-mêmes. Ces hommes, enfin, compromettent la République, au lieu de la défendre, car s'ils établissaient dans l'opinion de la France que le désordre est la conséquence nécessaire de la République, la République serait perdue. Ne les croyez pas et écoutez la vérité que nous vous disons en toute sincérité !

Le gouvernement institué par la nation tout entière aurait déjà dû reprendre ces canons dérobés à l'Etat, et qui en ce moment ne menacent que vous, enlever ces retranchements ridicules qui n'arrêtent que le commerce, et mettre sous la main de la justice les criminels qui ne craindraient pas de faire succéder la guerre civile à la guerre étrangère ; mais il a voulu donner aux hommes trompés le temps de se séparer de ceux qui les trompent.

Cependant, le temps qu'on a accordé aux hommes de bonne foi pour se séparer des hommes de mauvaise foi, est pris sur votre repos, sur votre bien-être, sur le bien-être de la France tout entière. Il faut donc ne pas le prolonger indéfiniment. Tant que durera cet état de choses, le commerce est arrêté, vos boutiques sont désertes, les commandes qui viendraient de toutes parts, sont suspendues ; vos bras sont oisifs, le crédit ne renaît pas ; les capitaux, dont le gouvernement a besoin pour délivrer le territoire de la présence de l'ennemi, hésitent à se présenter.

Dans votre intérêt même, dans celui de votre cité, comme dans celui de la France, le gouvernement est résolu à agir. Les coupables qui ont prétendu instituer un gouvernement à eux, vont être livrés à la justice régulière. Les canons dérobés à l'Etat vont être rétablis dans les arsenaux, et pour exécuter cet acte urgent de justice et de raison, le gouvernement compte sur votre concours.

Que les bons citoyens se séparent des mauvais ; qu'ils aident à la force publique au lieu de lui résister. Ils hâteront ainsi le retour de l'aisance dans la cité, et rendront service à la République elle-même, que le désordre ruinerait dans l'opinion de la France.

Parisiens, nous vous tenons ce langage, parce que nous estimons votre bon sens, votre sagesse, votre patriotisme ; mais cet avertissement donné, vous nous approuverez de recourir à la force, car il faut à tout prix et sans un jour de retard, que l'ordre, condition de votre bien-être, renaisse entier, immédiat, inaltérable.

Paris, le 17 mars 1871.

A. Thiers, président du Conseil, chef du pouvoir exécutif.

*Suivent les signatures des Ministres.*

Je n'ai été ni emprisonné, ni blessé, ni transporté ; je n'ai pas été mêlé à cette affreuse guerre civile ; je n'ai eu ni frère, ni sœur, ni père, ni mère, ni amis fusillés. Je n'apporte aucun sentiment personnel dans cette instruction. Je sais que je vais dire des paroles graves, et je continue, fort que je suis de l'approbation de ma conscience.

Le gouvernement donc procéda à une attaque de vive force, attaque dangereuse, et celà même sans en avertir les autorités municipales, sans en prévenir la garde nationale, malgré sa promesse formelle faite aux maires : « *Rien ne sera fait sans que vous soyez avertis.* »

Le 18 mars donc, à trois heures du matin, les buttes Montmartre sont cernées ; à quatre heures et demie, les pentes sont gravies ; on arrive au plateau, les hommes de garde surpris sont désarmés.

Les pièces sont prises, tout a réussi !

On va sans doute les enlever immédiatement ?

Ah bien ! oui !

On a oublié des chevaux et des prolonges ; et puis la guerre civile attendue et préparée, il ne faut pas qu'elle manque cette fois.

Tout à coup plusieurs coups de feu retentissent ; le tocsin sonne, le rappel bat et un coup de canon parti des buttes Chaumont appelle la population aux armes.

Réveillée en sursaut, elle croit à une attaque des Prussiens ; mais bientôt la nouvelle circule. Les desseins de la réaction cette fois sont visibles pour tout le monde.

La multitude s'amasse, court aux armes et entoure la troupe qui est disséminée sur plusieurs points. A Montmartre, pendant que le général Vinoy range ses troupes en bataille sur les boulevards extérieurs, en face le collége Rollin, la garde nationale tournant la butte par le côté Saint-Denis, réoccupe celle-ci et les soldats forcés, qui se savent frères d'armes par le cœur et le courage avec la garde nationale, lèvent la crosse en l'air. Le général Lecomte, brave et honnête soldat, est arrêté. Bientôt après, un autre homme est aussi arrêté, un vieillard que les massacres de la réaction, en juin 1848, ont rendu célèbre et qui prêta un ardent concours au gouvernement de la trahison nationale ! C'est le général Clément Thomas.

Quelle fatalité que celle qui amène cet homme dans ce moment ! L'indignation qu'excite la présence de cet homme est telle que les cris : A mort ! A mort ! retentissent de tous côtés. Malgré l'effort de quelques chefs, le torrent se précipite, et ce malheureux dans son *exécution sommaire*, entraîne avec lui *l'assassinat* du général Lecomte, que les balles ennemies avaient respecté.

C'en était fait! La brute s'éveillait dans l'homme. La fureur des partis allait s'allier à je ne sais quels fauves instincts, car, comme dit Channing, le mal, principe de la guerre, ce n'est pas la mort sous ses formes les plus affreuses, ce n'est pas le renversement des cités, l'appauvrissement des nations, la famine, la peste, c'est le mal moral, et la guerre est la concentration de tous les crimes humains. Elle fait de l'homme une bête de proie. Ne voit-on pas, en effet, la terreur dans les esprits engendrer la barbarie dans les actes et revenir au temps de la jacquerie du Moyen-Age? Et la France terrifiée allait assister au plus terrible duel qui ait épouvanté son histoire.

Ne sont-ce pas les violentes injustices de la réaction en 48 et de l'empire, qui ont précipité dans les excès, où devait sombrer la Commune, tous ces esprits ardents et exaltés. Qui ne sent, en effet, que toutes les fureurs de ces gens étaient nées des persécutions endurées?

Voilà bien pourquoi on doit combattre éternellement pour la liberté et la loi, car leur règne seul permet les manifestations du progrès et rend impossibles les haines, et par conséquent les revanches sociales.

Pendant que ces tristes faits se passaient à Montmartre, la garde nationale se mettant sur pied, faisait face aux troupes. Ainsi, à la rotonde, rues de Flandre et d'Allemagne, les bataillons de la garde nationale désarmaient la ligne cernée. Au haut du faubourg Saint-Martin, ils s'emparaient des canons d'une batterie d'artillerie, prisonnière entre les barricades; et le soir, ces malheureux artilleurs sans vivres, sans ordres, se voyaient nourris par la garde nationale. Dans la nuit, le commandant, venant seul, à la salle de la Marseillaise, où se trouvait un comité, leur réclamait ses pièces, disant : « Je suis sans ordres, sans vivres, je vais quitter le quartier, mais vous pensez que dans mon honneur de soldat, je ne puis abandonner mes pièces. » On le comprit si bien, que des hommes s'attelant aux pièces, les lui ramenèrent jusqu'où étaient ses attelages, et il partit respecté de tous.

Jusqu'ici, chaque quartier isolé, ne sachant au juste ce qui se passait dans le voisin, ne sachant à qui obéir, se gardait militairement.

Mais quand la nouvelle de l'exécution du général Clément Thomas et surtout l'assassinat du général Lecomte se répandit, on se demanda avec une profonde stupeur, si par malheur, la guerre civile, jusqu'ici évitée, n'allait pas éclater? Chacun se tint alors doublement sur ses gardes, prêt à toutes les éventualités; le cœur serré, la poitrine haletante, l'oreille tendue aux moindres rumeurs. C'est ainsi, en général, que s'écoula lentement la nuit du 18 au 19 mars.

Se voyant abandonné d'une partie de l'armée, qui ne voulait plus jouer le rôle de sbire d'un gouvernement, le bon Vinoy, battit encore en retraite malgré sa parole : « *Je reviendrai vainqueur.* »

Une panique incroyable s'empara alors du gouvernement. Dans la fin de cette journée, le gouvernement fit ses préparatifs de départ et s'enfuit après avoir rédigé cette étrange proclamation au peuple de Paris : « Parisien ! restez chez vous ; Parisiens ! ralliez-vous autour du gouvernement de l'Assemblée. »

Rester chez soi et se rallier à un gouvernement qui n'est plus là, est chose matériellement impossible.

Où était le gouvernement ? Il partait.

Où était l'Assemblée ? Pas même à Versailles; elle était en congé.

Les ministres, non contents de partir, donnaient l'ordre à leur personnel de les suivre ! L'homme qui partit le dernier fut M. Ferry ; et il ne se gêna pas pour dire naïvement : « Je pars, Messieurs, je ne puis pas défendre Paris tout seul ! »

Le lendemain, 19, la nouvelle parut tellement incroyable, inouïe, que personne d'abord ne voulut ajouter foi à une pareille aberration. L'histoire n'offre aucun précédent d'un fait si monstrueux. Et pourquoi tout ce monde partait-il ? Pourquoi abandonnait-on la ville de Paris le soir du 18 mars ? Les ministres ont-ils été expulsés ? Par qui ? par quoi ?

Mais non ! L'heure des revendications de la réaction avait sonné ! Le moment était enfin venu d'en finir avec tous ces démagogues que les Prussiens n'avaient pu amener à merci.

Tout avait été préparé, combiné, et la lettre suivante, adressée à M. de Bismarck, paraîtrait assez vraisemblable :

Bordeaux.......... .....1871.

EXCELLENCE,

Le moment est venu de vous exposer les moyens que je tiens en réserve pour remplir de tout point les promesses que j'ai faites à Sa Majesté votre Auguste Maître.

Vous verrez, Excellence, que je donne plus que je ne dois..... Car, non-seulement je veux en finir avec les démagogues français, mais encore avec tous ceux du continent. Evidemment, la Providence me prête son concours, en me plaçant à la tête d'une Assemblée on ne peut mieux disposée à seconder mes desseins.

Nous sommes ici tous d'accord sur la nécessité de rétablir la Monarchie. Ce n'est qu'une question de temps.

Le seul obstacle sérieux est Paris. Nous allons lui déclarer la guerre, l'isoler, l'amoindrir, en lui retirant le privilége d'être le siége du gouvernement.

Nous allons d'abord démontrer à la tribune le danger de laisser plus longtemps le gouvernement siéger au sein d'une population constamment en révolte.

Paris regimbera inévitablement. Nous lui fournirons bien d'autres motifs de s'abandonner à son humeur révolutionnaire.

Mais, en attendant, nous prendrons nos dispositions ; nous réorganiserons les départemenrs, nous réunirons les débris de nos armées, pour être prêts à agir au moment voulu.

Si nos calculs sont bien fondés, Paris se révoltera ; nous l'aiderons à cela. Dès ce moment nous sévirons au nom de la légalité. Quelques jours laissés à l'émeute permettront à tous les républicains de France et de l'étranger de se réunir à Paris; nous leur laisserons une porte ouverte. Le patriarche de Caprera ne manquera pas l'occasion de venir prendre les rênes de la future République universelle.

. . . . . . . . . . . . . . . . . . . . . . . . . . . . . . . . . . . . . . . . . . . . . . . . . . . . . . . . . . . .

Au moment venu, nous pourrions agir de concert pour en finir avec tous ces agitateurs qui, depuis cinquante ans, troublent la paix de l'Europe.

Son Excellence trouve-t-elle mon plan digne de son approbation ?

J'ai l'honneur, etc.

M. de Bismarck répondit en ces termes :

Berlin.................1871.

Sa Majesté mon Auguste Maître a daigné approuver vos plans, sans réserve. Elle a daigné sourire de l'ingénieuse combinaison qui doit réaliser le plus cher de nos vœux : le rétablissement de la Monarchie sur les ruines de la République. Elle vient de faire expédier l'ordre aux commandants des forces qui occupent les environs de Paris de vous prêter leur concours, toutes les fois qu'ils le pourront, sans sortir des limites qui leur sont tracées par les préliminaires.

Ils pourront, à l'occasion, vous protéger par le seul effet de la manœuvre, vous fournir en toute occasion des armes et des projectiles, et même tous les renseignements utiles.

Je suis, Monsieur, aussi désireux que mon Auguste Maître de vous voir réussir dans votre entreprise : mais, entre nous, je la crois au-dessus de vos forces. Je connais vos talents, et les ai en grande considération ; votre habileté, votre adresse, votre malice même, ne parviennent pas cependant à m'inspirer la confiance que mon Maître a dans votre succès.

Je crains que vous et les vôtres n'ayez par trop vieilli, et, pour me servir d'une phrase usitée parmi vous, je crains que vos ficelles ne soient usées.

Vous pouvez, je le sais, par d'habiles circulaires, surprendre l'opinion dans les départements ; mais pour combien de temps ?

Les républicains réunis forment une véritable puissance ; si, pour la première fois enfin, ces hommes parvenaient à s'entendre, s'ils parvenaient à être sages, sages, mais sages au point de ne pas nous fournir le moindre prétexte de vous venir en aide, eh bien, dans ce cas, vous sera-t-il permis de faire, avec les débris de vos armées, ce que nous n'avons pu faire avec nos 200,000 hommes aguerris et disciplinés ?

J'attends pour croire.

Agréez, etc.

BISMARCK.

Le Gouvernement partit donc de Paris; pourquoi ?

Il fallait en finir.

Aujourd'hui, la guerre semble être l'état normal de la race humaine ; après les coups de fusil, les coups de lois. Les revendications des prolétaires sont considérées comme les déclarations d'une lutte à outrance, et les maîtres de l'Europe essaient de former aujourd'hui une nouvelle Sainte-Alliance pour étouffer les aspirations des travailleurs et empêcher leur réalisation.

Luttes, défaites, revanches, haines, précautions et préparatifs : voilà où nous en sommes.

O fous ! trois fois fous ! qui ne comprenez pas qu'après un siècle de luttes, toujours de plus en plus terribles, un jour est arrivé où vous avez envoyé Louis XVI à l'échafaud, et avez noyé dans une mer de sang ceux qui s'étaient crus invincibles. Une monarchie de quatorze siècles est en un jour couchée dans la poussière; Louis XVI est livré à l'implacable révolution, qui ne se croit hors d'atteinte qu'en donnant au monde le terrible spectacle de la majesté royale traînée sur l'échafaud.

Toutes les classes s'étaient réunies pour la destruction ; elles se divisèrent lorsqu'il fallut refaire l'ordre social.

La noblesse est morte, enivrée de ses droits et de sa puissance ; la bourgeoisie comprend-elle mieux ses devoirs ? Nous allons voir que non.

Et que demander d'abord à ces braves gens qui ne se doutent pas même qu'ils sont l'égoïsme social personnifié ? Ces fils ou petit-fils d'ouvriers, hissés sur les hauteurs de la bourgeoisie par la poulie du capital, ne s'inquiètent en aucune façon du travail qui s'accomplit silencieusement au-dessous d'eux ! S'inquiéter ? Fi donc ! Que peuvent-ils redouter ? Ils sont trop haut placés pour cela.

Je suis riche, je suis arrivé, et vous voulez que je m'occupe de ce qui ne m'intéresse pas ? Vous me parlez de vos fariboles socialistes ? mais nous avons le gendarme, la magistrature, l'armée, la police, etc....

Il ne voient pas que l'argent jeté à pleines mains, pour la satisfaction de ses plaisirs, ne suffit pas pour faire d'un homme un citoyen. Ils ne comprennent pas que ce n'est pas à leur argent qu'on en veut, mais que c'est à leur intelligence que l'on s'adresse.... Malheureusement, comme elle est tombée dans leur caisse, ils ne peuvent déchiffrer l'énigme composée de ces trois mots : *Privilége, Capital, Travail.*

Ils s'amusent, ils font des affaires, ils empilent des actions sur des obligations, ils sont contents et ils croient fermement que tout est pour le mieux dans le meilleur des mondes possibles. Si vous en doutez, ils vous traiteront de révolutionnaires et tous ces applaudisseurs de la foire aux idées vous appelleront les éternels ennemis de l'ordre, de la religion et de la famille.

Leur religion, nous la connaissons ; la famille, nous savons ce qu'ils en font ; la patrie, nous n'ignorons pas de quelle façon ils la servent ; s'il est un impôt que tout homme de cœur doit payer à son pays, c'est l'impôt du sang, surtout lorsqu'il est nécessaire pour défendre le sol attaqué ; eh bien, ils trouvent tout naturel de vouloir échapper, moyennant finance, aux dangers de la guerre ; ils achètent un pauvre diable qu'ils arrachent à son pays ou à son métier pour courir le risque d'aller se faire tuer pour celui qui l'a payé.... Acheter un homme, c'est..... passez-moi le terme.... se donner un brevet de Jean F..... avec privilége du gouvernement.

Il est vrai que le gouvernement c'est eux ! Aussi, pour bases fondamentales de la société, ils entendent le bon fauteuil rembourré de priviléges sur lequel ils sont assis, l'oreiller de sottises sur lequel ils reposent, et le lit moëlleux dans lequel ils dorment enfermés dans leur égoïsme ; en un mot, tout l'ensemble de jouissances, d'abus, de sottises, de traditions, de préjugés, d'habitudes dont est faite sa vie.

Or, ce sont ces bases qu'il faut conserver. C'est pour celà qu'ils s'appellent conservateurs, et donnent pompeusement à leur secte le titre de *Parti de l'ordre,* bien qu'elle soit la mère des révolutions ; car c'est à sa tactique, à ses excitations savantes, à sa haine du progrès, à sa prétention de maintenir dans une servitude relative les classes laborieuses, que nous devons les fureurs des partis extrêmes et les revendications sanglantes.

C'est le parti de l'ordre qui gouverne sous Louis-Philippe ; c'est lui qui mitraille Lyon, met Paris en état de siége ; fait les lois de Septembre, et en 1848, déporte après les affaires de Juin les citoyens par milliers et organise le comité de la rue de Poitiers.

Le parti de l'ordre est le même dans tous les temps, dans tous les lieux. C'est lui qui, dans Jérusalem, sous la dénomination de Pharisiens, fait crucifier le fondateur de la morale nouvelle. C'est lui qui inscrit dans une dépêche cette parole mémorable : *L'ordre règne à Varsovie.* Le parti de l'ordre ou parti conservateur, sous tous les régimes qui depuis moins d'un siècle se sont succédé en France, n'a qu'un but : obtenir des jugements et des condamnations contre les promoteurs d'idées qui, peu d'années après, sont acceptées et formulées en lois, et inscrites dans nos codes.

Au 4 Septembre, quand croula le gouvernement infâme de l'empire, il sembla que l'heure était enfin venue des réparations sociales. Le même sentiment de dégoût et de lassitude avait pénétré toutes les classes ; l'égoïsme mercantile et démoralisateur, était repoussé et flétri avec la même énergie par tous les cœurs honnêtes. L'union, la concorde étaient dans toutes les âmes ; la réaction, qui n'avait plus de sbires à ses ordres, honteuse et craintive, se dissimulait sous les dehors d'un satisfaction sans mélange.

Mais en dépit de la présence dans le gouvernement de deux ou trois membres entièrement dévoués aux intérêts des prolétaires ; en dépit de l'enthousiasme et des aspiratious généreuses qui se manifestaient, il était certain que la bourgeoisie conservatrice n'abandonnerait pas si facilement ses priviléges et qu'elle refuserait aussi longtemps qu'elle le pourrait, de reconnaître le droit des classes jusque là déshéritées, et de modifier d'une façon équitable les conditions de leur travail.

L'exploitation consacrée par la loi, les mœurs, les préjugés, étaient choses si douces pour ceux qui en bénéficiaient, qu'on devait encore s'attendre à une vive résistance de leur part contre les tentatives de réformes que la Révolution avait mises officiellement à l'ordre du jour.

La mollesse du gouvernement de la défense, l'oubli de ses plus formelles promesses, permit aux intrigues de ce parti de se faire jour. Non-seulement il reprit courage, mais il ourdit les plus infâmes machinations.

Mais pour arriver à son but, à ses fins, il fallait faire naître un conflit, la guerre civile. Il fallait en finir avec tous ces promoteurs d'idées fallacieuses, de théories antisociales ; il fallait parachever ce que la guerre avait commencé, c'est-à-dire tuer, massacrer, assassiner ces fous qui prétendaient comme ceux de 1789, que l'état social actuel n'était pas parvenu au suprême degré de perfection.

Ce prétexte tant désiré, cette occasion que la patience du peuple contenue jusque-là n'avait pu faire naître, le 18 mars allait enfin les fournir, et la provocation la plus odieuse allait amener une répression jusque-là sans exemple.

Les canons de la garde nationale et les pièces sauvées de l'ennemi le 27 février allaient servir de prétexte.

Une partie de ces pièces que l'on avait établies avec sollicitude sur les buttes Montmartre et que gardaient quelques factionnaires de la garde nationale étaient inoffensives, car elles n'étaient dirigées ni contre le pouvoir, qui était partout et nulle part, ni contre l'Assemblée, qui était à une distance très raisonnable.

Mais, dit-on, comment le gouvernement peut-il tolérer un pareil précédent ? Pense-t-il donc sérieusement à laisser ces armes à la populace ? Mais alors, quelle tranquillité est possible ? Il n'y en a plus aucune. La nation armée est impossible en France ! Voilà ce que criaient nos chauvins de tout âge, le *parti de l'ordre*.

Les sages, les députés de Paris, tous les maires disaient : « Attendez, laissez faire, la garde nationale vous remettra bientôt elle-même ses canons. » Mais ceci ne pouvait faire le compte de tous les souteneurs du trône et de l'autel. Aussi voulaient-ils qu'on eût recours à la force, à la vigueur, à l'énergie. Il fallait, disaient-ils, faire une sorte de coup d'Etat devant cette velléité d'insurrection populaire.

Ils parlaient d'énergie alors ! Pourquoi n'en avaient-ils pas parlé pendant le siége fait par l'ennemi.

Le coup d'Etat eut lieu, Vinoy battit en retraite, et les généraux Clément Thomas et Lecomte payèrent de leur sang cette échauffourée exécutée par le parti de l'ordre.

Voilà où aboutissent ces luttes fratricides, car de même que les lois physiques, les lois morales ne sont pas impunément violées. Il n'y a pas de force au monde, qui puisse empêcher les causes de produire leurs effets.

---

# XIX

## LE COMITÉ CENTRAL

Le dimanche matin, 19 mars, Paris en se réveillant, apprit que le gouvernement avait émigré à Versailles. La stupéfaction fut telle que le Comité central s'empara sans aucune opposition de tous les postes et de toutes les administrations, tous les services administratifs ayant été transportés à Versailles.

Le Comité central fit aussitôt afficher la proclamation suivante :

AU PEUPLE.

Citoyens,

Le peuple de Paris a secoué le joug qu'on essayait de lui imposer.

Calme, impassible dans sa force, il a attendu sans crainte comme sans provocation, les fous éhontés qui voulaient toucher à la République.

Cette fois, nos frères de l'armée n'ont pas voulu porter la main sur l'arche sainte de nos libertés.

Merci à tous, et que Paris et la France jettent ensemble les bases d'une Républipue acclamée dans toutes ses conséquences, le seul gouvernement qui fermera pour toujours l'ère des invasions et des guerres civiles.

L'état de siége est levé.

Le peuple de Paris est convoqué dans ses sections pour faire ses élections communales.

La sûreté de tous les citoyens est assurée par le concours de la garde nationale.

Hôtel-de-Ville, ce 19 mars 1871.

*Le Comité central de la garde nationale,*

ASSI, VARLIN, BILLIORAY, etc.

Le même jour, le Comité central faisait afficher une seconde proclamation, ainsi conçue :

A LA GARDE NATIONALE,

Vous nous aviez chargé d'organiser la défense de Paris et de vos droits.
Nous avons conscience d'avoir rempli cette mission. Aidés par votre généreux courage et votre admirable sangfroid, nous avons chassé ce gouvernement qui nous trahissait.
A ce moment notre mandat est expiré et nous vous le rapportons, car nous ne prétendons pas prendre la place de ceux que le souffle populaire vient de renverser.
Préparez donc et faites de suite vos élections communales, et donnez-nous pour récompense la seule que nous ayions jamais espérée : l'établissement d'une véritable République.
En attendant, nous conservons au nom du peuple l'Hôtel-de-Ville.

Paris, 19 mars 1871.

ASSI, VARLIN, BILLIORAY, etc.

Enfin, une troisième affiche, convoquait le collége électoral pour le mercredi 22 mars, afin d'élire le Conseil communal.

Les municipalités élues après la manifestation du 31 octobre, c'est-à-dire en novembre 1870, restaient donc les seuls représentants du gouvernement.

En face de la situation incroyable que le gouvernement leur faisait, ils se réunirent dans l'après-midi de ce même jour afin d'aviser à ce qu'ils pourraient faire et après avoir ouï les délégués du Comité, qui s'était installé aux lieu et place du Gouvernement, ils finirent par tomber d'accord pour retarder les élections et annoncer à la population de Paris que ses députés allaient déposer immédiatement sur le bureau de l'Assemblée, un projet de loi sur les élections municipales et sur l'élection de tous les chefs de la garde nationale.

Et Paris, rassuré, se sentait renaître à la chaleur des rayons de soleil qui annonçaient un nouveau printemps. Le Comité central prenait des arrêtés où :

1° Il abolissait la conscription ;

2° Il abolissait les conseils de guerre de l'armée permanente ;

3° Il accordait amnistie pleine et entière pour tous les crimes et délits politiques ;

4° Il déclarait qu'il était décidé à respecter les conditions de la paix ;

5° Il repoussait la responsabilité des exécutions des généraux Clément Thomas et Lecomte ;

6° Il rapportait l'arrêté relatif à la vente des objets engagés au Mont-de-Piété ;

7° Il prorogeait d'un mois les échéances des effets de commerce ;

8° Il décrétait que, jusqu'à nouvel ordre, les propriétaires et les maîtres d'hôtel ne pourraient congédier leurs locataires.

Mais pendant que l'Assemblée, dans sa séance du 21 mars, refusait de s'occuper immédiatement des élections municipales, et d'arriver ainsi à la conciliation, le parti de l'ordre, s'agitant au milieu de l'indifférence générale, organisait un semblant de résistance au centre de Paris et se barricadait dans la gare St-Lazare, gare de la ligne de l'Ouest, dont était maître le Comité central.

Voyant le peu d'effet qu'ils produisaient, les partisans de l'ordre, résolurent alors d'organiser une manifestation pacifique et soi-disant sans armes, place Vendôme, où se trouvait l'état-major général des fédérés : ils espéraient attirer ainsi à eux la tourbe des intérêts effarouchés. L'ordre était alors, comme toujours, un mot dont tous les partis se faisaient une cocarde.

Lorsque la manifestation, composée de 5 à 600 personnes, arriva place Vendôme, les fédérés formant la ligne s'opposèrent à son passage en criant : « On ne passe pas ! » La foule hésitante, s'arrête, mais poussée, excitée par ceux qui désirent la guerre civile, elle veut forcer le passage et quelques coups de feu retentissent ; alors les fédérés abaissent leurs armes, menacent, et voyant la foule persister fait feu. Une débandade générale s'ensuivit.

Cette fusillade, diversement interprétée par la population, rendit celle-ci plus prudente. Le parti de l'ordre, cherchant à utiliser ce nouveau massacre, essaya de rallier la grosse bourgeoisie, et nomma l'amiral Saisset commandant supérieur de la garde nationale, nomination qui fut reconnue par le gouvernement, puis confirmée par les maires.

Ces derniers, voyant la position s'aggraver de plus en plus, se rendirent à Versailles pour essayer d'obtenir une conciliation entre l'Assemblée et Paris (23 mars). Mais l'Assemblée qui espérait, comme en 1848, voir marcher toute la province réactionnaire sur Paris, et qui venait à cet effet de voter une loi sur les volontaires appelés à défendre sa souveraineté et dont le parti était pris, accueillit les maires de Paris en les qualifiant de traîtres, de complices de l'insurrection. Et l'Assemblée, à Paris, qui demandait la consécration d'un droit commun, n'eut pour toute réponse que l'injure et la haine. La confusion des idées se mêlait à la confusion des partis.

Lorsque Paris apprit le fait, il fut navré ; et ne se faisant plus aucune illusion sur les causes réelles de l'abandon de la ville, presque tous les bataillons de la garde nationale, adhérèrent alors à la fédération. C'était le seul moyen de garder l'unité de la garde nationale et d'éviter la guerre civile.

Cette agression maladroite de l'Assemblée eut pour effet d'isoler complètement la résistance qu'essayait d'organiser l'amiral Saisset, qui, abandonné, partit le soir, 24 mars, pour Versailles.

Paris, abandonné, évita encore une fois par sa sagesse, la guerre civile ; mais il fallait alors un gouvernement, ce gouvernement fût-il bon, fût-il mauvais. La Commune surgit alors, née de l'irritation de la population tout entière et fut proclamée le 26 mars 1871. Ainsi la révolution était légalisée ; 146,418 électeurs séparaient désormais Paris de l'Assemblée.

Mais Versailles avait gagné du temps.

# XX

## VERSAILLES

Pendant qu'à Paris, les maires et le Comité central recherchaient les mesures à prendre pour arriver à une commune entente, l'Assemblée, qui n'avait de français que le nom, attirait à elle tous *les amis de l'ordre ;* c'est-à-dire la tourbe avide de places, vraie sangsue de l'État, qui s'attache au budget de tous les gouvernements constitutionnels ou absolus, à la liste civile de tous les souverains, usurpateurs ou légitimes.

Elle forma ainsi une armée nouvelle, recrutée parmi les Vendéens-Bretons, et grâce aux levées forcées des jeunes gens étrangers à la gloire que s'étaient acquise les anciens régiments employés à la défense de Paris.

D'autre part, une partie de l'armée impériale que lui expédia M. de Bismarck, vint renforcer cette dernière.

Un des principaux traits qui caractérisent les agissements des riches et des prêtres, consiste dans l'infatigable persévérance qu'ils mettent à tenter de ressaisir leurs anciens priviléges et leur ancienne influence.

Sans celà on ne concevrait pas aisément comment des députés appelés à donner leur sanction au choix d'un gouvernement, qui acceptait de prendre à sa charge les conséquences désastreuses d'une guerre faite par l'empire, se fissent un point d'honneur de faire oublier les crimes de cet empire, si on ne se rendait pas compte de l'esprit de vertige et d'effroi qui régnait dans leurs cerveaux.

Après avoir désarmé, licencié et dispersé l'armée de la défense nationale, renvoyé les officiers Faidherbe, Cremer, Denfert, etc., il était nécessaire de faire le siége de Paris, afin de pouvoir restaurer la monarchie.

Tous les royalistes, orléanistes, impérialistes accoururent et s'imaginèrent qu'ils pouvaient s'arroger le droit de vie et de mort sur tous les parisiens. Les T.., les D..., les M..., etc., etc., dont les trophées prussiens troublaiient le sommel, vinrent mettre leur sabre au service des sauveurs de la patrie.

La *Gazette de Francfort*, appréciant un peu plus tard fort justement la position, écrivait :

Les chefs de l'armée de Versailles, depuis le sous-lieutenant jusqu'au général, ne combattent que pour leur propre existence. Tous les officiers bonapartistes, légitimistes, orléanistes, sentent parfaitement, d'une façon consciente ou instinctive, que le triomphe de la République est nécessairement lié à la suppression de l'armée permanente. Aussi ces personnages qui, pendant le siége, se sont conduits avec tant de lâcheté, combattent-ils aujourd'hui avec une bravoure qu'il faut reconnaître.

L'armée permanente n'existait plus en France ; l'armée impériale avait été réduite en atomes ; cet instrument de despotisme, qui avait bien pu assassiner la République dans la nuit du deux Décembre, mais qui n'avait pas réussi à repousser l'invasion étrangère, paraissait tout à fait brisé ! Une réforme radicale militaire, reposant sur des bases républicaines, était réclamée à grands cris par l'opinion publique, comme une des choses les plus pressantes. C'est alors que l'antagonisme, qui a surgi entre la Commune et l'Assemblée, a donné à l'armée qui rentrait de captivité la tête basse, l'occasion inattendue de montrer qu'elle était, malgré tout, bonne encore à quelque chose, du moins à l'intérieur, pour le rétablissement de l'ordre (style officiel). Il s'ensuit que ces hommes se battent contre les Parisiens avec une ardeur dont ils n'avaient jamais fait preuve en face des Prussiens,

« Je fais à ces assassins, a dit dans une proclamation l'ex-écuyer de l'empereurr, je fais à ces assassins une guerre sans pitié et sans merci. »

Contre les Prussiens, l'armée permanente n'avait à défendre que son honneur militaire ; contre les parisiens, c'est son pain quotidien qu'elle a à défendre ; chaque officier et la plupart des sous-officiers, ont à combattre pour leur avenir personnel. Voilà ce qui donne à cette affreuse guerre son caractère atroce. Chacun combat non pas seulement pour ses propres idées, mais plutôt pour sa propre vie, pour sa propre conservation.

Puisque je vous ai cité les paroles de cet ex-écuyer de l'empereur, qui a été interné en Allemagne, je veux vous faire part de ce que m'a dit, dans un moment d'expansion, un garde national dévoué à la Commune. Après m'avoir raconté la mort héroïque d'un artilleur à la porte Maillot, il termina par ces mots prononcés avec calme et avec froideur :

« Soyez-en persuadé, citoyen, c'est une guerre d'extermination entre nous et Versailles. Eux ou nous ! Et tous mes frères pensent comme moi ! »

Ainsi, ces mêmes hommes qui avaient consenti les honteuses capitulations de Sedan et de Metz, qui étaient cause de la chute de Paris et de la France, étaient là de nouveau ; enfin tous les adeptes de l'empire se trouvaient dans les rangs de l'armée de Versailles, et combattaient dans l'espoir d'une restauration.

Diable ! c'est qu'un général de brigade ne raisonne pas comme un simple officier. Parvenus au rang d'officiers supérieurs, les militaires deviennent presque tous aussi conservateurs que des préfets. Dans l'armée comme dans l'administration ou la magistrature, il existe à l'échelle de la hiérarchie un degré presque fatal ; quand on arrive à ce degré, les intérêts de la carrière l'emportent presque toujours sur les considérations politiques.

Pauvre humanité, dont la condition fait souvent presque tous les frais des mérites ou des crimes !

De l'autre côté, le Comité central, organisant son armée, s'emparait de tous les forts de la rive gauche de la Seine que la réaction avait abandonnés, ne se réservant que la clef de Paris : le Mont-Valérien.

---

## XXI

### LA COMMUNE

Ainsi la Commune était nommée, elle siégeait à l'Hôtel-de-Ville.

Le ciel se charge, et comme le tonnerre, l'émeute gronde dans toute la France. La guerre civile est imminente ; elle sera terrible. Versailles et la France sont mis en état de siége, tous les pouvoirs sont concentrés dans les mains de M. Thiers.

Les proclamations lancées par la dictature versaillaise, adjurent la province de marcher avec elle contre Paris, en lui disant qu'elle eombattra pour la liberté en même temps que pour sa fortune. Aux soldats elles disent qu'ils marcheront contre les échappés des bagnes de toute l'Europe, alliés des Prussiens ; aux prolétaires, que l'on s'occupe de leur sort.

« Citoyens, disaient ces proclamations, vous croyez vous battre dans l'intérêt des ouvriers, c'est contre eux que vous combattez ; c'est sur eux seuls que retombera tant de sang versé ; si une pareille lutte pouvait se prolonger, il faudrait désespérer de l'avenir de la République, dont vous voulez tous assurer le triomphe irrévocable. Au nom de la patrie ensanglantée, au nom de la République que vous allez perdre, au nom du travail que vous demandez et qu'on ne vous a jamais refusé, trompez les espérances de vos ennemis communs, mettez bas vos armes fratricides, et comptez que le gouvernement, s'il n'ignore pas que dans vos rangs il y a des instigateurs criminels, sait aussi qu'il s'y trouve des frères qui ne sont qu'égarés et qu'il appelle dans les bras de la patrie.

» On vous dit que vous serez sacrifiés de sang-froid ! Venez à nous, venez comme des frères repentants et soumis à la loi, et les bras de la République sont tout prêts à vous recevoir. »

M. Thiers, en face de la mauvaise volonté du pays à se porter au secours de l'Assemblée, se voyait obligé de s'élever à la tribune contre l'arrière-pensée qu'on lui prêtait de vouloit restaurer la monarchie.

Le commandement en chef de l'armée de Versailles, encore incomplètement organisée, est confié au maréchal Mac-Mahon, qui, à peine remis de sa blessure de Sedan, se dévoue, et devant le cataclysme qui se déchaîne, accepte la lourde tâche de terrifier la France. Mais le temps marchait, les impatients poussaient la commune à l'action, et celle-ci projetait une attaque contre Versailles, et, première faute, elle laissait au pouvoir de l'armée versaillaise le Mont-Valérien, comme si, avant toute chose, elle ne devait pas, coûte que coûte, s'emparer de cette clef de Paris.

Enfin, le 1er avril, la lutte commençait à Courbevoie entre l'armée et les fédérés ; et le 2 avril, l'armée de la Commune marchait sur Versailles. Elle fut repoussée ; la tuerie commença et les massacres ordonnés à Chatou, le meurtre des généraux Duval et Flourens à Clamart, inaugurèrent l'ère du carnage. Ainsi, aux exécutions des généraux Clément Thomas et Lecomte, on répondait par d'autres exécutions.

La guerre sociale était donc déchaînée ; la Commune répondit aux exécutions de Duval et de Flourens en lançant, le 5 avril, cette proclamation :

LA COMMUNE DE PARIS

Considérant que le gouvernement de Versailles foule aux pieds les droits de l'humanité comme ceux de la guerre ; qu'il s'est rendu coupable d'horreurs dont ne se sont même pas souillés les envahisseurs du sol français ;

Considérant que les représentants de la Commune de Paris ont le devoir impérieux de défendre la vie et l'honneur de deux millions d'habitants qui ont remis entre leurs mains le soin de leur destinées ; qu'il importe de prendre sur l'heure toutes les mesures nécessitées par la situation.

Considérant que des hommes politiques et des magistrats de la cité doivent concilier le salut commun avec le respect des libertés politiques,

Décrète :

ARTICLE 1er. — Toute personne prévenue de complicité avec le gouvernement de Versailles, sera immédiatement décrétée d'accusation et incarcérée ;

ART. 2. — Un Jury d'accusation sera constitué dans les vingt-quatre heures pour connaître des crimes qui lui seront déférés ;

ART. 3. — Le Jury statuera dans les quarante-huit heures ;

ART. 4. — Tous accusés retenus par le verdict du Jury d'accusation seront les *ôtages du peuple de Paris ;*

ART. 5. — Toute exécution d'un prisonnier de guerre, ou d'un partisan du gouvernemeut régulier de la Commune de Paris, sera sur-le-champ suivie de l'exécution d'un nombre triple des ôtages retenus en vertu de l'article 4, et qui seront désignés par le sort ;

ART. 6. — Tout prisonnier de guerre sera traduit devant le Jury d'accusation, qui décidera s'il sera immédiatement remis en liberté ou retenu comme ôtage.

Hôtel-de-Ville, 5 avril 1871.

Comme ce décret paraissait, la commission exécutive de la Commune nommait à la direction de la guerre le général Cluzeret.

Pendant que Versailles fusille, les soldats n'oubliant pas qu'ils sont citoyens avant tout, refusent de marcher contre des français; Cluzeret, réglementant la garde nationale, décrète la mobilisation de tous les citoyens de dix-sept à quarante ans.

Ainsi, des deux côtés, on arrête, on enrôle de force des gens qui ne veulent point combattre, et s'ils résistent on les fusille ; et à Versailles comme à Paris, on vit renaître les mœurs détestables des époques barbares.

Mais, pendant que le délégué à la guerre prenait ces mesures dans Paris, la lutte continuait, vive, acharnée ; le canon tonnait, la fusillade éclatait de toutes parts ; à Issy, à Vanves, à Montrouge, le feu ne cessait point. Le 7, Versailles emportait, après une lutte atroce, la barricade et le pont de Neuilly-Courbevoie. Alors commença un duel épouvantable, gigantesque, entre les batteries de l'armée installées au rond-point de Courbevoie et celles de la porte Maillot, élevées avec un soin tout particulier par les fédérés.

Les obus, la mitraille, se croisaient drus, serrés et tombaient éventrant ou effondrant les maisons, déchirant, tuant femmes et enfants. Neuilly n'était que décombres; jamais Paris n'avait entendu pareil vacarme, jamais il n'avait assisté à pareils combats, les luttes du siége n'en étaient qu'une reproduction miniature.

Les hommes sensés, honnêtes, en face de ce déchaînement de passions extrêmes, se réunirent et formèrent des ligues, espérant mettre un terme à cette lutte fratricide.

L'une de ces ligues prit le nom d'Union républicaine pour les droits de Paris, et fit afficher cette adresse :

Chers Concitoyens,

Le siége a recommencé ! Un gouvernement français ose continuer l'œuvre prussienne en bombardant notre ville.

Nous protestons au nom de Paris tout entier, indigné et frémissant.

Il est temps de mettre un terme à cette lutte fratricide. D'horribles malentendus la prolongent. Elle cessera ; elle devra cesser le jour où nous aurons démontré à la France que Paris, loin de vouloir lui imposer ses volontés, demande seulement son indépendance et entend soutenir et défendre, non tels ou tels hommes, mais le grand principe de sa liberté communale.

Qu'est-ce que cette liberté communale ?

Sur quels points la population entière de Paris, bourgeoise ou prolétaire, se trouve-t-elle d'accord ?

Nous les avons indiqués déjà, nous les précisons :

Paris élit son conseil communal, chargé de régler seul le budget de la ville. La police, l'assistance publique, l'enseignement, la garantie de la liberté de conscience relèvent uniquement de lui.

Il n'y a d'autre armée à Paris que la garde nationale, composée de tous les électeurs valides. Elle élit ses chefs et son état-major suivant le mode réglé par le conseil communal, de telle façon que l'autorité militaire soit toujours subordonnée à l'autorité civile.

Paris fournit sa quote-part les dépenses générales de la France et son contingent en cas de guerre nationale.

L'armée régulière n'entre pas à Paris, et il lui est fixé une délimitation qu'elle ne peut franchir, comme à Rome autrefois, comme à Londres aujourd'hui, et comme à Paris même sous la Constitution de l'an III.

Paris élit ses fonctionnaires et ses magistrats.

Ces réclamations légitimes sont dans l'esprit de tous.

Paris se sépare-t-il de la France ? Non.

Paris ne veut point détruire l'œuvre de la grande Révolution française. Il la continue. Mais Paris, pendant vingt ans, opprimé plus encore que le reste du pays, veut reconquérir ses libertés et affirmer ses droits.

Ce qui vient de se produire n'est point une émeute. C'est une révolution.

Que le gouvernement s'engage à renoncer à toute poursuite concernant les faits accomplis le 18 mars.

Que, d'autre part, pour assurer la libre expression du suffrage universel, on procède à la réélection générale de la commune de Paris.

Qu'une grande et imposante manifestation de l'opinion publique fasse cesser la lutte. Que Paris entier signe avec nous! Aujourd'hui, comme au temps du siége, il s'agit de sauver la République, il s'agit de sauver la France.

Si le gouvernement de Versailles restait sourd à ces revendications légitimes, qu'il le sache bien ! Paris tout entier se lèverait pour les défendre.

*Les délégués de l'Union républicaine pour les droits de Paris.*

La franc-maçonnerie, de son côté, vient apporter sa médiation, et s'adresse de la façon suivante aux deux gouvernements :

En présence des évènements douloureux devant lesquels la France tout entière gémit ; en présence de ce sang précieux qui coule par torrents, la Maçonnerie qui représente les idées d'humanité et qui les a répandues dans le monde, vient une fois encore affirmer devant vous, Gouvernement et membres de l'Assemblée, devant vous, membres de la commune, les grands principes qui sont sa loi et qui doivent être la loi de tout homme ayant un cœur d'homme.

Le drapeau de la Maçonnerie porte inscrite sur ses plis la noble devise : Liberté, Egalité, Fraternité, Solidarité. La Maçonnerie prêche la paix parmi les hommes, et au nom de l'humanité, proclame l'inviolabilité de la vie humaine. La Maçonnerie maudit toutes les guerres ; elle ne saurait assez gémir sur les guerres civiles.

Elle a le devoir et le droit de venir au milieu de vous et de vous dire : Au nom de l'humanité, au nom de la fraternité, au nom de la patrie désolée, arrêtez l'effusion du sang, nous vous le demandons, nous vous supplions d'entendre notre appel.

Nous ne venons pas vous dicter un programme, nous nous en rapportons à votre sagesse ; nous vous disons simplement : Arrêtez l'effusion de ce sang précieux qui coule des deux côtés, et posez les bases d'une paix définitive qui soit l'aurore d'un avenir nouveau.

Voilà ce que nous vous demandons énergiquement, et si notre voix n'était pas entendue, nous vous disons ici que l'humanité et la patrie l'exigent et l'imposent.

Paris, le 8 avril 1871.

*Suivent les signatures.*

Mais également suspects à Versailles et à l'Hôtel-de-Ville, les efforts de l'Union républicaine et de la franc-maçonnerie ne purent aboutir. Les deux partis, sûrs de vaincre, ne voulaient entendre parler ni de conciliation ni d'oubli, et les jours se continuaient en combats meurtriers.

Pendant ce temps, la Commune décrétait :

1° Fédération de toutes les communes de France, affranchies du joug de l'Etat;

2° Promulgation d'une loi électorale, qui mit les représentations des villes à l'abri des absorptions des représentations des campagnes ;

3° Des mesures propres à secouer le joug clérical;

4° La substitution de l'armée citoyenne à l'armée permanente;

5° L'abolition de la conscription;

6° L'indépendance administrative de la commune, qu'elle place aussi haut que l'indépendance de l'individu, de la famille ou du pays;

7° Remise à tous les locataires parisiens des termes d'octobre 1870, de janvier et d'avril 1871;

8° La restitution à leurs propriétaires des objets engagés au Mont-de-Piété pendant la guerre;

9° L'arrestation de l'archevêque de Paris pour répondre à celle de Blanqui, arrêté à Versailles;

10° La fermeture des églises ;

11° La démolition de la colonne Vendôme, comme étant un souvenir abject de la tyrannie.

Et ainsi que l'Assemblée, elle appelait la France à son aide par la proclamation suivante adressée aux départements :

## LA COMMUNE DE PARIS AUX DÉPARTEMENTS

Vous avez soif de vérité, et jusqu'à présent, le gouvernement de Versailles ne vous a nourris que de mensonges et de calomnies.

C'est le gouvernement de Versailles qui a commencé la guerre civile en égorgeant nos avant-postes, trompés par l'apparence pacifique de ses sicaires; c'est aussi ce gouvernement de Versailles qui fait assassiner nos prisonniers, et qui menace Paris des horreurs de la famine et d'un siége, sans souci des intérêts et des souffrances d'une population déjà éprouvée par cinq mois d'investissement. Nous ne parlerons pas de l'interruption du service des postes, si préjudiciable au commerce, de l'accaparement des produits de l'octroi, etc.

Ce qui nous préoccupe avant tout, c'est la propagande infâme organisée dans les départements par le gouvernement de Versailles pour noircir le mouvement sublime de la population parisienne. On vous trompe, frères, en vous disant que Paris veut gouverner la France et exercer une dictature qui serait la négation de la souveraineté nationale. On vous trompe, lorsqu'on vous dit que le vol et l'assassinat s'étalent publiquement dans Paris. Jamais nos rues n'ont été plus tranquilles. Depuis trois semaines, pas un vol n'a été commis, pas une tentative d'assassinat ne s'est produite.

Paris n'aspire qu'à fonder la République et à conquérir ses franchises communales, heureux de fournir un exemple aux autres communes de France.

Si la commune de Paris est sortie du cercle de ses attributions normales, c'est à son grand regret pour répondre à l'état de guerre provoqué par le gouvernement de Versailles. Paris n'aspire qu'à se renfermer dans son autonomie, plein de respect pour les droits égaux des autres communes de France.

Quant aux membres de la Commune, ils n'ont d'autre ambition que de voir arriver le jour où Paris, délivré des royalistes qui le menacent, pourra procéder à de nouvelles élections.

Encore une fois, frères, ne vous laissez pas prendre aux monstrueuses inventions des royalistes de Versailles. Songez que c'est pour vous autant que pour lui que Paris lutte et combat en ce moment. Que vos efforts se joignent aux nôtres, et nous vaincrons, car nous représentons le droit et la justice, c'est-à-dire le bonheur de tous par tous, la liberté pour tous et pour chacun sous les auspices d'une solidarité volontaire et féconde.

*La Commission exécutive :*

COURNET, DELESCLUZE, FÉLIX PYAT,
TRIDON, VAILLANT, VERMOREL.

Paris, le 6 avril 1871.

La direction donnée par Cluseret aux opérations de la guerre ne remplissant pas le but qu'en attendaient les membres de la Commune, et l'armée de Versailles resserrant de plus en plus le demi-cercle qu'elle formait autour de Paris, le 30 avril, Nathaniel Rossel, officier de l'armée régulière, était appelé à la direction de la guerre. Ce dernier, le 19 mars, abandonnant le camp de Nevers, où il était en train d'organiser le corps du génie, vint se mettre aux ordres de la Commune.

Il arrivait le cœur révolté par la trahison de Bazaine et les inepties des généraux qui avaient amené la capitulation de Paris.

La situation de la Commune commençait pourtant à devenir précaire. Ceux même qui avaient acclamé le gouvernement, en haine de l'assemblée de Bordeaux, et dans l'espoir de le voir procéder à des actes énergiques, et d'un caractère franchement républicain, désillusionnés depuis le 2 avril par la vue de sa notoire incapacité, dégoûtés de tant d'inepties successives, se renfermaient chez eux, hostiles à Versailles, hostiles à l'Hôtel-de-Ville, mais surtout irrités contre les actes de l'Assemblée.

Malgré la haine que tout Paris portait à Versailles, les membres de la Commune sentaient que l'esprit de Paris se détachait d'eux; et bien que la population organisât des *meetings* pour protester énergiquement contre les moyens qu'employait l'armée de Versailles, les hommes de l'Hôtel-de-Ville se sentaient isolés, perdus. Aussi, ils résolurent de grouper autour d'eux la population parisienne, non plus au moyen de la sympathie dont le peuple de Paris se détachait envers eux, mais par la terreur qu'ils comptaient inspirer, et ils décrétèrent :

Paris, le 1er mai.

LA COMMUNE

Décrète :

ARTICLE 1er. — Un comité de salut public sera immédiatement organisé.

ARTICLE 2. — Il sera composé de cinq membres, nommés par la Commune, au scrutin individuel.

ARTICLE 3. — Les pouvoirs les plus étendus sur toutes les délégations et commissions sont donnés à ce comité, qui ne sera responsable qu'envers la Commune.

Pourtant, Rossel remettait un peu d'ordre dans l'administration de l'armée fédérale; mais surveillé et gêné par le comité de salut public, il ne tarda pas à donner sa démission « *Lorsque je vis*, a dit Rossel, *que le mal était sans remède, que tout effort, que tout sacrifice était stérile, mon rôle se trouva fini.* » Le drapeau tricolore flottait sur le fort d'Issy.

La situation militaire de Paris, cependant, s'aggravait de jour en jour; et tandis que la Commune publiait ses victoires dans des manifestes à la Trochu, M. Thiers faisait afficher des proclamations dans lesquelles il annonçait pour un jour prochain l'entrée de l'armée versaillaise dans Paris.

Il s'adressait ainsi à la population parisienne :

LE GOUVERNEMENT DE LA RÉPUBLIQUE FRANÇAISE
AUX PARISIENS

La France, librement consultée par le suffrage universel, a élu un gouvernement qui est le seul légal, le seul qui puisse commander l'obéissance, si le suffrage universel n'est pas un vain mot.

Ce gouvernement vous a donné les mêmes droits que ceux dont jouissent Lyon, Marseille, Toulouse, Bordeaux, et, à moins de mentir au principe de l'égalité, vous ne pouvez demander plus de droits que n'en ont toutes les autres villes du territoire.

En présence de ce gouvernement, la Commune, c'est-à-dire la minorité qui vous opprime et qui ose se couvrir de l'infâme drapeau rouge, a la prétention d'imposer à la France ses volontés. Par ses œuvres vous pouvez juger du régime qu'elle vous destine. Elle viole les propriétés et emprisonne les citoyens pour en faire des ôtages, transforme en déserts vos rues et vos places publiques où s'étalait le commerce du monde, suspend le travail dans Paris, le paralyse dans toute la France, arrête la prospérité qui était prête à renaître, retarde l'évacuation du territoire par les Allemands, et vous expose à une nouvelle attaque de leur part, qu'ils se déclarent prêts à exécuter sans merci, si nous ne venons pas nous-mêmes comprimer l'insurrection.

Nous avons écouté toutes les délégations qui nous ont été envoyées, et pas une ne nous a offert une condition qui ne fût l'abaissement de la souveraineté nationale devant la révolte, le sacrifice de toutes les libertés et de tous les intérêts. Nous avons répété à ces délégations que nous laisserions la vie sauve à ceux qui déposeraient les armes, que nous continuerions le subside aux ouvriers nécessiteux. Nous l'avons promis, nous le promettons encore ; mais il faut que cette insurrection cesse, car elle ne peut se prolonger sans que la France périsse.

Le gouvernement qui vous parle aurait désiré que vous puissiez vous affranchir vous-mêmes des quelques tyrans qui se jouent de votre liberté et de votre vie. Puisque vous ne le pouvez pas, il faut bien qu'il s'en charge, et c'est pour cela qu'il a réuni une armée sous vos murs, armée qui vient, au prix de son sang, non pas vous conquérir, mais vous délivrer.

Jusqu'ici il s'est borné à l'attaque des ouvrages extérieurs. Le moment est venu où, pour abréger votre supplice, il doit attaquer l'enceinte elle-même. Il ne bombardera pas Paris, comme les gens de la Commune et du Comité de salut public ne manqueront pas de vous le dire. Un bombardement menace toute la ville, la rend inhabitable, et a pour but d'intimider les citoyens et de les contraindre à une capitulation. Le gouvernement ne tirera le canon que pour forcer une de vos portes, et s'efforcera de limiter au point attaqué les ravages de cette guerre dont il n'est pas l'auteur.

Il sait, il aurait compris de lui-même, si vous ne lui aviez fait dire de toutes parts, qu'aussitôt que les soldats auront franchi l'enceinte, vous vous rallierez au drapeau national pour contribuer avec notre vaillante armée à détruire une sanguinaire et cruelle tyrannie.

« Il dépend de vous de prévenir les désastres qui sont inséparables d'un assaut. Vous êtes cent fois plus nombreux que les sectaires de la Commune. Réunissez-vous, ouvrez-nous les portes qu'ils ferment à la loi, à l'ordre, à votre prospérité, à celle de la France. Les portes ouvertes, le canon cessera de se faire entendre, le calme, l'ordre, l'abondance rentreront dans vos murs ; les Allemands évacueront votre territoire, et les traces de vos maux disparaîtront rapidement.

« Mais si vous n'agissez pas, le gouvernement sera obligé de prendre pour vous délivrer les moyens les plus prompts et les plus sûrs. Il vous le doit à vous, mais il le doit surtout à la France, parce que les maux qui pèsent sur vous pèsent sur elle, parce que le chômage qui vous ruine s'est étendu à elle et la ruine également, parce qu'elle a le droit de se sauver, si vous ne savez pas vous sauver vous-mêmes.

« Parisiens, pensez-y mûrement ! Dans très-peu de jours nous serons dans Paris. La France veut en finir avec la guerre civile. Elle le veut, elle le doit, elle le peut. Elle marche pour vous délivrer. Vous pouvez contribuer à vous sauver vous-mêmes, en rendant l'assaut inutile, et en reprenant votre place, dès aujourd'hui, au milieu de vos concitoyens et de vos frères. »

Les journaux étrangers reproduisaient ces manifestes et s'en amusaient.

*The Echo* s'exprime ainsi :

*Demain*, nous entrerons dans la ville de Paris ; *aujourd'hui*, nous ne la bombarderons que pour la forme ; *après-demain*, la Commune aura vécu.

Ainsi, chaque jour, s'exclame M. Thiers ; pourtant, depuis deux mois bientôt, le mouvement du 18 mars a son cours !... Où en veulent venir les députés provinciaux de la France avec ces déclarations aussi souvent répétées que constamment fausses ? Nous craignons fort de le deviner......

Versailles, incapable de quoi que ce soit par lui seul, compte sur la trahison pour venir à bout de Paris. La trahison, en France, même après Bazaine et Trochu, n'est point facilement obtenue ; la vigilance des républicains en rend presque impossible l'organisation, et toujours assuré de sa victoire pour le.... *lendemain*, Monsieur Thiers, chaque jour, s'aperçoit avec désespoir qu'il ne peut rien le jour même !

Monsieur Thiers est imperturbable dans sa confiante naïveté et son exagération d'orgueil !....

La France s'en indigne, l'Europe ouvrière en rit, les potentats du monde s'en effrayent !.... Si Paris reste quinze jours encore victorieux, le prince de Bismarck croira politique d'abandonner Versailles, et peut-être, tandis que ces deux villes se disputeront la succession de l'armée prussienne, de Saint-Denis à Charenton, — peut-être les.... *habiles*.... de Saint-Germain, Mac-Mahon aidant, occuperont-ils *impérialement* tous les forts de la rive droite, évacués par les soldats du prince de Saxe, à moins que la Commune elle-même n'ait cette superbe inspiration !!!

Il y a là, pour le repos universel, un important intérêt d'examen, sinon de diplomatique intervention.

La France se meurt d'anarchie, de guerre civile, d'incurie administrative, d'affolement militaire et politique. En province, Gambetta ; à Saint-Germain, Emile Ollivier ; à Versailles, Ernest Picard ; à Paris, le citoyen Delescluze ; — c'est trop de trois partis et de trois individus pour que la République possible (c'est-à-dire modérée sans être réactionnaire) puisse utilement et stablement s'implanter. Déjà ici, en Angleterre, pays des franchises municipales, M. Thiers en arrive à être ouvertement méprisé par ses manques continuels de parole.

Qu'on y prenne garde en haut lieu, les *hâbleries (sic)* persistantes fatiguent; — et dans la cité londonienne, du fond de son comptoir achalandé par tout le négoce du monde, le maître des destinées européennes, le *tradesman* (commerçant) anglais voit l'heure et le moment de se prononcer d'une manière ou d'une autre : ou en faveur du menteur de Versailles, c'est-à-dire en faveur de l'absolu anéantissement du commerce français, — ou en faveur des libertés communales, c'est-à-dire en faveur de la possibilité d'un libre-échange productif et trop longtemps arrêté par les incidents grotesques en leur infamie qui ont suivi la reddition de Sedan.

*The Morning Post*, fac-simile de l'*Avenir ational* , qui reproduit cet article humoristique, s'exprime en ces termes sur le remède conciliateur nécessaire et uniquement possible :

L'influence morale de M. Thiers a sombré dans la période du 4 septembre au 18 mars; la force matérielle de l'Assemblée nationale est un mythe depuis le 28 janvier ; la durée possible de la résistance de Paris est entièrement restreinte aux décisions de la Prusse ; l'idée communale, représentée par les Pyat et les Blanqui, est environ aussi forte en sa *puissance* FUTURE que l'idée monarchique est forte en son agrégation *rurale actuelle*, composée de légitimistes, de républicains timorés, de napoléoniens et de bonapartistes. — Vis-à-vis de cette multiple nature de la situation révolutionnaire en France, le suffrage universel peut seul avoir raison, il faut en ce pays un plébiscite nouveau ! mais, à la fois, un plébiscite dernier.

La paix est signée, que l'Assemblée de Versailles se dissolve. Paris est libre, que la Commune abdique un instant ; la province attend le mot d'ordre versaillais ou parisien (suivant que Thiers ou Delescluze remporteront la victoire) ; — que la province, Versailles et Paris s'unissent un seul jour pour une générale élection, double en son espèce, unique et souveraine en ses conséquences !

Qu'une date soit désignée pour l'élection de la Constituante en France et de la *Commune* définitive à Paris !

Sur ces bases seulement la conciliation aura lieu !

*The Daily News* renchérit spirituellement sur cette idée :

Une constituante, nommée librement de par la volonté de tous les Français fatigués de la guerre civile, et ils le sont tous ; une Commune nouvelle, élue à Paris, dans des conditions complètes d'entente républicaine et de civisme désintéressé : voilà seulement ce qui peut et ce qui doit sauver la France de la réaction monarchico-impériale ou de la terreur rouge sociale !

Il est de l'intérêt du peuple anglais, en ces graves circonstances, de peser par sa presse et ses meetings sur les résolutions immédiates que le pays voisin, si malade, a capitale urgence de décider !

Les proclamations réjouissaient fort la population qui, insouciante, incrédule, promenait sa joyeuse humeur jusqu'auprès de l'Arc-de-Triomphe que criblait un feu incessant.

Que lui importait la victoire de la Commune ou celle de Versailles ! Son intuition lui disait que cette lutte barbare rendait désormais impossible en France toute tentative de restauration. Mais ce qui montre mieux l'indifférence au milieu de laquelle vivait Paris, désormais blasé, c'est que malgré cette lutte incessante et bruyante, il avait repris sa gaîté, sous le soleil radieux de mai. Aux Tuileries on chantait, on organisait, on donnait des fêtes ; les théâtres étaient ouverts ; les enterrements militaires mêmes étaient devenus des spectacles aussi imposants que grandioses ; tandis que la canonnade ébranlait l'air de ses sons lugubres ; l'air en était si violemment refoulé, que certains jours, les carreaux de la Villette manquaient d'éclater.

Et l'étranger, assis à notre foyer, jugeait froidement de la valeur des coups que se portaient les deux armées, deux armées françaises ! Et les héros de la guerre civile appelaient leurs frères, leurs adversaires, l'*ennemi !*

*L'ennemi* ! C'était le mot dont se servaient les bulletins mensongers de la Commune aussi bien que les bulletins orgueilleux de M. Thiers. *L'ennemi !* Voilà comment la stupidité triomphante traitait Paris sous les yeux des envahisseurs victorieux.

Ainsi, le seul ennemi pour Paris, c'était Versailles, comme l'ennemi pour Versailles, c'était Paris. Et la Prusse ! On la payait. Et l'Europe ? Elle regardait.

---

# XXII

## L'ASSEMBLÉE DE VERSAILLES

Pendant que ces événements se déroulaient à Paris, l'Assemblée votait des lois et, venant à résipiscence, prorogeait les effets du décret du 7 septembre 1870, relatif aux suspensions de paiement, et votait enfin le 26 avril la loi sur les échéances ; mais il était trop tard. Le 10 mai, elle signait le traité de paix entre la France et la Prusse ; te malgré M. Thiers qui aurait voulu arriver à terminer cette lutte par un compromis, l'assemblée, rassurée sur son avenir, opposait son veto absolu à tout essai de pacification. Elle votait des félicitations aux troupes et M. Brame, un des derniers ministres de l'Empire, engageait ses collègues à se porter en masse au-devant de l'armée.

Les membres de cette Assemblée, tout surpris de se trouver à la tête de la France, sans savoir comment ils y avaient été portés, ne comprirent pas la valeur du mandat que leur avaient donné leurs électeurs ; ils se sont obstinés à se croire appelés à autre chose qu'à signer un traité de paix et à voter des lois d'urgence. Ils ne comprirent pas qu'ils n'avaient été choisis que grâce à la modération de leurs principes et à leurs idées antibonapartistes. La France leur demandait une consultation *in extremis* ; aussitôt ils se mirent à rêver le rajustement des débris de trois révolutions successives.

Une idée, qui certes ne pouvait éclore que dans le cerveau de ces preux chevaliers, une idée, dis-je, commença à poindre. Non contents de chanter d'avance victoire, à Bordeaux, non contents de la célébrer à Versailles après la chute de la Commune, nos honorables songèrent tout à coup au Pape et proposèrent, pour relever notre gloire militaire, d'envoyer au secours de leur Saint-Père nos régiments décimés.

Et en celà ils étaient logiques avec eux-mêmes : ils chassaient de race. Ne sont-ils pas les fils de ces femmes qui, dans le jardin des Tuileries, faisant honte à Louis XVIII lui-même, dansaient des farandoles avec les uhlans de la Prusse et les fétides cosaques de la Russie? Ne sont-ils pas les fils de ces hommes qui, bien longtemps avant la Commune, ont outragé la colonne Vendôme et attaché la croix de la Légion d'honneur à la queue de leurs chevaux ? Ne sont-ils pas les héritiers directs de ces députés qui, siégeant dans la Chambre introuvable, pressaient les meurtres ordonnés par les cours prévôtales ? De ces revenants de l'ancien régime qui, dans les désastres de la patrie, ne voyaient qu'une occasion heureuse de faire prévaloir leurs haines et leurs gothiques préjugés, et pleuraient sur l'abolition de la dîme, des corvées et du droit de jambage ; sur la restitution au pays des biens du pays ; sur la domination de l'Etat enlevée à l'Eglise ; sur la disparition des privilèges, et enfin, sur l'enlèvement à la couronne de tous les droits du bon plaisir ?

Oui, ils sont les fils de ces hommes dont, quelques années plus tard, mon compatriote, le général Foy, flétrissait en ces termes, l'aristocratie de mauvais aloi : « Vous êtes, leur disait-il, cette aristocratie qui veut avoir des places sans être capable de les remplir, de l'argent sans l'avoir gagné, des honneurs sans les avoir mérités. » L'éloquent orateur aurait pu ajouter des paroles plus sévères, car il s'adressait à de prétendus Français qui avaient applaudi à toutes les horreurs des guerres Vendéennes, aux crimes des chouans, des chauffeurs, — les pétrôleurs de ce temps-là, — et qui, pendant vingt ans, se traînant de cour en cour, recevant la sportule de l'Angleterre, soudoyant l'assassinat, avaient tourné contre la France toute les forces des coalitions et toutes les armes de l'Europe.

Les regrets du passé, que ne cachaient point les pères, les fils les ressentent aujourd'hui. Seulement, ces regrets, ils n'osent point les afficher ouvertement ; ils en dérobent l'amertume, car le maître, le souverain maître, ce n'est plus le roy, mais le suffrage universel. Le peuple a bien voulu accepter le titre frelaté de constituants qu'ils ont voulu s'octroyer, parce qu'il savait bien qu'il aurait le dernier mot.

Un mandataire se créant à lui-même son mandat, le libellant, le formulant, l'étendant, le spécifiant à sa guise, à sa convenance, ne trouvez-vous pas la chose du dernier joli ? Dans la vie ordinaire, ces petits faits-là relèvent de la police des tribunaux; dans la vie politique, ils s'ennoblissent, ils prennent le nom d'usurpation, de coups d'Etat. Le 18 brumaire, Napoléon, jetant par la fenêtre la représentation nationale, se proclamait tout simplement constituant. Le 2 décembre, son misérable neveu ne faisait que l'imiter en ensanglantant nos rues ; il se déclarait, lui aussi, constituant. Une fois ce pouvoir usurpé, si besoin est, on abat quelques têtes et le tour est fait.

Le criminel alors, paré de son crime, devient un sauveur, un être providentiel ; la justice le déclare inviolable et sacré, l'Eglise le met sous le dais et l'encense ; les rois appellent cet homme-là leur frère et les peuples abrutis ou écrasés, notre maître... L'usurpation du pouvoir constituant est l'origine et la base de toutes les tyrannies.

L'usurpateur peut, en lui-même, par sa race ou par ses œuvres, avoir un certain prestige que lui donne une force personnelle, une autorité morale inhérente à sa personne, mais il n'en est point ainsi pour une Assemblée. Elle ne peut, elle, puiser et trouver sa force que dans son union avec les masses qui l'ont créée ; plus cette union sera intime, plus les masses électorales seront larges et profondes, et plus sera vraie et puissante l'action de l'Assemblée. Otez-lui ce point d'appui, elle n'est plus qu'une branche sans tronc ni racines.

Or, l'Assemblée avait été élue pour traiter de la paix; celà fait, elle devait se retirer. Mais non, elle a voulu constituer, elle a constitué ; elle s'est imposée au pays dans l'espoir de quelque restauration monarchique. Mais frappée d'impuissance par la division des partis, elle a voulu tout attendre du temps, et pour se donner le loisir d'ourdir les fils de ses intrigues, elle a voté le septennat, c'est-à-dire le maintien pendant sept ans du *statu quo*. La France, pendant sept ans, devait être, non pas une monarchie, non pas une république, mais posséder je ne sais quel gouvernement hybride, prêt à souffrir et à préparer toutes les attaques contre le sentiment unanime du peuple français, et à laisser la porte ouverte à toutes les conspirations.

Enfin, obéissant au vœu général, elle s'est dissoute, mais laissant dans le flanc de la Patrie cette flèche du Parthe qu'on appelle la constitution Wallon, qui pourrait certes mieux s'appliquer à une monarchie qu'à une république, et cette pierre dans son engrenage, qu'on appelle le Sénat, instrument de routine, qu'elle a pris soin de nommer elle-même et de faire nommer par le suffrage restreint, dont elle a dirigé les votes, ressuscitant ainsi les plus beaux jours de la candidature officielle.

---

## XXIII

### LA FIN DE LA COMMUNE

Après la démission de Rossel, la Commune voyant l'isolement se faire de plus en plus autour d'elle, sentit la nécessité de réveiller l'ardeur de ses défenseurs, et elle décréta, pour donner satisfaction à l'opinion publique, que la *Maison de M. Thiers serait rasée ; qu'il n'en resterait qu'une pierre avec cette inscription vengeresse : « Là fut la maison d'un Français qui a brûlé Paris.* »

Elle prit ensuite l'arrêté suivant :

ART. 1er. — Tout le linge provenant de la maison Thiers sera mis à la disposition des ambulances.

ART. 2.— Les objets d'art et livres précieux, seront envoyés aux bibliothèques et musées nationaux.

ART. 3.— Le mobilier sera vendu aux enchères après exposition publique au garde-meuble.

ART. 4.— Le produit de cette vente restera uniquement affecté aux pensions et indemnités qui devront être fournies aux veuves et orphelins des victimes de la guerre infâme que nous fait l'ex-propriétaire de l'hôtel Georges.

ART. 5.— Même destination sera donnée à l'argent que rapporteront les matériaux de démolition.

ART. 6.— Sur le terrain de l'hôtel du parricide sera établi un square public.

Paris, le 25 floréal, an 79.

*Le Directeur général des Domaines,*

J. FONTAINE.

Le pouvoir militaire fut confié à M. Delescluze, homme aussi austère qu'honnête.

Le plus bel hommage que l'on puisse rendre à la loyauté et à la sincérité de ses convictions, c'est de citer les lettres qu'il adressait à un de ses amis avant et pendant la Commune.

Je suis triste, mon cher ami, je suis bien triste, car l'horizon n'est pas rose. La réaction règne toujours, et je tremble de voir recommencer, sous le feu de l'ennemi, les terribles journées de Juin.

Puisse la France se sauver ! Il en est temps !

Il écrivait cette lettre dans le mois de décembre 1870, et deux mois plus tard :

Je suis à Bordeaux depuis le 17 au soir (février).

Deux lignes vous donneront la mesure de mes impressions. Je vous donne ma parole d'honneur que nous avons été livrés, de propos délibéré, par le gouvernement du 4 Septembre, qui n'a jamais voulu profiter des 600,000 hommes armés qu'il avait dans Paris pour écraser les Prussiens qui, souvent, n'étaient pas 120,000 autour de Paris.

La délivrance de Paris, c'était la consolidation de la République et la formation des Etats-Unis d'Europe à courte échéance. Les jésuites qui gouvernaient ont prévu le danger où allaient se trouver la famille, la religion et la propriété, et d'un commun accord ils ont dit que mieux valait sauver la société que la France.

Si vous sortez de cette hypothèse si merveilleuse que soit l'incapacité de nos dictateurs, vous ne pourrez rien comprendre. Avec elle, tout se déduit avec une logique irrésistible, parce que c'est la vérité.

Je m'arrête, mon pauvre ami. En m'arrêtant le 23 janvier, ils ont tout simplement voulu me tuer de froid et de faim. J'en suis encore souffrant et ma voix a bien du mal à revenir.

Le 3 mars il écrivait de Bordeaux :

Je suis brisé ; la France s'étranglant après s'être déshonorée, c'est trop pour moi et pour ceux qui, comme vous, ont le sentiment de la patrie.

Enfin, à Paris, le 28 mars :

J'arrive à la situation générale.

Dans deux heures, nous nous installons à l'Hôtel-de-Ville, où la Commune va enfin être constituée. Ce n'aura pas été sans peine.

Au mois d'octobre, ce qui se fait aujourd'hui sauvait Paris et la France. En sera-t-il de même aujourd'hui ?...

Quoiqu'à cette époque cet esprit d'élite ne se fit plus aucune illusion sur la situation qui lui était faite, il accepta ce poste périlleux.

Mais il croyait à l'avenir, ainsi qu'il le dit dans sa proclamation du 10 mai à la garde nationale :

L'horrible guerre que nous font les féodaux conjurés avec les débris des régimes monarchiques, vous a déjà coûté bien du sang généreux, et cependant, tout en déplorant ces pertes douloureuses, quand j'envisage le sublime avenir qui s'ouvrira pour nos enfants, et lors même qu'il ne nous serait pas donné de récolter ce que nous avons semé, je saluerais encore avec enthousiasme la révolution du 18 mars, qui a ouvert à la France et à l'Europe des perspectives que nul de nous n'osait espérer il y a trois mois.

La réalité apparaissait à cet esprit profond ; et il savait que Paris vaincu était plus fort que Paris victorieux.

Martyrs de l'avenir, tous ces hommes généreux devaient dormir du sommeil éternel, pendant que d'autres récolteraient ce qu'ils avaient semé.

Delescluze conserva, même dans la fièvre de la Commune, un sentiment net de la situation ; il tint ferme jusqu'à la fin, et attendit, appuyé sur sa canne, à la barricade Voltaire, cette mort qu'il s'était promise et qui devait le couronner d'une auréole de gloire.

Le 16 avril, la Commune mettait à exécution son décret relatif à la démolition de la colonne Vendôme.

Quand cet acte fut consommé, le citoyen Miot, s'écria :

Citoyens,

La République vient aujourd'hui de donner une grande leçon aux peuples et aux rois. La colonne Vendôme a croulé, annonçant par sa chute les destinées inévitables de ceux qui veulent bâtir leur fortune sur le sang et le principe autoritaire. Que ce monument, élevé par les Bonapartes à la honte de l'humanité, périsse à jamais, ainsi que le nom exécrable de cette race maudite.

Le peuple est patient ; il se résigne à supporter le joug et l'humiliation, mais sa vengeance n'en est que plus terrible le jour où elle éclate. Malheur à ceux qui le provoquent et excitent jusqu'au bout son légitime courroux !

Jusqu'ici notre colère ne s'est exercée que sur des choses matérielles, mais le jour approche où les représailles seront terribles et atteindront cette réaction infâme qui nous mine et cherche à nous écraser.

Rallions-nous donc autour du drapeau de la liberté, aux cris unanimes de : *Vive la France! vive la République!*

Un épouvantable accident vint donner un nouvel aliment à la fureur qui commençait à s'emparer du comité de salut public : accident ou crime! La cartoucherie, située avenue Rapp, sauta et produisit dans tout Paris la plus vive émotion.

Le comité de salut public annonça ainsi le désastre :

Le gouvernement de Versailles vient de se souiller d'un nouveau crime, le plus épouvantable et le plus lâche de tous.

Ses agents ont mis le feu à la cartoucherie de l'avenue Rapp et provoqué une explosion effroyable.

On évalue à plus de cent le nombre de victimes. Des femmes, un enfant à la mamelle, ont été mis en lambeaux.

Quatre des coupables sont entre les mains de la sûreté générale.

Paris, le 27 floréal, an 79.

*Le Comité de Salut public.*

La lutte continuait toujours, sanglante, acharnée, implacable. Les moments devenaient cependant de plus en plus difficiles pour la Commune. Depuis le 7 mai, une grande batterie de 70 pièces de gros calibre, installée à Montretout, battait l'escarpe du corps de place, du bastion 63 au bastion 72. Paris sous ce feu terrible était abasourdi ; les détonations étaieut si formidables que chez moi, à trente lieues, les paysans étaient terrifiés en entendant dans leurs caves, le sourd grondement du canon.

La porte Maillot était criblée par le Mont-Valérien. Les forts de Vanvès, de Montrouge étaient serrés de près.

Mais la défense était aussi énergique que l'attaque; pourtant, le dimanche 21 mai, la canonnade était si formidable du côté du Point-du-Jour que les fédérés avaient été obligés d'abandonner les bastions et leurs approches pour se mettre à l'abri.

Un employé de la ville, profitant de ce moment d'abandon, traverse cet ouragan, et arrivant aux avant-postes versaillais, livre la porte de Saint-Cloud et les deux bastions voisins à l'armée. De là cet employé, nommé Ducatel, conduisit les troupes au Trocadéro dont elles s'emparèrent. Ainsi l'armée de Versailles entrait dans Paris.

Une lutte affreuse, presque corps à corps, de toutes les minutes, allait succéder à ces combats d'artillerie qui faisaient trembler Paris jusque dans ces catacombes. C'en était fait : l'heure de la guerre civile avait sonné.

Paris, qui jusqu'alors avait su par sa sagesse éviter cette guerre fratricide, allait voir ses rues livrées à toutes les horreurs d'une ville prise d'assaut et à toutes les vengeances d'une réaction implacable.

Cependant, le lundi matin, Paris, qui la veille au soir ignorait encore que les troupes de l'Assemblée fussent entrées dans ses murs, réveillé par le tocsin et le rappel qu'on battait partout, fut obligé de se rendre à l'évidence. Sur tous les murs s'étalaient des proclamations :

Citoyens,

La trahison a ouvert les portes à l'ennemi, il est dans Paris; il nous bombarde; il tue nos femmes et nos enfants !

*Aux armes ! Aux armes !*

Pas de pitié ! Fusillez ceux qui pourraient leur tendre la main ! Que les rues soient dépavées; car Paris avec ses barricades est inexpugnable. Que tous les bons citoyens se lèvent !

*Aux armes !*

Vieillards, femmes, enfants, tout se souleva. Les manifestes enfiévrés, ardents, pleins d'illlusions, appelaient, excitaient les combattants à la lutte. Elle était furieuse, atroce. Des femmes, des enfants, combattaient avec une fureur sans égale, tout à la fois effrayante et admirable. C'était sauvage, c'était sublime. On tuait partout, à tort et à travers. Bientôt une lueur se leva sur Paris et un immense brasier aux lueurs sanglantes et rougeâtres, vint ajouter ses horreurs au massacre : Paris brûlait.

Ceux qui n'ont pas assisté à la grêle d'obus, de bombes et de projectiles de toutes sortes qui, nuit et jour, se croisaient, faisant vibrer l'air de leurs sifflements stridents, tombant çà et là avec un fracas épouvantable ; ceux qui ne se sont pas enfuis au milieu de ces fournaises ardentes qui stupéfiaient, de cette atmosphère qui étouffait ; ceux qui n'ont pas entendu ce formidable concert où le grincement des mitrailleuses se mêlait au crépitement de la fusillade ; non ceux-là ne pourront jamais se faire une idée du spectacle terrible et grandiose qu'offrait Paris en feu. Partout des morts, partout des mourants ; partout des cris, des gémissements, et au-dessus de tout celà la grande voix du canon.

Pendant que les horreurs de cette lutte paralysaient les courages les plus éprouvés et stupéfiaient les intelligences les plus fortes, quelques fanatiques, aidés d'agents soudoyés, mettaient à exécution le décret sur les otages. Dans une grande ville comme Paris, où étaient rentrés bien des gens tarés que l'autorité en avait éloignés à la veille de l'investissement, il devait se trouver et il se trouva des gens prêts à répondre à l'appel des mauvaises passions.

Le 24 mai 1871, à 8 heures du soir, l'archevêque de Paris Darboy, l'ex-sénateur Bonjean, Ducoudray, Allard, Clère et Deguerry, furent fusillés à la prison de la grande Roquette.

Des gendarmes, des jésuites, des gardes de Paris, périrent encore, massacrés le 26 mai, à la Roquette et rue Haxo.

C'était le *delirium tremens* dans ce qu'il y a de plus sauvage et de plus frénétique.

Un jour viendra où la vérité finira par se faire jour, et alors l'humanité révoltée collera pour jamais au pilori de l'histoire ceux qui ont suscité de si hideuses tueries, et imposera à chacun sa part de responsabilité dans ces affreux événements.

A ce moment, la frénésie de la lutte était arrivée au dernier point. L'odeur de la poudre, l'air embrasé qu'ils respiraient, la vue du sang, rendaient les combattants pires que les fauves. Toute pitié avait disparu. On égorgeait sans avoir conscience de ce qu'on faisait, et on semblait prendre un âcre plaisir à se baigner dans le sang.

---

# XXIV

## L'ARMÉE DE VERSAILLES DANS PARIS. — LA RURALE

Les troupes de l'Assemblée avançaient peu à peu, au milieu des ruines et des décombres, massacrant et fusillant non-seulement tout ce qui leur faisait obstacle, mais encore tout ce qui se trouvait sur son passage; les victimes s'entassaient. On marchait dans des ruisseaux de sang, on entrait jusqu'à la cheville dans la boue sanglante.

### LA RURALE

Tel fut ce jour marqué par tant de funérailles,
Où Versailles vainqueur entra dans nos murailles !
La mort volait partout : l'un sur l'autre étendus,
Le bourgeois, l'ouvrier expirent confondus.
Sur leurs têtes au loin le meurtre se promène.
Plus de respect pour l'âge : une foule inhumaine
Égorge le vieillard qui descend au tombeau,
Et l'enfant innocent couché dans son berceau :
Le frère alors devient le meurtrier de son frère,
Et le fils se repaît du meurtre de son père.
Qu'ont-ils fait pour mourir ? Du soldat menaçant
La fureur les rencontre et les tue en passant.

Les vainqueurs, échauffés par leurs forfaits rapides,
Volent sur mille morts à d'autres homicides :
Femmes, enfants, vieillards sous leurs coups ont péri.
Et le peuple, d'un œil où le pleur a tari,
Se demande en tremblant si le Dieu de clémence
N'aurait pas détourné ses regards de la France,
Et ne peut, quand sa main veut dresser des tombeaux,
De leurs membres épars rassembler les lambeaux.

La mort frappe au hasard, elle entasse les crimes,
Dans le barbare effroi de manquer de victimes.
De morts et de mourants les temples sont jonchés ;
Sous des ruisseaux de sang les pavés sont cachés :
Et grossi par leurs flots, sur sa rive fumante,
Le fleuve épouvanté roule une onde sanglante.

Alors on vit, objets plus que tous exécrables,
De lâches délateurs écrire sur ces tables,
Les mains ensanglantées, faisant savoir le prix
A tout venant offrir des têtes de proscrits.
Le soldat n'ayant plus alors rien qui l'arrête,
De la loi s'improvise à sa mode interprète.

La barrière est ouverte à tous les attentats ;
Les uns, dans le tombeau croyant fuir le trépas,
Le retrouvent bientôt sur les marbres funèbres,
Dans l'air empoisonné de leurs mornes ténèbres;
Car le vainqueur féroce en ces lieux les poursuit,
Enivré par la poudre et le sang et le bruit.
Les marbres des tombeaux sur leurs bases frémirent :
Les ossements des morts dans leurs caveaux gémirent.

Et d'autres, se cachant dans des antres secrets,
S'y tapissent, pareils aux monstres des forêts :
Quelques-uns, dans l'orgueil des désespoirs extrêmes,
Pour dérober leur mort, s'entr'égorgent eux-mêmes !
Mais leurs restes sanglants sont encore frappés
Par des bras furieux qu'ils leurs soient échappés.

A ce spectacle affreux, l'Assemblée immobile,
Du haut du Valérien, avec un front tranquille,
Dans nos murs désolés envoyant le trépas,
Du geste et de la voix anime ses soldats.

Tout passe ! aux doux rayons de la lune argentée
Le fleuve lavera sa rive ensanglantée,
Et le sol, engraissé de ces restes fumants,
Cachera sous des fleurs les pâles ossements.

Le Père-Lachaise et les carrières d'Amérique virent les derniers soupirs de la Commune.

Ce même jour, le maréchal, duc de Magenta, adressait cette proclamation aux Parisiens :

HABITANTS DE PARIS !

L'armée de la France est venue vous sauver. Paris est délivré. Nos soldats ont enlevé à quatre heures les dernières positions occupées par les insurgés.

Aujourd'hui, la lutte est terminée ; l'ordre, le travail et la sécurité vont renaître.

Au quartier général, le 28 mai 1871.

*Le Maréchal de France, commandant en chef,*

DE MAC MAHON, duc de Magenta.

Qui n'a pas vu Paris à ce moment, ne peut se faire une idée de son aspect. Partout un ciel en feu, une atmosphère brûlante, des barricades. des morts, des débris d'armes, des habillements déchirés et sanglants, des tambours crevés, des képis souillés de sang et de boue, des maisons effondrées offrant l'aspect des ruines les plus bizarres, et par dessus tout celà une odeur suffocante de cadavres ; Paris ressemblait à un vaste charnier. Partout des troupes bivouaquant et, çà et là, des ombres éplorées, pâles, craintives, cherchant les leurs au milieu des tas de cadavres qu'on amoncelait.

L'*Officiel* accusait 12,000 hommes tués du côté de l'armée de Versailles; mettez 20,000 fédérés au moins d'autre part, vous aurez une idée de cette immense hécatombe.

Des colonnes de prisonniers défilant au milieu de tous les débris de cette lutte gigantesque augmentaient encore la tristesse de l'aspect sombre qu'offrait la capitale! 33,000 prisonniers, comprenez bien!

Les vainqueurs eux-mêmes paraissaient atterrés de leur succès, et on sentait qu'une colère sourde couvait contre leurs chefs. Ils avaient honte de leur propre victoire.

Maintenant que ces évènements sont loin de nous, que de tristes réflexions ne suggèrent-ils pas !

A cette époque, plus d'un enfant est devenu homme en quelques heures. Plus d'un qui le matin d'un de ces funestes jours faisait sa partie de billes en riant, l'après-midi faisait le coup de feu, et le soir, rendait son dernier soupir, sans regret de la vie, sans plainte : il mourait heureux et fier, car il mourait pour la République.

Le père de famille, lui, malgré l'amour des siens, s'en allait à la barricade. Que lui importait d'être tué? Il combattait pour son droit, pour sa liberté.

Eh bien! non, il ne devait pas mourir en combattant. Il devait marcher à la mort comme le bandit, escorté par les sicaires de la réaction, sans un regard ami, sans un dernier adieu de sa compagne, sans le dernier baiser de ses enfants.

O infamie! l'armée de Versailles, composée d'enfants du peuple, fusille sans pitié les enfants du peuple qui combattent et qui meurent pour une sainte cause! O tombes du Père-Lachaise, si vous pouviez parler! Que de drames sinistres ne raconteriez-vous pas ! Cet asile du repos a été profané par les vainqueurs, qui, sous le regard de Dieu même, jettent pêle-mêle dans une fosse commune les restes sanglants et informes de leurs victimes, restes sur lesquels une mère, une épouse, des orphelins seraient heureux de venir pleurer !

Martyrs inconnus, martyrs de la liberté, non, vous n'êtes pas oubliés ! Nous nous souvenons, confiants en la justice divine, qui, tôt ou tard, atteint le crime et prépare la vengeance.

Gloire à vous, martyrs ! votre sang fécondera l'avenir ; c'est la souffrance et la douleur qui, tous les jours, sauvent le monde et lui marquent sa route.

Certes, nul plus que moi ne déplore la catastrophe du mois de mai 1871. Mais dans le complot atroce qui a mis le feu à nos édifices publics, je me suis toujours refusé à reconnaître la préméditation de ce généreux peuple qui, dans chaque révolution, et surtout dans celle du 4 septembre, a si scrupuleusement respecté dans les édifices conquis la propriété nationale, et a fait si sévèrement exécuter l'arrêt qu'il avait pris : *Mort aux voleurs !*

Ce feu d'enfer semble avoir été allumé par les mains de la réaction, par les fils de ceux qui, jadis, organisèrent les *Dragonnades*, conçurent le projet du massacre de la *Saint-Barthélémy*. Les criminels du 2 Décembre avaient peur, en voyant le peuple reprendre possession de sa souveraineté : il fallait à tout prix qu'ils anéantissent les pièces de conviction qui devaient servir à instruire leur procès. Quant à l'Hôtel-de-Ville, il devait également disparaître, il renfermait les comptes de la gestion Haussmann. La préfecture de police contenait les archives de l'espionnage, de la délation et des complots inventés par l'empire. A la Cour des Comptes se trouvait le bilan de l'empire et les traces de nombreuses opérations de virements. A la Légion d'honneur, des documents qui auraient jeté un jour trop éclatant sur le trafic que l'empire faisait du ruban rouge. Aux Tuileries, il aurait été facile de trouver les originaux de la correspondance impériale, dont, au 4 Septembre, M. de Kératry, le fougueux conservateur, s'emparait, grâce à son titre de préfet de police, et remettait précieusement en place, après en avoir pris connaissance. Qui peut dire ce qui fut anéanti pendant les quelques heures qu'il passa en tête à tête avec toute cette correspondance ?

Cet incendie de Paris épouvanta, terrifia le monde entier.

# XXV

## LA TERREUR BLEUE

Une telle lutte devait amener une réaction qui s'abandonnerait à tout ce que la vengeance a de plus implacable ! D'autant plus que, par cette lutte même, tous les partis monarchiques sentaient bien que le terrain se dérobait à tout jamais sous eux.

Aussi cette Assemblée, dont la plupart des membres s'étaient juré de ne laisser à la France aucune des institutions glorieuses qu'elle tenait de la révolution ; cette chambre nommée pour faire la paix, et comptant en son sein un grand nombre de partisans du pouvoir absolu, établit *l'Inquisition politique.*

On s'attaqua d'abord à la liberté individuelle, dont on suspendit l'existence. La presse avait déjà été enchaînée. Une sourde terreur régna aussitôt dans toute la France ; les délations se multiplièrent. Les francs fileurs s'élancèrent de Versailles sur Paris dompté ; on se fit un titre de gloire de la dénonciation.

On en compte vingt mille le premier jour. Au bout de la quinzaine, on en comptait quatre cent mille. La presse soi-disant honnête fit chorus avec les délateurs, et joua sa partie dans cet infâme concert.

Et pendant deux mois, trois mois, pendant six mois, sous cette rubrique : *il y a un an,* on pourra inscrire ce cliché que l'histoire répétera avec horreur.

Tous les bons Français, à la vue de ces haines déchaînées, tombèrent dans la plus profonde consternation; les uns quittèrent la ville pour se refugier à la campagne ; les autres, abandonnant la France, allèrent demander au sol hospitalier de l'étranger la sécurité qu'ils ne pouvaient plus trouver dans leur pays. Pour comble d'infamie, chacun des partis monarchistes eut sa police particulière, transformant en espions officieux des gens qui eussent rougi d'être à la solde de la police, mais dont le fanatisme acceptait de grand cœur la mission que lui confiait leur haine pour la République.

A la terreur succéda donc la terreur !

Non content d'avoir organisé le massacre, d'avoir décrété les exécutions en masse, qui ensanglantèrent pendant huit jours Paris en feu, le *républicain* Jules Favre télégraphiait, le 26 mai, aux représentants de la France à l'étranger ;

Versailles, le 26 mai 1871.

Monsieur,

L'œuvre abominable des scélérats qui succombent sous l'héroïque effort de notre armée, ne peut être confondue avec un acte politique. Elle constitue une série de forfaits prévus et punis par les lois de tous les peuples civilisés. L'assassinat, le vol, l'incendie systématiquement ordonnés, préparés avec une infernale habileté, ne doivent permettre à leurs auteurs ou à leurs complices d'autre refuge que celui de l'expiation légale. Aucune nation ne peut les couvrir d'immunité, et sur le sol de toutes, leur présence serait une honte et un péril. Si donc vous apprenez qu'un individu compromis dans l'attentat de Paris a franchi la frontière de la nation près de laquelle vous êtes accrédité, je vous invite à solliciter des autorités locales son arrestation immédiate, et à m'en donner de suite avis pour que je régularise cette situation par une demande d'extradition.

Recevez, Monsieur, les assurances de ma haute considération.

Jules FAVRE.

Mais ces gouvernements, qui appréciaient d'une autre façon les diverses phases d'une telle lutte, répondirent suivant l'horreur que leur inspirait un tel gâchis gouvernemental.

M. de Bismarck lui-même, parlant de la Commune, et refusant de s'immiscer dans ce duel à mort, reconnaissait qu'à côté des motifs irraisonnables qui faisaient agir tant de gens aveuglés, il y avait pourtant, au fond, quelque noyau de raison.

Aux persécutions exercées contre les citoyens, sous le couvert de la loi suspensive de la liberté individuelle, le ministère de la guerre joignit les exactions les plus révoltantes contre les militaires ; ils furent rangés en catégories par une commission d'enquête qui jugeait l'opinion de chaque officier. Presque tous les généraux et officiers qui avaient vaillamment conquis leurs grades à la pointe de leur épée pendant la guerre de la défense nationale, furent soumis à d'humiliantes mesures, et déchus de ces grades si noblement acquis, tandis que les lâches et les traîtres qui avaient livré leur pays se voyaient récompensés de leur trahison et de leur lâcheté.

L'assemblée de Versailles parvint ainsi à semer la terreur dans toute la France ; partout les républicains se trouvèrent en butte aux persécutions de sa police ; partout les aristocrates exerçaient les plus atroces vengeances.

Un député courageux osa demander une enquête sur l'état de la nation et sur les drames terribles dont Paris et la France avaient été le théâtre ; mais la majorité monarchique se montra fort irritée de voir paraître au jour une proposition qui devait dévoiler tant de crimes et tant de lâchetés, sur lesquels elle voulait jeter un voile impénétrable. Et elle s'opposa d'autant plus à cette proposition qu'elle avait plus d'intérêt à ce qu'il ne fût fait aucune enquête.

La France offrait alors le spectacle déplorable d'un gouvernement aristocratique prêt à détruire toutes les libertés ; cette majorité, composée d'hommes aussi vindicatifs qu'ils étaient absurdes, affectait de dédaigner ce qu'elle ignorait et ne trouvait d'autre moyen de masquer sa faiblesse à la tribune qu'en y faisant retentir le cri de la terreur et de la persécution.

L'Assemblée, sentant sa faiblesse, et ne comptant pas assez pour la répression sur l'impartialité des tribunaux ordinaires, réorganisa les conseils de guerre, véritables cours prévôtales, débris sinistres, honteux et décriés des anciens régimes, sûre qu'elle était qu'ils rétabliraient la peine de mort en matière politique.

Tout ce qui restait d'honnête et de sensé en France protesta contre ces terribles expédients ; ce fut en vain qu'ils appelèrent les tribunaux militaires des tribunaux de sang ; la voix de l'humanité fut étouffée sous les clameurs des aristo-financiers, et les juridictions du moyen-âge, dont l'histoire a enregistré les cruautés, reparurent sous le patronage de cette chambre en délire. Elles devaient même dépasser en rigueur tout ce qu'une juste défiance en pouvait faire craindre.

Grâce à l'existence de ces juridictions, l'état de siége prit une extension singulière. Toute garantie individuelle cessa. La terrible loi des suspects reparut. Les neutres furent traités en ennemis. En moins de vingt-quatre heures, la *Dictature* remplit les prisons, les casemates, les pontons. Le massacre continua *légalement*, sans bruit, aux seuls applaudissements de quelques feuilles tarées, qui sont depuis longtemps les moniteurs les plus autorisés de l'infamie.

Des scènes qui suffiraient à elles seules pour inspirer le dégoût de la politique et de l'espèce humaine, si le bon droit et la justice n'étaient pas aussi vivaces, déshonorèrent cette assemblée de réactionnaires, que dans son indignation la France surnomma la *rurale*. Assemblée qui alla jusqu'au point de laisser les tribunaux qu'elle avait érigés refuser aux accusés leur défense.

Et quels étaient les crimes de quelques-uns ? Qu'avaient-ils fait ?

Rien ! Absolument rien !

Aux autres on reprochait,— sauf le bénéfice de leur défense,— des faits insurrectionnels, tels que, embauchage, arrestations et détentions illégales.

Voilà tout.

Eh bien ! ces crimes-là, que sont-ils ?

Des crimes politiques ; c'est-à-dire des crimes qui deviennent des vertus, lorsque le succès a couronné l'œuvre de ceux qui en sont les auteurs.

Oh ! soyez rassurés ! quand j'indique cette distinction importante au point de vue de la pénalité, je n'ai en aucune façon l'intention d'absoudre l'assassinat, dont rien ne peut amoindrir l'horreur. Je me place au point de vue d'un parti politique s'élevant contre un autre parti politique ; discutant ses actes, tenant pour nuls ses décrets, et confiant dans sa force et dans son droit, tenant tête par les armes à ceux qu'il appelle de son côté des insurgés : des insurgés contre la république, gouvernement de droit, et dont ce parti n'accepte le fait, sans le vouloir reconnaître, que pour se donner le temps de préparer une restauration monarchique.

L'insurrection de la garde nationale est donc un fait politique.

Je ne comprends pas l'accusation quand elle s'écrie :

« Les faits reprochés à ces hommes ne sont pas des faits politiques : jusqu'au 18 mars, à 8 heures 1/2, le mouvement est politique ; après, il ne l'est plus. »

Je vous le répète, j'avoue que je ne comprends pas.

Où est le principe de cette distinction ? Quelle magique

influence d'une minute, d'une seconde, sur le cadran de l'horloge ?

Les faits qui se produisent dans le temps obéissent à une autre loi que celle de la durée : à la loi morale.

Des faits sont accomplis, des causes les ont produits. Ces causes quelles sont-elles ? Ce sont des causes politiques qui ne sauraient être détruites par la durée du temps.

La France connaît ces menteuses promesses faites aux vaincus, ces fusillades après la bataille, l'établissement des conseils de guerre ; les arrestations, les transportations en masse ; la terreur *bleue* succédant à la terreur *rouge* ; la presse confisquée ; les libertés publiques foulées aux pieds ; en un mot, le pouvoir précipité dans cette politique à outrance dont il n'est plus possible de sortir. Tout celà fut l'œuvre de l'Assemblée rurale « *Une guerre de sacripants, une Saint-Barthélemy du prolétariat.*

Pauvre Rossel ! Elle te condamna afin que ta mort servit, selon ses vues, de grand et terrible exemple contre les défections militaires. — En cas de guerre civile, il n'y a pas de moyen terme : Plus de citoyens ; tous insurgés ou soldats ; et ceux qui voulaient faire œuvre de citoyens étaient considérés comme déserteurs. Les juges de Rossel se flattaient de *laver leur passé*, de rassurer le présent, et d'influer par la mort d'un de nos plus vaillants officiers sur les destinées de l'Etat, et ils ne craignaient pas dans leur aveugle fureur d'assumer sur leur tête toute la responsabilité d'une pareille condamnation.

Quant à toi, Gaston Crémieux ! ton sang est le plus bel héritage que tu aies pu laisser à tes enfants !

Gloire à vous, martyrs de l'humanité et de la civilisation !

C'était de toute part enfin une hécatombe de héros qui tombaient bravement, noblement sous les coups des réactionnaires, que leur courage irritait encore, et dont le meurtre était salué par les applaudissements des monarchistes de tous les pays; la bourgeoisie fusillait ; les aristocrates applaudissaient.

Oui ! il est une chose qui étonnait tous ceux qui assistaient à ces fusillades, et ceux qui en lisaient le récit dans les journaux : c'était le sangfroid, l'intrépidité et le mépris de la mort avec lequel tous ces hommes offraient leurs poitrines aux balles.

C'est que ces hommes avaient conscience de la cause pour laquelle ils mouraient, et que, comme le Christ, ils savaient que leur mort devait consacrer un grand principe, dans lequel était renfermé le germe de la vie future, de la société à venir.

Quant à Rochefort, ils voulurent essayer, mais en vain, de briser ses lanternes qui éclairèrent la chute de l'Empire.

---

# XXVI

## RÉACTION A RÉACTION

Paris, durant les jours qui suivirent la fin de la lutte, parut accablé et comme désert. Tels quartiers étaient visiblement dépeuplés, L'étonnement, la stupeur avaient envahi les meilleurs esprits en face de la situation où était alors le pays. On réclamait à grands cris une constitution républicaine, et les journaux de l'*ordre* prêchaient ouvertement le renversement de la République.

Sauf les citoyens républicains, disait le *Figaro*, tous les journalistes peuvent écrire au *Figaro*. Nous avons tous pour but de conjurer un danger commun, danger que la République traîne toujours à sa suite. Nous combattons également les radicaux et ceux qui leur préparent les voies (ces républicains honnêtes qui ne se compromettent jamais et ménagent à la fois la chèvre communeuse et le chou conservateur) les Louis Blanc, les Jules Simon, les Jules Favre, les Quinet, les Arago, les Crémieux, qu'on retrouve toujours, qui ne redoutent ni les sergents de ville, ni les conseils de guerre, et qui se gardent à carreau dans toutes les parties dont le sang des pauvres diables est l'enjeu.

Aujourd'hui, que je suis assez heureux pour être entouré de rédacteurs que j'estime et que j'aime, je ne puis me permettre de les gêner dans l'expression de leur pensée. Nous voulons atteindre le même but, par des chemins différents.

Tous mes collaborateurs ne sont pas d'accord sur l'opportunité du drapeau blanc. L'un d'eux a cru pouvoir dire que Mgr le comte de Chambord que j'aime, que je respecte, que je vénère, — et je garantis qu'il n'en doute pas, — devrait abdiquer, pour porter un coup décisif à la République.

La *Patrie*, de son côté, donnait des conseils au Gouvernement en l'encourageant dans l'œuvre de répression qu'il avait entreprise, encouragements dont, certes, il n'avait pas besoin :

Or, le gouvernement, disait-elle, se souvient aujourd'hui que l'état de siége lui donne des pouvoirs dont il n'a pas encore usé. Qu'il en use donc, c'est ce que nous lui demandons. Qu'il ne laisse pas tous les jours faire l'éloge de la Commune, attaquer l'armée et ses chefs, et le gouvernement, et toute la société. Qu'il empêche toutes ces feuilles indignes, le *Radical*, pour ne pas le nommer, et tant d'autres, de faire l'éloge de la Commune. Qu'il ne permette pas à M. Mottu, un Français, de faire l'éloge de l'insurrection de Mars, d'ouvrir des souscriptions pour les assassins de Mgr Darboy et de MM. Deguerry, Bonjean et Chaudey ; qu'il défende à Garibaldi, ce vieil Italien, d'appeler les fédérés : « *l'héroïque peuple de Paris* », et de célébrer les louanges de Flourens et de Dombrowski. Qu'il se défende, le gouvernement, très bien ; mais, pour Dieu, qu'il nous défende, nous aussi, les Parisiens, et avec nous toute la France qu'envahissent les plus détestables doctrines, que corrompent les mensonges les plus hardis et les plus hideux.

Mais par la violence même de cette réaction, une réaction nouvelle se produisit ; à côté de ces journaux qui, pour obéir à des convictions qui n'étaient rien moins que sincères, faisaient le trafic de leurs plumes et soudoyaient les consciences, une presse honnête, indignée de ces attaques, bravant les peines dont on l'accablait, ne recula pas devant son devoir.

L'un de ces journalistes, parodiant d'une façon très spirituelle une des meilleures fables de La Fontaine, mettait en scène Dame France et la droite :

Dame droite ayant chanté
Sans rien faire, tout l'été,
Se trouva bien abrutie
Quand Thiers la prit à partie.
De suite elle vint trouver
La France, en train de rêver,
Pour lui conter son affaire...
— Qu'avez-vous donc fait, la mère ?
Dit la France, en ces six mois ?....
— Nous avons fait quelques lois
A la longue, une par une ;
Nous avons fait la Commune
Et le pacte de Bordeaux,
Angmenté quelques impôts

Pour les classes ouvrières ;
Nous avons fait des prières
Et conservé le Prussien,
Car chez nous il se plaît bien.....
— Ah ! vraiment ! dit dame France,
C'est bien là ce que je pense.....
Mais après ? Que fîtes-vous ?...
— Nous aurions voulu, chez nous,
Par suite de nos fatigues,
Passer un mois sans intrigues.....
Et puis, ce qu'a fait Rivet
Ne serait pas arrivé.....
Hélas ! après ce scandale,
Comment présenter d'Aumale,
Joinville, ou même Chambord ?.....
Mais si nous pouvions encor
D'Adnet passer la supplique !.....
Oh ! la sotte République !.....
Ne nous voilà-t-il pas fiers
D'avoir calé M. Thiers
Qui dit toujours si tu bouges ! ! !
Oh ! quel tas de bonnets rouges !....
Ainsi, pleurant à demi,
Dame Droite se permit
De trancher le fond des choses
Sans savoir ni faits ni causes ;
Mais dame France, en sursaut,
Levant le pied un peu haut,
Quelque part, dans le...... derrière :
— Vous avez sommeil, ma chère !
Que venez-vous donc chercher,
Bonsoir ! Allez vous coucher !

Albert Glatigny, trop tôt ravi à la littérature, cinglait ainsi, dans le *Rappel*, les scandaleux marchés de nos intendants, les exploits militaires de nos généraux d'aventure :

Cerfbeer est rentré dans ses terres,
Ses pieds dans ses pantoufles, il
Songe à ses exploits militaires
Pour charmer ses heures d'exil.

Il se rappelle avec extase
Ces jours où, guerrier de bon ton,
Il digérait sans diastase
Les hommages de son planton.

Ces beaux jours où pour un mobile,
(Qu'en dis-tu là haut, bon Niel ?)
Trahir, se faire peu de bile,
N'était qu'un péché véniel.

L'été splendide rit. sereine,
La vigne au soleil, son amant,
Se livre, et la triste Lorraine
Pleure sous le sabre allemand.

Cerfbeer est chez lui. Sa nature
Est de ne s'étonner de rien,
Il danse à la *Kommandature*,
Trouvant qu'en somme tout est bien.

Plus blanc que la neige amassée
Depuis dix siècles sur les monts,
Plus pur que l'étoile glacée,
Tourneur, rayonnant, dit : « Fermons »

L'oreille à la voix du scrupule;
Soyons riche d'abord. On est
Honnête lorsqu'on manipule
De l'or ; on est gros bonnet.

Tous les moyens sont bons : La voie
Est tracée, et j'y vais gaîment.
Ça m'est bien égal qu'on me voie
Trinquer avec un allemand.

Des gens se montraient difficiles
Et gênaient mes petits marchés :
J'ai fait coffrer ces imbéciles,
Pour six vaches effarouchées.

Je n'ai pas volé, voyons ? Qu'est-ce
Qu'on me veut alors ? C'est trop fou !
Inspectez mes livres de caisse
Et dites si je dois un sou.

Cerfbeer, Tourneur, oh ! l'un vaut l'autre !
S'ils étaient seuls du moins ? O deuil !
Tout un louche troupeau se vautre
Dans leur marais avec orgueil.

Bons cœurs pleins de philosophie !
On les salue, on les connaît
Encor ! Bien plus, on glorifie
L'épicier martyr Arbinet !

Ils aimaient la Prusse, ces braves,
Est-ce là donc un déshonneur ?
« Et pourquoi mettre des entraves
« Au commerce ? » dira Tourneur.

Eh bien ! quand je serais un traître !
Après ?... Cremer, esprit taquin,
Ne sait-il pas qu'il vaut mieux être
Prussien que Républicain ?

La Prusse, après tout, représente
Le principe d'autorité.
Elle obéit ; elle est décente.
Guillaume est une Majesté.

Moi, Tourneur, et Cerfbeer, nous sommes
Des gens paisibles ; nous aimons
Et respectons les gentilshommes ;
Le curé nous voit aux sermons.

Nous sommes les propriétaires.
C'est à nous qu'appartient le sol,
Et nous protégeons, doux, austères,
L'œuvre de Saint-Vincent-de-Paul.

Amis de la solide gloire,
Nous avons tous deux applaudi
Quand Ducrot, fils de la victoire,
A rembarré Garibaldi.

Un meurt-de-faim, envieux, blême,
Nous en veut d'être intelligents ;
Mais nous représentons quand même
Le parti des honnêtes gens.

Et pendant qu'on voit rire et boire
Ces deux sinistres acquittés,
Les requins, ouvrant leur mâchoire,
Couvent des yeux les transportés.

Et Cerfbeer, gras comme une caille,
Et Tourneur, l'aimable Mondor,
Disent : « Eh ! quoi ! cette racaille
N'est donc pas fusillée encor ?

Et puis, quand le soir se déploie,
Le marchand et le hobereau
S'endorment avec l'âme en joie
Et l'estime du *Figaro*.

La province, d'autre part, s'éleva avec énergie contre la manière de faire de Messieurs de Versailles, et bientôt les protestations les plus énergiques et les plus directes arrivèrent de toutes parts jusqu'au chef du pouvoir exécutif.

Quant aux députés aristocrates, et par conséquent accapareurs nés de la propriété territoriale, ils repoussaient l'impôt progressif sur le revenu et ne craignaient pas de doubler en quelque sorte le droit des patentes, dans un moment où le commerce éprouvait le plus grand embarras.

Voici ce que publiait à ce sujet une feuille picarde Saint-Quentinoise :

Monsieu c'Rédacteu,

J'm'atteins qu'quand ces députés ils éteint tiots, ils enteindeint à leu village dire à tout moment : *Au pove la b'sace*. Y s'sont souvenus d'ça à leu biau catiau de Versailles.

Quand no z'avons eu r'chu eine doule d'ceux c'Napoléon yeu za déclaré la guerre, c'a été ein effet d'leu bonté, puisqu'ils éteint ces maîtes et qui pouveint tout no prenne, de n'no demander qu'quitte myards, et mi bête que j'sus, j'croyais qu'ein érait fait donner ces myards à ceux qui poveint l'donner. Qu'j'étais nayeu !

V'là chou ec bécaup d'ces députés y s'sont seurmein dit : avanchons ces myards épi no preindrons six, sept pour cheint d'intérèt a le plache d'troquate qu'no zavons et comme :

Y n'a bequeu d'monne pour boire la goutte ;

Bequeu qui feument ;

Bequeu qui boivent du café ;

Et qui faut du poive pour mette dans l'soupe d'ces poves, etc.

R'montons c'breune vin ;

R'montons c'toubaque ;

R'montons c'café épi c'suque ; faisons payer c'poive et l'chicorée qu'no n'usons point ;

Çà no fera d'l'argeint pour no payer l'z'intérêts d'ces myards.

Amon, qu'c'est des geins capabes ; éjou qu'ein peut yeu dire quitte cose. Ein dit qu'ces leux n's'étronnent point, ein a bien raison et pusse qu'ein les a lommés pour ête ces maîte, si peutent ti point faire à leu mode.

Jusqu'à c't'heure, y n'avait core été question d'l'ermontage qu'de c'café, de c'suque, etc... ça n'faisait point grand cose ; ein sait qu'd'puis ein moment ein n'a pas tant, et c'poive comme on dit souvent : quier comme du poive, c'n'est point drôle qu'ein l'l'emmesure dans ein dé à queude.

Mais vo ni parlez, quand ein a r'mis, in a quitte jours, six sous au lite d'breune vin, j'ai eintendu tiot Pierrot qui disoit à c'cabaretier : ein a mis au moins douze sous au lite sur c'vin ? — Point douze, dit l'aute, mais vingt ; seulement c'est vingt sous par mi-pièce d'vin qu'ein a r'mis, c'qui fait ein centime du lite.

La dessus, tiot Pierrot il a juré. Cà l'l'avanche bien, amon, ça n'l'empêchera pas d'payer quinze sous du lite d'breune vin épi c'ti qui a l'moyen d'boire du vin de n'payer qu'deux centimes.

Mais, c'est quand ein va r'monter c'toubaque qui jurera core pusse : y vora fumer des cigares, mais ç'a n'dure point assez.

Jacquot, qu'c'est ein politiqueux y a bien expliqué l'affaire ein li disant : mein fieu, c'est ein pove la b'sace, car ceux qui ont d'l'argent tout plein, in'paillent point grand cose ; ces marchands qui travaillent pour eux vive paittent bequeu ; ces ouvriers qui n'ont ni maison ni guiron en gagnant quarante sous par jour en donnent dix pour qu'ein garde chou qu'ils ont. Y n'a bien quitte brouyous d'députés qui veulent qu'ein mene ein impôt sur ces r'venus, mais comme y n'sont assez d'monde ein ne l'z'acoute point, ein l'z'envoie prom'ner.

Pourtant, c'ti qu'il a cheint mille francs à dépeinser par an et qui n'a pas d'mal du tout à l'gaigner, si y donnait dix mille francs, y n'éroit core quater-vingt-dix mille ; çà n's'roit ti point bien assez pusque c'l'ouvrier, li, sur huit cheints francs qu'il est obligé d'gaigner pour povoir les dépeinser, y va falloir, à c'l'heure-ci, qu'il ein donne eine bonne part. Après tout, quoiqu'vo volez, c'est au pove la b'sace, et je n'sais point, si c'est dans c'l'évangile qu'ça est dit qui faut donner à c'ti qu'il a et prenne à c'ti qui n'a rien.

Là dessus, j'vo fais aussi mein complimeint qu'ça n'coute rien.

CADET-ROUSSEL,

*Qu'il a trois quiens qu'ça fait 24 francs*
*par an à donner au gouvernement.*

Et tous ces députés, tous ces hommes d'Etat se donnaient pompeusement le titre d'économistes, de philosophes ?

Allons donc ! est-ce que le philosophe peut haïr ? Est-ce que l'homme d'Etat a le droit de se venger ? Leur devoir n'est-il pas uniquement de rechercher les causes afin de les détruire et de prévenir ainsi le mal à venir ?

Mais la rage de Messieurs les députés est telle qu'ils demandent des poursuites simultanées contre dix journaux, pas un de moins ; et ce nombre ne suffisant pas à M. Ducrot, ce vaillant général, *mort ou victorieux*, vient encore dénoncer à la tribune deux de ses collègues, MM. Pierre Lefranc et Rouvier.

Mais on ne pouvait les traduire devant le conseil de guerre et les membres du jury, qui ne faisaient pas partie des tribunaux à gages, les acquittèrent tous.

Voici le texte des deux articles incriminés tels qu'ils ont été lus à la tribune par le général Ducrot :

ARTICLE DE LA CONSTITUTION DU 3 DÉCEMBRE 1871.

Nous devons refouler au fond de notre cœur les réflexions amères qu'éveillent en nous l'exécution de notre compatriote et ami Gaston Crémieux. En donnant libre cours à notre douleur, peut-être mettrions-nous en péril l'existence du journal qui veut bien accorder l'hospitalité à ces lignes. Nous saurons attendre le jour prochain où il nous sera permis, du haut de la tribune nationale, de demander compte du sang versé aux membres de cette commission qu'on a intitulée : Commission des grâces !

Mais nous avons le droit et le devoir d'indiquer ici le caractère particulier du drame dont le sanglant dénoûment vient de s'accomplir à Marseille.

Quel que soit le point de vue auquel on envisage les évènements de Marseille, nul n'oserait contester que l'insurrection est restée dans les termes d'un mouvement politique. Aucun crime de droit commun ne l'a souillée ; tant que dura l'éphémère pouvoir de l'infortuné Crémieux, pas une goutte de sang ne fut versée.

Pourtant, à Marseille comme à Paris, les mêmes passions étaient déchaînées ; le même personnel cosmopolite avait participé au mouvement ; le désespoir de la dernière heure pouvait amener les mêmes excès.

S'il n'en fut rien, si la vie des fonctionnaires détenus comme otages fut respectée, c'est en grande partie à l'intervention de Crémieux qu'on le dut. Le contre-amiral Cosnier, alors préfet et l'un des détenus, en témoigna publiquement devant le Conseil de guerre.

Le même Crémieux, dont une de ces feuilles qui s'acharnent après les cadavres, faisait hier un homme de violence, luttait à nos côtés contre une foule exaspérée qui menaçait de saccager les ateliers de la *Gazette du Midi*. Il contribuait, au péril de sa vie, à sauver les presses de la feuille royaliste.

Et c'est cet homme généreux, serviable et doux à l'excès, que l'impitoyable commission de l'Assemblée a laissé tomber sous les balles d'un peloton d'exécution, pour une heure de fol égarement.

Pendant de longs mois, sa malheureuse jeune femme s'est trainée aux genoux des membres de cette commission ; pendant de longs mois, ils l'ont vue arroser leurs mains de ses larmes. Ils l'ont entendue leur parler de la douleur du vieux père du condamné, de ses trois petits enfants dont on allait faire des orphelins.

Les larmes de l'épouse, la douleur du père, l'innocence des enfants n'ont pu ébranler ces hommes.

Les trois fusillés de Satory ne suffisaient point, paraît-il, aux exigences de la répression. A la sympathique figure de Rossel, fusillé à Versailles, il fallait donner un pendant dans le Midi. On a choisi Crémieux.

L'exécution de cet infortuné jeune homme équivaut au rétablissement virtuel de la peine de mort en matière politique. Nous n'aurons pas de peine à le démontrer.

MAURICE ROUVIER

*Député des Bouches-du-Rhône.*

---

## ARTICLE DE L'*INDÉPENDANT DES PYRÉNÉES-ORIENTALES*

Du 14 Décembre 1871.

### DU BIVOUAC DE VERSAILLES

*Premier Bulletin*

Bivouac ! je ne puis qualifier autrement le lieu où je suis condamné à camper par une majorité parlementaire, folle de haine et de peur qui préférerait certainement siéger à Lucerne ou à Coblentz. Que personne ne s'y trompe : Versailles n'est point le séjour d'un de ces aréopages dignes et calmes délibérant gravement et sagement sur les affaires publiques, loin du tumulte des passions, comme à Berne et à Washington.

Non, c'est un camp, un bivouac, une arêne. un champ de bataille tout ce qu'on voudra, excepté un paisible sanctuaire des lois. Et voilà pourquoi, me considérant ici comme un soldat en campagne, je donne aux communications que j'ai promises aux lecteurs de l'*Indépendant*, la forme de bulletin.

Les armées en présence ne s'étant illustrées jusqu'ici que par des injures réciproques et par des gestes plus dignes des parades de la foire que des dieux de la Grèce et d'Illion, je n'emboucherai pas la trompette d'Homère pour en faire le dénombrement. Je n'en dirai que ce qui sera nécessaire aux absents pour juger de la portée des coups et du mérite des combattants.

A droite, sous l'étendard qui brilla d'un si vif éclat en 1792 et en 1814, à la queue des fourgons prussiens, se pressent deux cent quarante ducs, marquis, barons, comtes, vicomtes et vidames de Kerkabis-Kambouille et de la Crétintaille, qui voudraient bien nous faire croire que leur noblesse remonte, pour le moins aux croisades. Il en est parmi eux, en effet, qui ressemblent assez à des aides-de-camp de Simon de Montfort où aux pieux bourreaux que traînait à sa suite l'exterminateur des Albigeois.

Ce sont eux qui, pour ne pas trop déroger, se sont, faute de mieux, nommés eux-mêmes membres de la commission des grâces. Malgré leurs prétentions à dater du déluge ou à descendre de la Sainte-Vierge, comme les sires de Mirepoix, m'est avis qu'ils comptent parmi leurs fiers ancêtres plus d'un illustre palefrenier ou porte-coton anobli pour de glorieux services d'écurie ou de cabinet. Palsambleu ! Ventrebleu ! comme ils sont superbes, ces trembleurs du mois de mai, depuis que le danger est passé et que la situation est à la hauteur de leur courage ! M. Thiers n'a qu'à bien se tenir.

S'il a le malheur lui, président de la République, de prononcer devant eux le mot de République, ils lui donneront ses huit jours comme à un simple Frontin qui se donnerait des airs d'impertinence. Il faut voir à ce propos avec quel fin et dédaigneux sourire, l'un des leurs, M. le duc de Larochefoucauld-Bisaccia, raconte, dans les couloirs, à des auditeurs qui en font des gorges-chaudes, comme quoi ce petit *mossieu* Thiers était, dans sa première jeunesse, petit commis chez son grand-père, Mgr le duc de Larochefoucauld-Liancourt.

.....................................................................

Qui sont-ils ? Et que veulent-ils ? Ce qu'ils sont ? Nos ennemis, je le sens, non pas à ma haine, je n'en ai, Dieu merci, pour personne, mais à la leur. Est-ce que vous croyez par hasard que tout en le traitant d'honorable, parce que les convenances l'exigent, ces gens-là considèrent vraiment comme un de leurs collègues ce brave ouvrier Tolain, dont le cerveau ridé par le travail de la pensée renferme pourtant plus d'intelligence qu'il n'y en a sous toutes leurs perruques. Tolain, collègue de M. de Cumont ? Fi donc ! Entre nous et eux il y a un abîme qui ne se comblera jamais.

Croyez-moi, je n'exagérais rien lorsque j'esquissais dernièrement le tableau des partis. Tels étaient les légitimistes à Coblentz, tels ils étaient en 1814 et 1815, lorsqu'ils accueillaient à titre de libérateurs le Cosaque et le Prussien, tels ils sont encore. L'ennemi pour eux ce n'est pas Bismarck, c'est la France de 1789, c'est nous.

Ce qu'ils veulent ! je n'en sais rien. Je ne suis pas dans le secret des conciliabules de Lucerne et de la rue des Réservoirs, mais je sais très bien ce qu'ils ne veulent pas. Ils ne veulent ni de République, ni de l'égalité civile et politique, ni de l'amélioration morale et matérielle des classes laborieuses, qui, avec le temps, finiraient par effacer les distinctions sociales si chères à leur cœur.

Pour le malheur de notre pays, malheur irréparable peut-être, il s'y trouve côte à côte, sur le même sol, enchevêtrées et emboîtées l'une dans l'autre, deux nations ; deux peuples, l'ancien régime et le nouveau, condamnés à périr ensemble, s'ils ne parviennent à se fondre dans la grande unité de la patrie. Or, l'attitude hostile et presque furibonde que prennent vis-à-vis de nous Messieurs de la droite, ne nous permet pas d'espérer, de longtemps du moins, cette fusion aussi impossible qu'indispensable au salut commun.

Après les *pur sang* viennent *les sang-mêlé*. A côté de deux cent quarante légitimistes qui n'ont dû leur nomination au 8 février qu'à une défaillance de la France et qui se cramponnent à leurs siéges, certains qu'ils sont de n'être pas réélus, siége le grand clan des sceptiques centre droit et centre gauche, démocrates par instinct, aristocrates par vanité, royalistes par tradition, orléanistes par goût, républicains par nécessité, au demeurant prêt à s'accommoder de tout régime, qui leur donnera la prépondérance dans la direction des affaires. Même nombre : deux cent quarante environ. C'est dans cette masse flottante, *caput mortuum* de toutes les Assemblées, que tous les gouvernements recrutent leurs équipages.

Ils se disent sages, parce qu'ils n'ont ni vertus, ni vices ; et pratiques, parce qu'ils n'ont pas de principes. Le centre droit, sous la direction de M. Saint-Marc Girardin, penche vers la droite et subit M. Thiers plus qu'il ne l'accepte. Et cependant, tout gourmet qu'il est, M. Saint-Marc Girardin, sénateur manqué, a trop d'esprit pour ne pas voir que Messieurs les ducs l'estiment tout juste autant qu'un maître d'école réussi. Quant au centre gauche, où M. Thiers compte de nombreux amis personnels, il s'est caractérisé par la fameuse proposition Rivet, qui a créé provisoirement la présidence de la République et paraît disposé à la maintenir.

Viennent enfin en nombre à peu près égal (deux cent quarante) les républicains de vieille date, classés plutôt que divisés, je ne sais trop pourquoi, en deux catégories, *gauche modérée* et *gauche radicale*, distinction tout à fait arbitraire, puisque les principes sont identiques. J'ai repoussé de toutes mes forces, vous le savez, cette expression de *radical* qui n'exprime absolument rien et qui a été imaginé par nos adversaires pour nous diviser.

Pour ma part, je l'ai dit et ne cesserai de le répéter : je suis républicain sans commentaires ; parmi nous tous, les esprits sages (et c'est l'immense majorité) comprennent qu'il serait insensé de se disputer sur les nuances avant d'avoir assuré le triomphe de la couleur. Au surplus, les attaques furibondes dont nous sommes déjà l'objet nous forceront bien à nous défendre de concert, sinon à nous réunir dans le même camp.

La lutte est engagée. Elle sera formidable, et nous y sommes prêts.

PIERRE LEFRANC.

En face des manifestes si éloquents de l'opinion publique, des vœux des assemblées locales exprimés d'une façon positive, M. Thiers fut obligé de se rendre à l'évidence. Il sentit que malgré la victoire qu'il avait remportée sur Paris, la France n'entendait nullement abdiquer désormais ses droits ; il comprit qu'il ne pouvait point jouer un rôle politique, mais un rôle diplomatique. Ce rôle, il faut le reconnaître, M. Thiers l'accomplit : la paix conclue, signée, toutes les clauses en furent bientôt exécutées.

La libération du territoire que le pays appelait de tous ses vœux fut le dernier geste de ce rôle, la conclusion de cette diplomatie. Et quand la Prusse eut reçu le dernier sou de son tribut, et que le dernier de ses soldats eut passé la frontière française, cette Assemblée élue pendant l'occupation prussienne, alors que l'Empereur d'Allemagne datait ses décrets de cette ville où elle siégeait et où le Gouvernement siége encore actuellement, cette Assemblée, dis-je, n'avait plus qu'à aller chercher au fond de ses sacristies et de ses châteaux un refuge contre l'indignation et la haine que son nom seul inspire.

M. Thiers fut obligé de se rendre enfin *de visu* à la nécessité et de reconnaître que la République seule aujourd'hui était possible en France. C'est pourquoi, rappelant la répression de la Commune, il s'écria : *Quel régime monarchique eût osé tenter ce que j'ai fait ? Il eût été immédiatement brisé. Si vous, Membres de l'Assemblée, vous aviez proclamé la Monarchie, toutes les villes de France, toutes, se fussent soulevées contre vous au cri de* VIVE LA RÉPUBLIQUE *! et vous auriez vous-mêmes ouvert sous vos pas le gouffre qui vous aurait engloutis.*

M. Thiers, persuadé, forcé par les évènements, renonça à ses convictions et affirma sa volonté de travailler résolûment à l'établissement de la République conservatrice et au relèvement de la France; car il sentait que la nécessité qui pesait au moment de sa lutte avec Paris, était plus impérieuse alors que jamais.

Il n'y avait pas en effet, d'argument contre l'évidence. Depuis février 1871, toutes les élections qui avaient eu lieu avaient constamment accentué le mouvement de la France vers l'établissement définitif de la République, et celà aussi bien au nord qu'au centre et au midi : Elections municipales d'Avril, élections complémentaires de Juillet, élections d'Octobre, élections partielles de Janvier 1871, puis d'Octobre 1872 ; ces élections successives affirmaient nettement les tendances universelles.

Ajoutez à celà les autres manifestations si diverses de la volonté nationale, les vœux, l'attitude des Conseils généraux, les verdicts des jurys, l'acquittement des écrivains qui refusaient à l'Assemblée le droit de faire une constitution monarchique, les adresses au Président, adresses venant de toutes les parties de la France et relatives à l'amnistie et à la dissolution de l'Assemblée.

Le *Bien public*, journal semi-officiel de la Présidence, écrivait à ce sujet :

« Cette manifestation prend des proportions de jour en jour plus considérables, et d'après les avertissements qui émanent à chaque instant des Assemblées départementales, nons croyons qu'il sera du devoir de la représentation nationale d'aborder enfin une situation complexe qui l'intéresse autant qu'elle intéresse tous les partis.

.....................................................................

« Qu'on sache seulement attendre, qu'on se borne désormais à enregistrer les fautes qu'on reproche au pouvoir législatif et qu'on laisse faire. Viendra certainement le moment où, d'un pouvoir complexe, se dégagera, avec le pouvoir exécutif actuel, un vrai pouvoir républicain, basé sur la confiance publique et le vœu de la nation.

D'ici là qu'on n'en veuille pas au gouvernement républicain de l'impuissance dans laquelle il se trouve vis-à-vis de tous, lié comme il l'est, avec *son ennemie intime*, c'est-à-dire la *majorité représentative*.

23 septembre 1872.

D'autre part, M. Casimir Périer écrivait :

Je ne vois pas la nécessité de m'étendre ici sur tout ce qui est venu, depuis deux ans, mettre à néant l'espoir raisonnable d'une solution monarchique compatible avec les intérêts, les droits de la nation et l'honneur des personnes.

J'explique comment j'ai été conduit à me prononcer nettement et sans arrière-pensée pour la forme républicaine, la seule qui me paraisse aujourd'hui destinée à préserver la France d'une crise anarchique, prélude certain d'un despotisme quelconque, sans parler des dangers extérieurs.

J'ai le ferme espoir que le jour n'est pas éloigné où une majorité parlementaire, d'accord avec l'homme illustre auquel la France doit tant de reconnaissance dans les terribles épreuves qu'elle a traversées, saura constituer un gouvernement qui repose sur des institutions.

Aussi longtemps que ce gouvernement fera respecter les lois, les droits publics et les droits individuels, la liberté de conscience dans la plus large acception du mot, je serai son défenseur.

Si la République, pour son malheur et pour le nôtre, vient à s'écarter de ces voies, elle périra infailliblement.

Dans le cours d'un siècle presque entier de révolutions successives, toutes les formes de gouvernement ont été essayées tour à tour, sauf une seule, celle d'une République régulière, loyalement acceptée de la majorité de la nation, servie sans préventions d'une part, sans faiblesse de l'autre. C'est une épreuve qui nous reste à faire ; faisons-la courageusement et honnêtement ; pour ma part je m'y engage, et si quelques-uns font pour celà un sacrifice, je crois qu'en regardant autour d'eux, ils trouveront assez de motifs qui les y déterminent.

Dire la rage et l'effroi qui s'emparèrent des honorables de Versailles en assistant à l'évanouissement de leurs rêves, celà ne peut se décrire. Aussi le parti conservateur, perdant toute mesure, ne craignit pas de faire appel à toutes les passions : provocations, calomnies, mensonges, hypocrisie, miracles, pèlerinages, religion, famille tout fut mis en œuvre.

Le conseil général de Saône-et-Loire ayant signé une adresse au Président de la République, adresse empreinte des plus purs sentiments républicains, les monarchistes entrèrent dans une violente colère, et allèrent jusqu'à accuser de *déloyauté* les conseils généraux.

Le compte-rendu suivant de la commission de permanence en est la preuve :

## COMMISSION DE PERMANENCE

La commission de permanence a tenu hier sa sixième séance. M. Grévy, de retour de son voyage, avait repris le fauteuil de la présidence. Il était assisté de MM. Vitet et Saint-Marc Girardin, vice-présidents, Desjardins, secrétaire, et Baze, questeur de l'Assemblée.

Un seul membre était absent, M. le général Changarnier, qui s'abstient systématiquement de prendre part aux travaux de la commission.

Le gouvernement était représenté par MM. Victor Lefranc, ministre de l'intérieur, et de Rémusat, ministre des affaires étrangères.

Le président de la République, contrairement à ce que plusieurs journaux avaient annoncé, n'assistait pas à la séance.

. . . . . . . . . . . . . . . . . . . . . . . . . . . . . . . . . . . . . . . . . . . . . . . . . . . . . . . . . . . .

M. de Mornay appelle l'attention du gouvernement et de la commission sur la lettre adressée par M. Barthélemy Saint-Hilaire à M. Charles Boysset, en réponse à l'adresse du Conseil général de Saône-et-Loire. Le plus souvent on a constaté que la correspondance du secrétaire général de la présidence n'était que l'expression de sa pensée personnelle. Mais, dans le cas présent, il n'est pas possible de l'admettre.

Dans sa réponse, M. Barthélemy Saint-Hilaire a dit : « Dans ces derniers jours, il a été à peu près entendu qu'on ne ferait plus d'arrestations du chef de la Commune. » Cette déclaration ayant paru avoir le caractère officiel, M. de Mornay s'en est ému et a adressé au ministère de la guerre une lettre dont il donne lecture à la commission.

Dans cette lettre, M. de Mornay s'étonne qu'on ait pu avoir la pensée, dans les conseils du gouvernement, de faire cesser les arrestations. Il demande au général de Cissey si de pareils ordres ont pu être donnés par la justice militaire.

M. de Mornay, après cette lecture, ajoute que la réponse du général de Cissey lui est parvenue la veille, mais qu'il ne peut pas en donner lecture, n'ayant pas encore demandé au ministre l'autorisation de la livrer à la publicité.

Toutefois, M. de Mornay assure que cette réponse lui donne pleine et entière satisfaction. Le ministre déclare que les conseils de guerre continuent à accomplir leur œuvre sans se laisser influencer par aucune pression extérieure.

M. Laboulaye rappelle qu'il a fait partie de la commission parlementaire chargée d'examiner la proposition d'amnistie de M. de Pressensé. A ce titre, il croit devoir donner quelques renseignements.

Il y avait *trente-deux mille* prévenus. Dans l'impossibilité de les juger tous, la commission a demandé qu'on ne poursuivît plus ceux qui n'étaient accusés que de participation aux actes de la Commune, à titre de simples soldats. Elle voulait que la justice réservât ses rigueurs pour les chefs du mouvement insurrectionnel ou les auteurs de crimes de droit commun. Si les déclarations contenues dans la lettre de M. Barthélemy Saint-Hilaire sont exactes, la justice militaire ne fait qu'agir conformément au vœu de la commission parlementaire.

M. de Mornay ne se déclare pas satisfait par ces explications et persiste dans sa manière de voir.

M. de Larochefoucauld-Bisaccia exprime le regret que le gouvernement se laisse volontairement compromettre par M. Barthélemy Saint-Hilaire. Les réponses du secrétaire du président aux Conseils généraux constituent une flagrante violation du pacte de Bordeaux.

(A ces mots, les membres de la gauche laissent échapper quelques rires ironiques.)

M. de Larochefoucauld, se tournant vers les membres qui rient, les apostrophe vivement, et dit que, quant à lui, il ne rit pas, qu'il est au contraire profondément attristé ! Etant convaincu que la France ne trouvera son salut que par la restauration de la monarchie traditionnelle, il est forcément amené à dire que tout ce qui sert la République dans notre pays le voue à sa perte.

D'ailleurs, ajoute M. de Larochefoucauld, les vœux sont formellement interdits aux conseils généraux, et l'esprit de la loi est violé par les adresses que ces assemblées départementales se permettent d'envoyer.

M. Noël Parfait proteste contre cette interprétation de la loi du 10 août, et rappelle les vrais principes qu'elle a posés.

M. de Kergolay dit avec véhémence que les conseils généraux se déshonorent et agissent avec déloyauté en signant des adresses au Président de la République. C'est une violation de la loi contre laquelle il proteste.

M. Journault proteste contre ces paroles. Il déclare que les adresses dont il est question ne constituent nullement une infraction à la loi. Un conseiller général peut toujours, en dehors des sessions, signer un manifeste politique, avec sa qualification de conseiller.

M. Baze dit qu'il faut éviter tout subterfuge. En réalité, il y a rébellion contre la loi dans le fait de signer une adresse politique comme conseiller général, alors que d'autres citoyens non investis de ce mandat ne sont pas admis à signer le même manifeste.

M. Lucet s'étonne que dans une réunion d'élus du suffrage universel, comme celle où il se trouve, on puisse contester à d'autres élus du même suffrage le droit d'exprimer leurs vœux et leurs sympathies.

M. Lucet, qui est membre de la commission de décentralisation, et qui a pris part à l'élaboration de la loi départementale, rappelle que, lors de la discussion de cette loi, on a prohibé les vœux politiques, mais on a reconnu l'absolue impossibilité de les interdire en dehors de la session.

Ce qu'il était utile d'empêcher, ce sont les discussions politiques qui, se produisant au cours des séances, en auraient dénaturé le caractère.

En dehors des sessions, il est inadmissible de refuser à des conseillers généraux un droit qui appartient à tout citoyen.

M. Noël Parfait rappelle à ce sujet un rapport d'un de ses collègues de l'Assemblée, M. Achille Delorme, au sujet des pétitions des conseils municipaux.

Dans la discussion de ce rapport, l'Assemblée a admis le principe de la liberté du pétitionnement pour les conseils électifs, en dehors de leurs sessions.

M. Delpit n'admet pas cette interprétation. Il maintient que les adresses des conseils généraux sont une infraction à la loi. Ce qui nous manque, dit-il, c'est le respect de la loi. (Se tournant du côté des membres de la Gauche.) C'est aux républicains à prêcher le respect.

« Quant à moi, dit M. Delpit, j'obéis à la loi ; je n'aurais pas reculé devant la liberté pour les conseils généraux d'émettre des vœux politiques. Mais le gouvernement l'a combattue, et l'Assemblée a cru devoir céder. La loi a prononcé, c'est une interdiction absolue qu'elle prononce. Aujourd'hui cette loi est violée.»

M. Delpit conjure le gouvernement de s'opposer à ce que cette violation soit plus longtemps commise. Je m'adresse aussi aux républicains, reprend-il ; je les conjure d'empêcher cette éludation de la loi. C'est d'autant plus nécessaire que cette infraction a été commise *inter pocula*.

M. de Mahy proteste en termes énergiques contre cette allégation injurieuse que rien n'autorise.

M. Delpit (avec plus de vivacité encore). Vous, républicains, dit-il aux membres de la Gauche, vous avez tous du sang de révolutionnaire dans les veines ! Vous êtes autoritaires ! Vous avez le fétichisme de l'autorité !

M. de Mahy renouvelle ses protestations indignées contre un pareil langage. Puisqu'on parle de respect de la loi, dit cet honorable membre, moi aussi je crois devoir l'invoquer. Je me permettrai de rappeler à la commission que dans les débats de cette nature elle est incompétente. De pareilles discussions lui sont interdites, surtout quand elles aboutissent à des injures envers les conseils généraux.

M. le Président Grévy saisit cette occasion pour rappeler les prescriptions de la loi à l'égard du mandat de la commission de permanence.

Aux termes de l'article 32 de la Constitution de 1848, la commission n'a pas d'autre mission légale que de convoquer l'Assemblée nationale en cas d'urgence. En conséquence, sur aucune autre question, elle n'a à délibérer ou à prendre une décision.

Toutefois, l'usage a établi que dans le sein de la commission des questions pouvaient être adressées soit au gouvernement, soit de collègue à collègue. Mais tout se doit passer sous forme de conversation ; il faut surtout éviter les discussions ardentes.

M. de Kergolay dit qu'il ne veut pas envenimer le débat ; mais il maintient l'expression de « conduite déloyale qu'il a appliqué aux actes des conseils généraux. »

M. Callet, reprenant la même thèse, soutient que les conseils généraux n'ont pas le droit de signer des adresses, même hors session, et que l'approbation ouverte du gouvernement aggrave cette infraction à la loi.

M. VICTOR LEFRANC, ministre de l'intérieur, rappelle la déclaration qu'il avait faite au cours de la discussion de la loi du 10 août 1871. « La discussion ne doit pas être là où n'existe pas le droit de résoudre, » a dit textuellement le ministre.

Je n'ai pas cessé d'appliquer ce principe, ajoute M. Victor Lefranc. Toutes les délibérations illégales prises dans les conseils, qu'elles contiennent un éloge ou un blâme pour le gouvernement, ont été également annulées.

Le Gouvernement n'a autorisé les réponses qu'aux lettres adressées au Président de la République hors session. En agissant ainsi, il est sûr de n'avoir nullement violé la loi.

Le Président de la République a toujours tenu sa parole. On parle de prétendues promesses qui auraient été faites lors du pacte de Bordeaux. J'en puis parler sciemment. J'étais rapporteur du projet de loi conférant à M. Thiers le titre de chef du pouvoir exécutif de la République française. Eh bien! moi, républicain de tout temps, j'ai affirmé dans ce rapport la constante soumission à la souveraineté nationale, mais c'est tout.

Aussi quand des hommes, comme le général Chanzy, écrivent au Chef de l'État qu'ils approuvent sa conduite, il n'y a aucune raison pour ne pas leur répondre; il y a au contraire de nombreux motifs pour le faire.

M. Baze combat la théorie du ministre et soutient de nouveau que les adresses des conseils généraux constituent une violation de la loi.

M. Victor Lefranc réplique que le Président de la République et le Gouvernement tout entier jugent que ces adresses ne sont à aucun degré illégales. Cette conviction est absolue, et les membres du gouvernement sont tout prêts à la défendre devant la Chambre si la question y est portée.

M. de Larochefoucauld répond au ministre que tout citoyen a le droit de s'occuper de la forme future du gouvernement, à l'exception d'un seul, — M. Thiers.

Le Président de la République a fait le serment de garder intact le dépôt du gouvernement. Mais il a violé son serment par sa lettre au général Chanzy.

En présence de la tournure que prennent les débats, et de l'irritation croissante des membres qui y prennent part, la clôture de l'incident est prononcée par le président, à la demande de quelques membres.

Après quelques observations échangées entre le ministre de l'intérieur et MM. de Raineville, Robert de Massey et Lefèvre-Pontalis, au sujet des indemnités à accorder de nouveau aux départements envahis, la séance se termine par quelques mots du ministre des affaires étrangères.

M. de Rémusat, à la demande de M. Lefèvre-Pontalis, déclare que le retard apporté à l'achèvement des baraquements est la seule cause qui ait fait différer l'évacuation de la Marne et de la Haute-Marne. Les baraquements n'ont pu être terminés pour le 27 septembre, jour primitivement fixé; ils seront très-probablement achevés le 15 octobre.

La séance est levée à trois heures et demie.

Toutes ces colères des monarchistes, toutes ces haines, toutes ces attaques, ne sont que ridicules, leurs ficelles sont trop usées; renouvelées de 1830, 1848, 1852, elles ne trompent plus personne ; et ils ont beau semer d'habiles circulaires dans les départements pour surprendre l'opinion publique, celle-ci ne fait qu'en rire, et leur répond en manifestant d'une façon nette et non équivoque sa volonté absolue de maintenir et de consolider la forme républicaine.

D'un autre côté, ils ne manquent pas une occasion de faire un appel à la force.

On lisait dans le journal *La Province*, à propos de la Ligue républicaine électorale, ces conciliantes paroles :

« Nous avouons sincèrement que la fameuse Ligue Républi-
« caine de la Gironde ne nous inspire aucune confiance. *Nous*
« *engageons donc nos amis à se tenir pour prévenus et à faire provision*
« *de carabines, de révolvers et de cartouches.*

« Mais en suivant cette voie-là, on s'engage dans une
« grosse aventure. Qu'ils se le disent bien ; car aujourd'hui
« n'est plus 1852 ; et les républicains réunis, compacts savent
« être sages, sages, trop sages, mais au point de ne fournir le
« moindre prétexte. »

---

## XXVII

### LA GUERRE SOCIALE

De telles épreuves auraient dû avoir une salutaire influence, si cette effroyable crise avait pu ouvrir les yeux qui ne veulent pas voir, et avait pu réussir à convaincre les optimistes et les satisfaits de tous les temps.

L'antagonisme entre les classes, la lutte du prolétariat pour son émancipation ne sont pas terminés parce que le canon et la fusillade ont parlé. Les plaies sont là saignantes, il faut les panser, les fermer, les guérir s'il se peut.

Qu'ont ils fait de cette révolution accomplie d'une façon si pacifique ?

Rien.

Les républicains modérés, qui l'avaient commencée au nom des franchises municipales, l'ont laissée se continuer par la plus effroyable guerre civile qui ait épouvanté le monde. Elle s'est achevée dans la fumée de l'incendie et l'égorgement des prisonniers.

Ah ! patience ! L'histoire est là qui, avec sa plume impartiale, fera la part de chacun. Elle dira à qui doit incomber la responsabilité des évènements du 18 Mars. Qui avait intérêt à provoquer un conflit, et à en faire naître la guerre civile ? qui avait intérêt à exercer la répression la plus sanglante qui se fût jamais vue ? L'histoire est là, patience ! Et tous ces prétendus sauveurs de la France, qui sont maintenant au pinacle, verront leurs noms cloués au pilori.

Arrivée à tenir en ses mains les destinées de la France, en franchissant une montagne de cadavres, cette Assemblée qui, pour entrer à Paris, avait dû attendre que la trahison lui en ouvrit les portes, s'épuisa dans une lutte stérile, sans éclat, pour conserver un pouvoir si tristement acquis.

Elle ressentait bien tout le fardeau de ses sanglantes représailles, et tous ces députés avaient tellement conscience de l'horreur inspirée par tant de sang répandu ; ils étaient tellement abattus par le poids de tant d'exécutions inutiles que les morts de Mai eux-mêmes, s'ils étaient sortis de leurs fosses communes, les morts de Mai les eussent regardé passer en souriant de mépris.

Un jour, ces sinistres vieillards iront rendre leurs comptes devant le tribunal de Dieu : ils y seront suivis par un millier d'ombres qui viendront les accuser; ce sera la bande farouche des pères, des frères et des époux, escortée par le chœur lugubre des mères, des veuves et des orphelins.

Ah ! ils se sont trompés ! Ah ! ils l'ont bien vu ! Ils ne savaient pas qu'en laissant grandir l'insurrection pour essayer de la foudroyer d'une manière plus éclatante, ils détachaient à jamais du trône et de l'autel la France épouvantée de tant de sang répandu.

Ils aspiraient au pouvoir, ils ont atteint leur but ; et au lieu de s'attirer les sympathies du pays par des mesures conciliatrices ils ont été violents et provocateurs. Ils ont appliqué à la politique un régime de caserne, et ont transformé le palais de l'Assemblée en un vaste corps de garde.

Le pouvoir qu'ils se sont arrogé, ils ne l'ont exercé qu'en continuant le système de rigueurs qu'ils ont déployées depuis l'ouverture de l'Assemblée.

Pourquoi donc tant de sévérité, tant de cruauté dans la répression ? Sont-ce des représailles du passé ? Non ! c'est un régime préservatif contre l'avenir.

Ce qu'on frappe, et ce qu'on veut frapper, c'est non pas l'homme, mais le symbole. Le prolétariat, se sont-ils dit, a enfin trouvé la *machine de guerre* qui pourrait lui conquérir l'affranchissement. C'est cette machine qu'on veut et qu'on croit détruire.

La rébellion contre le gouvernement établi, l'atteinte portée par l'insurrection à l'existence de la République, prétextes : la répression quand même, voilà le but. Le salut public est le moindre de leurs soucis ; la consolidation de la féodalité bourgeoise, c'est là que tendent tous leurs efforts.

Pour eux, la question sociale est résolue : *Primo mihi !* Mais qu'ils ne s'y trompent pas; elle surgira de nouveau; ce n'est pas avec des injures ou des homélies qu'on la résout; ce n'est pas à coup de sabre ou de fusils qu'on la tranche; elle survit à toutes les répressions, à tous les coups d'Etat, à toutes les révolutions vaincues, à l'écroulement de toutes les monarchies.

Les idées ne se proscrivent pas ; tôt ou tard elles sortent de l'ombre, et dans cette grande lutte sociale, les proscripteurs finissent fatalement par être vaincus par ce qu'ils avaient voulu proscrire. Que de choses niées la veille dont le lendemain a fait des réalités !

Que la bourgeoisie républicaine et le prolétariat républicain s'unissent ; que ceux qui sont instruits, ceux qui souffrent, ceux qui travaillent, enfin ceux qui composent les forces vives de la nation, réunissent leurs efforts, et ils triompheront des oisifs, des inutiles, des gens à monopole, dont le parasitisme perpétue seul un régime condamné depuis cent ans!

Ce que l'on est convenu d'appeler les classes dirigeantes s'imaginent lutter dans leur intérêt; ils ne s'aperçoivent pas que cet intérêt est étroitement lié à celui de la France, et qu'il ne dépend que de la solution de la question sociale qu'ils effleurent comme indigne de leur attention; que de cette solution, dépendent l'ordre, la tranquillité, la paix publique, la sécurité, l'avenir de la France. Tandis qu'ils passent des mois et des années à préparer des royautés éphémères, qui dureraient moins longtemps encore que leur vieillesse, à dresser des trônes qui tomberaient avant leurs dernières dents, ils côtoient en souriant le précipice où nous roulerons un jour ou l'autre si nous ne savons pas le combler aujourd'hui.

Mais qui donc entretient ces haines? C'est la bourgeoisie rétrograde, indigne fille de la bourgeoisie de 89, qui refuse aux ouvriers les plus légitimes satisfactions, les tient en suspicion, en charte privée, les enserre dans les liens étroits de ses préventions, leur interdit toute action pacifique propre à améliorer leur sort; qui, en refusant de reconnaître que le droit individuel n'est rien s'il n'est respecté dans la collectivité, fait des ouvriers des ilotes qui perdent tout espoir de sortir de leur condition autrement que par la violence.

On les appelle les monarchistes de toutes couleurs, et ils s'appellent eux-mêmes classes privilégiées. Privilégiées ? Et pourquoi ? Parce qu'ils détiennent précieusement les priviléges entre leurs mains, priviléges conquis sur le droit des autres ! La loi conclut à la proscription des associations ouvrières, à la suppression de la liberté de la presse, du droit de réunion. Est-ce que toute proscription n'engendre pas forcément des révoltes ? Toute réaction est génératrice d'une autre réaction. Le 18 mars est une réaction contre les déportations de juin, contre le 2 décembre, contre le long esclavage dans lequel l'empire a tenu la France, contre l'esprit monarchique et clérical de l'Assemblée ! Et, en ce moment, ces lois, concluant aux erreurs qui ont provoqué toutes nos révolutions, prouvent que l'expérience glisse sur nous sans nous toucher, et que les plus terribles événements, au lieu de déraciner nos préjugés, ne font que les fortifier et les grandir.

A toutes les revendications du prolétariat, ils répondent orgueilleusement :

« Nous sommes les vieux partis que la France a quatre fois chassés et condamnés solennellement par des révolutions où la colère se mêlait au mépris, et qu'elle condamne encore chaque fois qu'elle est invitée à jeter sa parole dans les urnes électorales.

« Nous sommes les vieux partis qui, toujours chassés, reviennent toujours reprendre le pouvoir par surprise ou violence, ramenés dans les fourgons des cosaques ou par les baïonnettes des soldats de l'obéissance passive, complices inconscients des coups d'Etat.

« Nous sommes les vieux partis qui avons causé au pays tant de malheurs, de misères, de désastres, de ruines et d'aventures sanglantes, et dont il ne veut pas. »

Leur système a un nom : l'*Égoïsme.*

Ils veulent pour eux, sans se soucier de vouloir même pour leurs enfants, sans se soucier surtout de vouloir pour les autres.

Au point de vue aristocratique, clérical et bourgeois, je prends un de mes adversaires, et en supposant qu'il soit de bonne foi, je lui demanderai : Qu'espérez-vous? — Il me répondra : Dix ans de tranquillité. — Dix ans ! mais dans dix ans, les enfants seront devenus des hommes, les haines auront grandi, se seront amassées, et finiront par éclater. Partant, une nouvelle révolution.

Que leur importe ?

La commune de Paris a été vaincue. Est-ce à dire pour cela que la paix règne en France ? Peut-on voir, je ne dis pas même la réalité, mais l'apparence d'une de ces victoires fortes et sages qui compriment, du moins pour un temps, les luttes sociales, et assurent aux nations une longue trêve ?

Tout le monde le sent bien : la discorde règne toujours. Républicains ou monarchistes, ouvriers, paysans ou bourgeois, commerçants, financiers ou soldats, les privilégiés et les désespérés, les heureux et les déshérités, enfin tout ce qui travaille, négocie, agiote, sert, souffre, s'amuse ou flâne, tous sont d'un avis unanime : « Qu'on en finisse par n'importe quoi, mais qu'on en finisse. »

Pour la réaction, la situation dans laquelle nous nous traînons est un interrègne provisoire ; pour la démocratie, c'est une mystification ; pour tous, enfin, c'est une calamité ruineuse, ajoutée à tant d'autres, dans laquelle à l'accroissement des impôts, à la difficulté de produire et d'échanger viennent se joindre les menaces de la politique qui effraient la confiance, effarouchent le crédit, suspendent les affaires.

Ainsi donc, le prolétariat se trouve encore dupé, trompé dans ses espérances, refoulé dans son ignorance et sa misère ; on sent bien qu'il devient redoutable par les outrages même, qu'il subit, et par les peines qu'il endure. Cependant, il est toujours prêt à tout pardonner, à travailler joyeux et paisible, si on lui donne sa part légitime de liberté, de dignité, d'instruction et de bien-être.

Il est urgent de protéger la population laborieuse contre les spéculateurs vils et rapaces qui, sans scrupule et sans vergogne, vivent et s'enrichissent en dîmant impunément le salaire du travail.

Le peuple fait en ce moment une nouvelle et triste expérience de plus ; il perd encore une fois tout ce que les révolutions, toujours faites par lui, toujours exploitées contre lui, lui ont conquis de droits et de liberté, de confiance, de courage et d'espoir.

Et pourtant cette masse humaine croît et se développe ; elle grandit en intelligence et en courage, et le jour n'est pas éloigné où l'on devra sérieusement compter avec elle. La crise, la grande crise commencée en 89, suit son cours.

Si la bourgeoisie, qui aujourd'hui s'est substituée à la noblesse de 89, essaye d'enrayer le mouvement populaire, elle sera engloutie; on ne peut pas plus arrêter l'essor du progrès, qu'on ne peut s'opposer au flux de la mer. Si la bourgeoisie, cette prétendue classe dirigeante, était sage, elle unirait ses efforts à ceux du prolétariat ; et grâce à ces deux forces combinées, le progrès marcherait en avant d'un pas régulier, et le cataclysme serait évité. Mais elle ne le saura pas et ne le voudra pas. Son égoïsme l'aveugle. Elle trouve qu'elle a suffisamment obéi aux lois du progrès en se tenant dans l'immobilité du *statu quo*. Qu'elle prenne garde !

Elle a remporté une victoire sur Paris; mais elle peut dire comme Pyrrhus : Encore une victoire comme celle-là et je suis perdue. Lafayette aussi avait remporté, le 17 juillet 1791, au Champ-de-Mars, une victoire sur le peuple; cette victoire, deux ans plus tard, amenait 93.

Oui, la France souffrira tant que la société ne sera pas organisée de telle sorte que tous les instincts de l'homme puissent y trouver chacun sa place et sa satisfaction.

Fausse ou vraie, fatale ou salutaire, quand une idée sociale s'élève, elle pénètre, elle agit partout et toujours. C'est un flambeau qui ne s'éteint jamais.

Vous tous, républicains, qui voulez la liberté, le développement large et glorieux de l'humanité, sachez donc en connaître les conditions et en préparer les voies, en prenant résolûment pour devise :

*Fais ce que dois, advienne que pourra.*



FIN

# TABLE DES MATIÈRES

Havre. — Imprimerie du Journal LE HAVRE, 162, Boulevard de Strasbourg.

www.ingramcontent.com/pod-product-compliance
Ingram Content Group UK Ltd.
Pitfield, Milton Keynes, MK11 3LW, UK
UKHW012213240726
13966UKWH00002B/725

9 782012 47666